"十三五"国家重点图书出版规划项目

国家出版基金项目
NATIONAL PUBLICATION FOUNDATION

《中国经济地理》丛书

孙久文　总主编

福建经济地理

洪世键　施晓丽　徐炜炜　焦张义◎著

FUJIAN

经济管理出版社
ECONOMY & MANAGEMENT PUBLISHING HOUSE

图书在版编目（CIP）数据

福建经济地理/洪世键等著. —北京：经济管理出版社，2022.9
ISBN 978 - 7 - 5096 - 8718 - 5

Ⅰ. ①福…　Ⅱ. ①洪…　Ⅲ. ①区域经济地理—福建　Ⅳ. ①F129. 957

中国版本图书馆 CIP 数据核字（2022）第 172412 号

组稿编辑：申桂萍
责任编辑：申桂萍　杜羽茜
责任印制：黄章平
责任校对：张晓燕

出版发行：经济管理出版社
　　　　　（北京市海淀区北蜂窝 8 号中雅大厦 A 座 11 层　100038）
网　　　址：www. E - mp. com. cn
电　　　话：（010）51915602
印　　　刷：唐山昊达印刷有限公司
经　　　销：新华书店
开　　　本：720mm×1000mm/16
印　　　张：17. 75
字　　　数：334 千字
版　　　次：2022 年 10 月第 1 版　　2022 年 10 月第 1 次印刷
书　　　号：ISBN 978 - 7 - 5096 - 8718 - 5
定　　　价：88. 00 元

《中国经济地理》丛书

总　序

今天，我们正处在一个继往开来的伟大时代。受现代科技飞速发展的影响，人们的时空观念已经发生了巨大的变化：从深邃的远古到缥缈的未来，从极地的冰寒到赤道的骄阳，从地心游记到外太空的探索，人类正疾步从必然王国向自由王国迈进。

世界在变，人类在变，但我们脚下的土地没有变，土地是留在心里不变的根。我们是这块土地的子孙，我们祖祖辈辈生活在这里。我们的国土面积有960万平方千米之大，有种类繁多的地貌类型，地上和地下蕴藏了丰富多样的自然资源，14亿中国人民有五千年延绵不绝的文明历史，经过近40年的改革开放，中国经济实现了腾飞，中国社会发展日新月异。

早在抗日战争时期，毛泽东主席就明确指出："中国革命斗争的胜利，要靠中国同志了解中国的国情。"又说："认清中国的国情，乃是认清一切革命问题的基本根据。"习近平总书记在给地理测绘队员的信中指出："测绘队员不畏困苦、不怕牺牲，用汗水乃至生命默默丈量着祖国的壮美山河，为祖国发展、人民幸福作出了突出贡献。"李克强总理更具体地提出："地理国情是重要的基本国情，要围绕服务国计民生，推出更好的地理信息产品和服务。"

我们认识中国基本国情，离不开认识中国的经济地理。中国经济地理的基本条件，为国家发展开辟了广阔的前景，是经济腾飞的本底要素。当前，中国经济地理大势的变化呈现出区别于以往的新特点。第一，中国东部地区面向太平洋和西部地区深入欧亚大陆内陆深处的陆海分布的自然地理空间格局，迎合东亚区域发展和国际产业大尺度空间转移的趋势，使我们面向沿海、融入国际的改革开放战略得以顺利实施。第二，我国各区域自然资源丰裕程度和区域经济发达程度的相向分布，使经济地理主要标识的区内同一性和区际差异性异常突出，为发挥区域优势、实施开发战略、促进协调发展奠定了客观基础。第三，以经济地理格局为依据调整生产力布局，以改革开放促进区域经济发展，以经济发达程度和市场发育程度为导向制定区域经济政策和区域规划，使区域经济发展战略上升为国家重大战略。

因此，中国经济地理在我国人民的生产和生活中具有坚实的存在感，日益发挥出重要的基石性作用。正因为这样，编撰一套真实反映当前中国经济地理现实情况的丛书，就比以往任何时候都更加迫切。

在西方，自从亚历山大·洪堡和李特尔之后，编撰经济地理书籍的努力就一直没有停止过。在中国，《淮南子》可能是最早的经济地理书籍。近代以来，西方思潮激荡下的地理学，成为中国人"睁开眼睛看世界"所看到的最初的东西。然而对中国经济地理的研究却鲜有鸿篇巨制。中华人民共和国成立特别是改革开放之后，中国经济地理的书籍进入大爆发时期，各种力作如雨后春笋。1982年，在中国现代经济地理学的奠基人孙敬之教授和著名区域经济学家刘再兴教授的带领和推动下，全国经济地理研究会启动编撰《中国经济地理》丛书。然而，人事有代谢，往来成古今。自两位教授谢世之后，编撰工作也就停了下来。

《中国经济地理》丛书再次启动编撰工作是在2013年。全国经济地理研究会经过常务理事会的讨论，决定成立《中国经济地理》丛书编委会，重新开始编撰新时期的《中国经济地理》丛书。在全体同人的努力和经济管理出版社的大力协助下，一套全新的《中国经济地理》丛书计划在2018年全部完成。

《中国经济地理》丛书是一套大型系列丛书。该丛书共计40册：概论1册，思想史1册，"四大板块"共4册，34个省（自治区、直辖市）及特别行政区共34册。我们编撰这套丛书的目的，是为读者全面呈现中国分省区的经济地理和产业布局的状况。当前，中国经济发展伴随着人口资源环境的一系列重大问题，复杂而严峻。资源开发问题、国土整治问题、城镇化问题、产业转移问题等，无一不是与中国经济地理密切相连的；京津冀协同发展、长江经济带战略和"一带一路"倡议，都是以中国经济地理为基础依据而展开的。我们相信，《中国经济地理》丛书可以为一般读者了解中国各地区的情况提供手札，为从事经济工作和规划工作的读者提供参考资料。

我们深感丛书的编撰困难巨大，任重道远。正如宋朝张载所言"为往圣继绝学，为万世开太平"，我想这代表了全体编撰者的心声。

我们组织编撰这套丛书，提出一句口号：让读者认识中国，了解中国，从中国经济地理开始。

让我们共同努力奋斗。

孙久文

全国经济地理研究会会长

中国人民大学教授

2016 年 12 月 1 日于北京

目　录

第一篇　条件与资源

第二篇　经济发展与布局

第三篇 区域与城乡

第四篇　发展战略与保障

第一篇

条件与资源

第一章 资源基础与禀赋条件

第一节 自然条件和自然资源

一、区位条件

(一) 自然区位

福建省地处我国东南部,位于东经 115°50′~120°43′,北纬 23°33′~28°19′,东北部连接浙江省,西北横贯武夷山脉与江西省交界,西南和广东省接壤,东面隔着台湾海峡与台湾省隔海相望。全境东西最大横距 530 平方千米,南北最大纵距 480 平方千米。

(二) 经济区位

福建省是东海与南海的交通要冲,由海路可以到达南亚、西亚、东非,是历史上海上丝绸之路、郑和下西洋的起点,也是海上商贸集散地,经济区位优势十分明显。福建省海岸线长度居全国第二位,海岸曲折,陆地海岸线长达 3751.5 千米,为福建省形成独特的海洋经济打下了自然基础。随着"十二五"规划的颁布和实施,海峡西岸经济区①的建设依旧是规划重点,其经济发展已经成为国家经济发展的重要引擎。闽台合作的奠基、自贸区建设的推进,加上国家"一带一路"倡议,将福建省建设成为我国"海上丝绸之路"的重要枢纽、面向东南开放的桥头堡的实施和推进,福建省的区位优势将进一步凸显。

二、地势地貌

福建境内峰岭耸峙,丘陵连绵,河谷、盆地穿插其间,山地、丘陵占全省

---

① 海峡西岸经济区,是指台湾海峡西岸,以福建为主体包括周边地区,南北与珠三角、长三角两个经济区衔接,东与台湾岛、西与江西的广大内陆腹地贯通,具有对台交往、加强两岸交流合作、推进祖国和平统一,并进一步带动全国经济走向世界的独特优势的地域经济综合体。

总面积的80%以上，素有"八山一水一分田"之称。地势总体上西北高东南低，横断面略呈马鞍形。境内的地壳历经20多亿年的地质演化，特别是吕梁（中条或武夷）和加里东及燕山运动分别形成褶皱基底与一系列北东—南西、北北东—南南西走向为主的褶皱、北西—南东和北东东走向的断裂，奠定了地形的基本构造格局。福建省的山体、构造谷地乃至海岸线的走向均以北北东—南南西及北东—南西走向为主体。因受新华夏构造体系的控制，在西部和中部形成北北东向斜贯全省的闽西大山带和闽中大山带。两大山带之间为互不贯通的河谷、盆地，东部沿海为丘陵、台地和滨海平原。

三、气候环境和自然灾害

（一）气候环境和特点

福建省位于我国亚热带季风气候区，属于南亚热带气候向中亚热带气候的过渡地带。福建省全年气温偏高，年平均气温17℃～21℃，≥10℃积温5000℃～7700℃。冬季平均气温10.8℃，夏季平均气温27.8℃，气温年内变化较小且较稳定。

2018年，福建省年平均气温20.3℃，较常年偏高0.8℃，属显著偏高，比2017年偏低0.1℃，与2016年并列为1961年以来历史第三高。

福建省降水丰沛，全年平均降水1100～2200毫米，冬季平均降水量为198.8毫米，夏季平均降水量为248.5毫米，冬季降水较少，夏季降水较多，年内变化较小，年际变化不大。夏秋季常有台风登陆，常带来短期的降水高峰。

福建省气候特点主要有以下几个方面：

（1）受福建省地形的影响，省内气候差异较大。闽东南沿海地区属南亚热带气候，闽东北、闽北和闽西地区属中亚热带气候，各气候带内水热条件的垂直分异也较明显。

（2）亚热带海洋性季风气候特征明显。全省大部分地区夏半年降水量占全年降水总量的70%～80%，这是季风特征气候的主要表现之一，但冬半年多数月份的降水量都在40～150毫米，这是海洋性气候的特色。

（3）光照条件好，无霜期沿海和内陆差别大。全省光照充足，年光照为90～100千卡/平方厘米。无霜期内陆260～300天，闽东南沿海300～360天。

（二）自然灾害

福建省地处东南沿海，境内山峦重叠，丘陵起伏，断裂带发育，又地处台湾海峡，构造运动强烈；位置紧靠北回归线，濒临太平洋，夏季风北上常取道于此，冬季风南下也常波及此处，常年在西太平洋副热带高压控制范围之内；境内河流众多，又多属山区性河流，水量丰富，季节变化大，水流湍急，境内降水充沛，雨季降水量集中，容易形成暴雨。

特殊的自然环境和气候条件，导致福建省自然灾害以台风和地质灾害为主，且具有以下特点：第一，梅雨型、台风型洪灾危害性大，季节性强。第二，旱灾分布范围广，沿海最甚，春夏秋均可发生，夏旱为重。第三，地震活动呈带状，从强度、频度和震源深度看自西往东逐渐加深。第四，寒灾频频发生，有倒春寒、五月寒、寒露风、隆冬寒的形式。

2018 年，福建省主要灾害性天气气候事件有台风、暴雨、高温和气象干旱，以台风、暴雨洪涝造成的损失为重（见图 1 - 1）。虽然 2018 年福建省的总体灾情为近 8 年较轻的年份，但仍重于 2017 年。

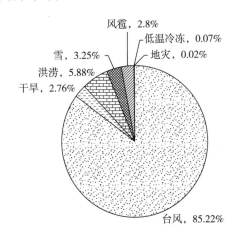

图 1 - 1　2018 年福建省各类气象灾害导致的直接经济损失比例

四、水资源

福建省降水丰沛，水资源丰富。2017 年，福建省平均年降水量 1513.0 毫米，比 2016 年偏少 39.6%，比多年平均偏少 9.8%，属平水年。全省地表水资源量 1054.23 亿立方米，地下水资源量 287.48 亿立方米，地下水和地表水不重复量 1.39 亿立方米，水资源总量 1055.62 亿立方米，人均拥有水资源量 2699 立方米，外省入境水量 17.17 亿立方米，出境水量 123.59 亿立方米。2017 年，福建省折合年径流深 851.2 毫米，比 2016 年偏少 50.0%，比多年平均偏少 10.6%；全省主要江河中，闽江（福建部分）、九龙江、汀江、晋江、赛江（交溪，福建部分）、木兰溪年降水量分别为 1555.3 毫米、1460.4 毫米、1553.8 毫米、1385.0 毫米、1745.5 毫米、1509.8 毫米，与多年平均值相比，偏少 0.6% ~ 13.3%。

福建省河流多发源于本省的山地，干支流分别平行或垂直于山脉走向，形成格子状水系；河流水量较大，无断流现象；河流含沙量少，无结冰期；河流污染较小，河口湿地保护较好。福建省水能资源丰富，境内有华东地区最大的水电站——水口电站，主要河流有闽江、晋江、九龙江、汀江、赛江（交溪）、木兰溪；多数河流落差大且水流湍急，水力理论蕴藏量达1046万千瓦，可装机容量705.36万千瓦。

福建省沿海平均可利用的潮水面积3000多平方千米，可供开发利用的潮汐能蕴藏量在1000万千瓦以上。丰富的水能资源转化的电为工农业的发展提供了动力，也为河流航运提供了便利的条件。但河流污染日益严重已成为近年来出现的环境问题，水是生命之源，如何处理经济发展与水资源的污染问题是福建经济发展的重要问题。

五、矿产资源

福建省属于环太平洋成矿带中的重要成矿区之一，矿产资源比较丰富。

福建省矿产资源种类相对齐全，能源、黑色金属、有色金属、稀有金属、稀土金属、非金属等矿种均有分布。矿产资源特点为"三多""三少""一集中"，即非金属矿种类多，金属矿产伴（共）生组分多，贫矿多；大型、特大型金属矿床少，富矿少，能源矿产种类少。福建省主要矿产的形成及空间分布受区域性构造，即岩浆活动的影响，具有集中分布的特点。其中，铁矿主要分布在龙岩新罗、漳平、安溪、德化、大田一带，钨矿分布在宁化、清流、建瓯、建阳；金、银、铜矿主要分布在上杭紫金山、武平悦洋一带；煤炭集中在龙岩新罗、永定、大田、永安、永春等地；水泥用灰岩主要分布在龙岩新罗、永定、武平、漳平、永安以及将乐、顺昌一带；萤石主要分布在邵武、建阳、光泽、将乐、明溪、清流一带；稀土矿主要分布在龙岩和三明；地热分布在东部沿海，主要在闽江口以南地区。磷、石膏以及陆地上的石油、天然气等为福建省短缺的矿产。

截至2017年底，福建省主要矿产保有资源储量保持增长。其中，铜矿、锡矿等矿产保有资源储量快速增长，同比增长70%左右；钼矿、银矿、普通萤石等矿产保有资源储量均有不同幅度的增长（见表1-1）。

表1-1　2017年福建省主要矿产保有资源储量

矿产	资源储量单位	资源储量
煤炭	千吨	1131583.88
铁矿	矿石千吨	600751.78
铜矿	铜吨	4217284.52
金矿	岩金金千克	82482.74

续表

矿产	资源储量单位	资源储量
银矿	银吨	8667.43
钨矿	WO_3 吨	283868.77
铅矿	铅吨	1979686.05
锌矿	锌吨	3087966.57
锡矿	锡吨	33591.36
钼矿	钼吨	569602.939
轻稀土矿	轻稀土氧化物吨	163556.24
水泥用灰岩	矿石千吨	3897219.39
高岭土	矿石千吨	191894.12
普通萤石	萤石或 CaF_2 千吨	13281.29
叶蜡石	矿石千吨	27903.71
重晶石	矿石千吨	5520.00

资料来源:《福建省国土资源年报》(2017)。

六、新能源资源

(一) 太阳能资源

福建省地处欧亚大陆东南部,位于北回归线附近,日照充足,太阳能资源比较丰富。全省全年太阳能储备量为 1150 ~ 1550 千瓦时/平方米,日照时间为 1670 ~ 2405 小时,接受太阳辐射总量为 100 ~ 130 千卡/平方厘米,相当于 170 ~ 200 千克标准煤燃烧的热量,年太阳总辐射量在 4200 兆焦耳/平方米以上,日照率为 38% ~ 54%。2018 年,福建省年平均日照时数为 1784.8 小时,较常年偏多 82.7 小时;各县(市)年日照时数为 1485.6 小时(福州市)至 2484.4 小时(东山县),中南部沿海为高值区,其中东山、惠安和厦门等 8 县(市)年日照时数超过 2000 小时;西部、西北部内陆和北部沿海为低值区,其中福州、宁德和光泽 3 县(市)小于 1500 小时。

福建省太阳能总辐射年平均辐照度自闽东南沿海向闽西北山区南部、闽东北地区南部减少,自上述低值区到福建省北界,总辐射反而增大。例如,闽西北的光泽总辐射年平均辐照度为 132.3 瓦/平方米,为全省最低,而位于福建省西北角的蒲城总辐射年平均辐照度为 143.1 瓦/平方米;宁德的总辐射年平均辐照度为 131.9 瓦/平方米,而位于东北角的福鼎总辐射年平均辐照度为 140.8 瓦/平方米。永定、南平、仙游一线以南总辐射年平均辐照度高于 150 瓦/平方米。

全省总辐射年平均辐照度最高值出现在东山岛，高达172瓦/平方米。

（二）风能资源

福建省风力资源丰富，地处我国东南沿海风带，是我国风能资源较丰富的地区之一，具有发展陆上风电与海上风电得天独厚的有利条件。福建全省海域面积有13.6万平方千米，海域面积比陆地面积大，海岸线总长6128千米，风能理论蕴藏量大。福建省风力高度集中，风能密度大，风向和风速变化的规律性很强，全部技术可开发量集中在占全省总面积2.51%的海岛和半岛上，其中闽江口以南至厦门湾部分位于台湾海峡中部，受台湾海峡"狭管效应"的影响，年平均风速超过8.0米/秒（等效发电小时近3500小时），且风向稳定。

截至2017年，福建省发电设备装机总量达5552万千瓦，其中风电装机规模为253.7万千瓦，占比仅为4.57%，相比全国平均水平（9.23%）仍有不小的差距。根据《福建省"十三五"能源发展专项规划》，规定到2020年全省风电装机规模需达到500万千瓦，其中，陆上风电装机300万千瓦以上，海上风电装机200万千瓦以上。若2020年完成规划，则2019~2020年陆上风电装机容量复合增长率为3%，海上风电装机容量复合增长率达287.2%，海上风电将进入快速增长期，重点推进莆田南日岛、莆田平海湾、福清海坛海峡、平潭大练岛、平潭长江澳等海上风电项目。

（三）生物能资源

福建省生物能资源主要有生物柴油、沼气资源、生物质发电和垃圾发电。生物柴油作为石油产品的替代，是清洁的可再生能源，目前第一代技术以动植物废油脂为主要原料进行加工提炼，福建省现已建成具有相当技术装备水平规模的生物柴油企业11家，其中5万吨级生产能力的生物柴油企业3家，2万吨级生产能力的生物柴油企业2家，1万吨级生产能力的生物柴油企业6家，境外生产企业3家。沼气生产来自于三个领域：农村养殖生产沼气、工业有机废水生产沼气、城市污水和垃圾生产沼气。福建省年平均气温高，在沼气开发利用上有较大的发展潜力。同时，福建省也在大力推广垃圾焚烧发电厂，通过推广生物质能源技术的应用，产、学、研相结合，引入生物能源投资机构和开发企业参与项目开发，进一步提高生物能资源在福建省的应用范围。

《福建省"十三五"能源发展专项规划》指出，应依据资源条件，科学有序布局生物质发电项目，因地制宜发展林业和农业剩余物、垃圾直（混）燃和气化发电，以及大型沼气发电等生物质发电项目。至2020年，福建省生物质发电装机达50万千瓦；新增沼气生产能力2亿立方米以上，2020年累计达到6亿立方米。推进燃料乙醇项目工业化生产；推进以本本油料植物果实、废弃油脂、海洋藻类为原料的生物柴油产业化开发。

（四）核能资源

福建省内核电储备项目较多，前期工作开展充分。2008 年 2 月 18 日，宁德核电主体工程开工。宁德核电站位于宁德市，距福鼎市区南约 32 千米，东临东海，北临晴川湾，规划建设 6 台百万千瓦级压水堆核电机组，一次规划，分期建设。2012 年 9 月，三明核电项目开工，共分为两期，选址福建三明将乐县高唐镇。一期项目将建设 2 台百万千瓦级的二代加改进型核电机组，于 2016 年 11 月投入运作。二期规模与一期规模相同，于 2012 年 9 月开工，2017 年 9 月运营。2013 年，福清核电站开建，福清百万千瓦核电机组是目前中国自主化、国产化程度最高的核电机组，安全性非常可靠，一期工程建设 2 台百万千瓦级机组。

截至 2018 年初，福建省内现有筹建未开工核电项目 5 处，其中霞浦核电示范快堆工程、漳州核电一期、宁德核电二期均已启动设备招标工作（见表 1 - 2）。如现有储备厂址按计划开建，福建省远期核电装机规模有望达到 36 亿瓦特发电装机容量及以上，为现有在运核电装机规模的 4 倍左右。

表 1 - 2　福建省内现有核电储备项目

项目	项目公司	管理公司	预计起始年份	预计型号	预计装机结构（兆瓦）
霞浦核电示范快堆工程	中核霞浦核电有限公司	中国核工业集团有限公司	2018	钠冷快堆	1 × 600
漳州核电一期	中核国电漳州能源有限公司	中国核工业集团有限公司	2018	HPR1000	6 × 1150
宁德核电二期	福建宁德第二核电有限公司	中国大唐集团核电有限公司/中国广核集团有限公司	2019	HPR1000	2 × 1150
华能霞浦	华能霞浦核电有限公司	中国华能集团有限公司	2020	CAP1000	4 × 1000
连江核电一期	国核（福建）核电有限公司	国家电力投资集团有限公司	2021	CAP1400	6 × 1400
三明核电	福建三明核电有限公司	中国核工业集团有限公司	未知	HPR1000	6 × 1150

资料来源：《福建省"十三五"能源发展专项规划》。

七、海洋资源

福建省海岸带和邻近海域属亚热带海洋性季风气候，海域地形复杂多样。海洋环境受到台湾暖流、黑潮支稍、闽浙沿岸流、粤东沿岸流、南海暖水团等多支海流水团的共同影响。福建沿海港湾多、滩涂广，发展海洋产业的自然条件十分优越。沿岸有闽江、九龙江等 10 条主要河流入海，多年平均径流量约

858 亿立方米，为海域带来了丰富的营养盐。近海海域适宜多种海洋生物的繁衍和生长，是多种海洋经济动物的产卵场、索饵场和洄游通道。总体而言，福建省海洋资源具有以下特点：

（一）渔业资源丰富，是我国主要的渔区

福建沿海属亚热带海洋和大陆架浅海，是寒暖流交汇的地方，福建省海域总面积 13.6 万平方千米，有闽东、闽中、闽外、闽南、台湾浅滩五大渔场。渔场生物种类繁多，近海海洋生物 3312 种，其中鱼类约 752 种、蟹类 214 种、虾类 93 种、头足类 47 种、贝类 451 种、大型水母类 5 种。目前已开发的水产养殖品种约 100 种，海湾河口和近海水产资源重要经济种类有缢蛏、泥蚶、牡蛎、菲律宾蛤仔、大黄鱼、鳓鱼、日本鳗鲡、鲻鱼、鲈鱼、大弹涂鱼、真鲷、黄鳍鲷、灰鲷、双斑东方鲀、长毛对虾、龙虾、青蟹、三疣梭子蟹和曼氏无针乌贼等；地方特色经济种类有尖刀蛏、西施舌、丽文蛤、巴菲蛤、等边浅蛤、翡翠贻贝、栉江珧、杂色鲍、方斑东风螺、四角蛤蜊和坛紫菜等；还有中华白海豚、中华鲟、文昌鱼等多种国家重点保护水生野生动物。依托于丰富的海洋资源，福建省的海洋渔业本身有较大的优势，海产品产量逐年稳步上升（见表 1 - 3）。

表 1 - 3　2017 年和 2018 年福建省海产品产量

	淡水捕捞（吨）	淡水养殖（吨）	海洋捕捞（吨）	海水养殖（吨）	总计（吨）
2017 年	68198	759804	2151840	4465895	7445737
2018 年	69878	800880	2162152	4788297	7821205
同比增幅（%）	2.46	5.41	0.48	7.22	5.04

资料来源：福建省海洋与渔业厅网站（https：//hyyyj.fujian.gov.cn/jggk/）。

（二）海岸线长，深水良港多

福建省陆地海岸线长达 3752 千米，居全国第二位；海岸线曲折率 1：7.01，居全国第一位。曲折的海岸线形成大小港湾 125 个，其中深水港湾 22 个，可建 5 万吨级以上深水泊位的天然良港有东山湾、厦门湾、湄洲湾、兴化湾、罗源湾、三沙湾、沙埕港 7 个，重要的海港有福州港、厦门港、泉州港等。沿海大于 500 平方米的岛屿 1321 个（其中有居民岛屿 98 个），居全国第二位，占全国的 1/5。

（三）海盐资源丰富，有利于盐业发展

福建省海盐资源充足，除河口外，海水含盐量一般都在 35% 左右，加上海滩平坦辽阔，底质密实，渗透性小，便于开采利用。福建省纬度低，气温高，日照时间长，常风大，蒸发性强，闽江口以南年蒸发量一般都超过年降雨量，也有利于盐业生产。

（四）海滨矿产丰富，开发潜力大

福建省沿海成矿条件好，海岸带和近海海域已发现的矿产资源60余种，矿产地300多处。现已探明的矿产地有48处，共27种矿产。其中，石英砂矿储量居全国前列，已探明玻璃砂矿4处，储量1.12亿吨，型砂5处4.9亿吨，标准砂2处1.02亿吨，建筑砂1处5.26亿吨；花岗岩储量15亿立方米，居全国第一位，高岭土储量居全国第三位，仅同安就有3200万吨；叶蜡石储量也很大，砖瓦用黏土矿分布广。另外，台湾海峡油气资源开发前景良好，初步勘探显示台湾海峡的南日岛盆地和厦澎盆地油气总储量约3亿吨。

（五）风景优美，发展旅游业条件好

福建省滨海风光秀丽，气候宜人，拥有丰富多彩的自然景观和人文旅游资源。福建省海域辽阔，海岛众多，拥有多种多样的海岸类型，加上海峡西岸的泥质海滩和沙质海滩并存，泥质海滩有成片红树林分布，沙质海滩往往有滨海森林带，其陆生、水生动物和鸟类丰富，生机勃勃，具有较高的观赏价值。海岸带自然景观以名山奇石、海岛风光、滨海沙滩、特殊地貌、生态景观、地热资源等为主；人文景观以古文化、古建筑、地域文化、民俗风情等为主。其中，"海上花园"鼓浪屿、"海蚀地貌博物馆"平潭岛、"海上绿洲"东山岛、"东方麦加"湄洲岛、"南方北戴河"崇武古城以及闽南海滩的古森林硅化木保护区等均名扬海内外。

福建省滨海旅游城市主要有宁德、福州、莆田、泉州、厦门、漳州等，形成闽东、闽中和闽南三大各具特色的滨海旅游组团。福建省滨海旅游城市里，泉州是著名的历史文化名城，也是"海上丝绸之路"的发源地；莆田湄洲岛妈祖神庙每年吸引着数十万的海内外信仰者，来岛朝拜妈祖；平潭的海滨沙滩冠全国，发展海滨浴场等度假旅游条件很好。

（六）港湾型浅海滩涂多，宜种宜养

福建省0~10米等深线范围内浅海面积较大，其中潮间带滩涂是重要的海洋渔业养殖资源。福建省沿海潮间带滩涂面积可达2059.16平方千米，约占全省湿地面积的1/3。福清市的潮间带滩涂面积最大，有333.84平方千米，占全省潮间带滩涂面积的16.21%。其次是莆田市，潮间带滩涂面积为276.49平方千米，占全省潮间带滩涂面积的13.43%。居第三位的是霞浦县，潮间带滩涂面积为217.80平方千米。居第四位的是漳浦县，潮间带滩涂面积为167.53平方千米。福建省的潮间带滩涂大多为港湾型，地势平坦，风平浪静，水质土质肥沃，加上光热资源充足，生物资源丰富，不仅适合围滩种植，而且适合盐业生产和水产养殖，开发利用潜力很大。

（七）新能源丰富，开发潜力大

福建省沿海有丰富的热能、潮汐能、风能和太阳能等新能源可供开发利用。

福建省有地热资源 1.09×10 焦耳，相当于 3.72 亿吨标煤的热量；总水热流量约 3942.5 万焦耳/秒，相当于 4.24 万吨标煤/年；潮汐能理论计算年发电量为 284.4 亿千瓦时，可能开发的装机容量为 1033 万千瓦，居全国之首。风能资源潜力居全国前列，风速达 6 米/秒以上时间年累计 5000 小时，沿海岛屿及突出部年有效风能可达 2500~6500 千瓦时/平方米，有效风能密度达到 200 瓦/平方米，年有效风速利用时数可达 7000~8000 小时，年有效风频大于 70%；全省沿岸海区 1~10 月平均浪高 1.5 米，平均周期 5.5 秒，波能密度 6.19 千瓦/米，理论蕴藏量 2042.7 千瓦，占全国的 29%。

八、土地和生物资源

（一）土地和土壤类型

根据第二次全国土地调查数据，2010 年福建省土地总面积 1239.34 万公顷，其中农用地面积 1095.55 万公顷，建设用地面积 72.92 万公顷，未利用地面积 70.87 万公顷。农用地中，耕地面积 133.85 万公顷。耕地主要集中在沿海平原、沿河流域、山间谷地与低丘陵梯田等地。

福建省地跨中亚、南亚热带，境内地形起伏、母质多样、生物繁杂、景观类型丰富、农业历史悠久，在复杂的成土条件下，发育了多种多样的土壤，具有其区域特色。土壤类型以红壤为主，土壤垂直分布特征明显。

同时，由于福建省地理环境复杂，导致省内差异明显，土地类型丰富。福建省有多个保护区，如三明莘口格氏栲保护区、建瓯万木林保护区、福建武夷山国家级自然保护区及漳江口红树林国家级自然保护区等。

（二）植物资源

植物种类以亚热带区系为主，区系成分复杂植物群落主要为亚热带常绿阔叶林。福建省森林资源十分丰富，是全国重点林区之一，全省共有森林面积 1 亿多亩，树木种类繁多，森林覆盖率达 62.96%，居全国第二位（仅次于台湾）。

福建地处泛北极植物区的边缘地带，是泛北极植物区向古热带植物区的过渡地带，植物种类较为丰富，以亚热带区系成分为主，区系成分较复杂。植物种类有 4500 种以上，其中木本植物共有 1943 种（含变种 153 种），分属 142 科、543 属，约占全国木本植物种的 39%、科的 81%、属的 55%。木本植物中，裸子植物有 9 科、31 属、61 种和 2 变种。福建省木本植物以中国特有的马尾松为主，海拔 1000 米以上出现黄山松。杉木广布全省，还有柳杉、福建柏、油杉等，是构成常绿针叶林的主要成分。被子植物以壳斗科和樟科种类最多，其中许多种类是省内森林植被的建群种、优势种或主要树种。金缕梅科、山茶科、茜草科、木兰科、蝶形花科、苏木科、含羞草科、桑科、大戟科、紫金牛科、山矾科、五加科、蔷薇科、桃金娘科、芸香科、野牡丹科、杜英科、安息香科、山龙眼科、夹竹桃科、石楠科等与森林植被的组成关系较为密切。壳斗科在福建有6属、60种；樟科有12属、66种、9变种和1变型；木兰科有9属、35种；金缕梅科有11属、20种、6变种；桑科有8属、40种；蝶形花科、苏木科和含羞草科也有一定的种类。

(三) 动物资源

福建省属于沿海省份，海洋动物资源优越，海域面积达到13.6万平方千米，比陆地面积大12.4%；水深200米以内的海洋渔场面积达12.51万平方千米，占全国海洋渔场面积的4.5%；潮间带滩涂面积19.88万公顷。全省有闽东、闽中、闽南、闽外和台湾浅滩五大渔场，海洋生物种类2000多种，其中经济鱼类200多种，贝、藻、鱼、虾种类数量居全国前列。

福建省不仅海洋生物多种多样，而且有较丰富的陆地动物资源。由于地理位置特殊，因此既有分布在北部的亚热带林灌、草地、农田动物群，又有分布在南部的热带森林、林灌、草地、农田动物群。野生动物多数属于东洋界的种类，一些古北界的动物也在福建栖存。据不完全统计，福建省脊椎动物已记录1600多种（包括亚种，下同），其中哺乳类130种、鸟类超过550种、爬行类123种、两栖类46种、鱼类820种；无脊椎动物已记录的有3541种，其中原生动物约600种、腔肠动物200多种、栉水母7种、吸虫约200种、绦虫约150种、线虫约400种、轮虫150多种、棘头虫约65种、环节动物约500种、星虫类11种、枝角类约80种、桡足类约400种、软体动物约500种、蟹类170多种、棘皮动物约81种、毛颚动物27种；昆虫1万多种。在各种野生动物中，国家重点保护野生动物达159种，其中国家一级保护野生动物22种，国家二级保护野生动物137种。

第二节 社会历史基础

一、人口

(一) 人口总数

如表1-4所示，2018年末福建省常住人口为3941万人，比2017年末增加30万人，增长率为0.77%，增幅比上年略降低0.19个百分点。其中，城镇常住人口2594万人，占总人口比重为65.8%，比上年末提高1.0个百分点。全年出生人口52万人，出生率为13.2‰，死亡率为6.2‰，自然增长率为7‰。全省户籍人口 3861.3 万人，比 2017 年末增加 53.7 万人。

表 1-4　2018 年末福建省人口数及其构成

指标	人数（万人）	比重（%）
常住人口	3941	100
城镇	2594	65.8
乡村	1347	34.2
男性	2016	51.2
女性	1925	48.8
0~14 岁	658	16.7
15~64 岁	2928	74.3
65 岁及以上	355	9.0

资料来源：福建省统计局。

2018 年，福建省城镇新增就业 59.80 万人，有 17 万城镇下岗失业人员实现了再就业（见图 1-2）。2018 年末，福建省城镇登记失业率为 3.71%，比上年末下降 0.16 个百分点。

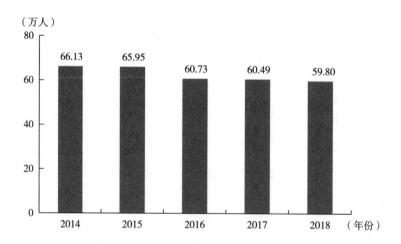

图 1-2　2014~2018 年福建省城镇新增就业人数

资料来源：《福建统计年鉴》(2019)。

（二）人口构成

2018 年福建省常住人口中，0~14 岁人口占 16.70%，15~59 岁人口占 68.80%，60 岁及以上人口占 14.49%，其中 65 岁及以上人口占 9.0%。同 2010

年第六次全国人口普查相比，0～14 岁人口比重上升 1.24 个百分点，15～59 岁人口比重下降 1.87 个百分点，60 岁及以上人口比重上升 3.07 个百分点，65 岁及以上人口比重上升 1.98 个百分点。

2018 年福建省常住人口中，城镇人口占 65.80%，乡村人口占 34.20%。同 2010 年第六次全国人口普查相比，城镇人口增加了 8.70 个百分点，城镇化水平显著提高。

（三）人均受教育年限明显提高，但人口文化素质依然偏低

2010 年福建省常住人口中，具有大学（指大专以上）文化程度的人口为 3084679 人，具有高中（含中专）文化程度的人口为 5119376 人，具有初中文化程度的人口为 13977607 人，具有小学文化程度的人口为 10994776 人（以上各种受教育程度的人口包括各类学校的毕业生、肄业生和在校生）。同 2000 年第五次全国人口普查相比，每 10 万人中具有大学文化程度的由 2967 人上升为 8361 人，具有高中文化程度的由 10602 人上升为 13876 人，具有初中文化程度的由 33708 人上升为 37886 人，具有小学文化程度的由 38317 人下降为 29801 人。福建省常住人口中，文盲人口（15 岁及以上不识字的人）为 899845 人，同 2000 年第五次全国人口普查相比，文盲人口减少 1600503 人，文盲率由 7.20% 下降为 2.44%，下降了 4.76 个百分点。

由表 1-5 可以看出，到 2018 年末福建省人均受教育程度明显提高，尤其是高中和大专以上的部分，但是初中和小学文化的人口所占比重依然超过 60%。

表 1-5　1982～2018 年福建省各种受教育程度的人口占总人口的比重　　单位:%

年份	1982	1990	1995	2000	2010	2015	2016	2017	2018
大专以上	0.6	1.2	1.4	3.0	8.4	9.8	10.4	10.9	11.2
高中（含中专）	5.7	7.0	6.7	10.6	13.9	15.0	15.3	15.5	15.9
初中	12.6	16.9	20.4	33.5	37.9	38.7	38.7	38.9	38.6
小学	36.3	43.2	43.8	37.8	29.8	27.4	26.7	26.2	25.8

资料来源:《福建统计年鉴》(2019)。

二、民族

根据 2010 年第六次全国人口普查数据，福建省常住人口中，汉族人口为 36097361 人，占 97.84%；各少数民族人口为 796855 人，占 2.16%。同 2000 年第五次全国人口普查相比，汉族人口增加 1962607 人，增长 5.75%；各少数民族人口增加 216774 人，增长 37.37%。

福建是少数民族散杂居地区，有 54 个少数民族，少数民族人口为 58.38 万人，占福建省总人口的 1.7%。其中，畲族总人口 37.51 万人，占福建省少数民族人口的 64.3%，占全国畲族总人口的 52.9%，是全国畲族人口最多的省份；回族人口 10.98 万人，占福建省少数民族人口的 18.8%；高山族人口 477 人，约为大陆高山族人口的 10%，是大陆高山族人口较多的省份。福建省少数民族人口万人以上的县（区、市）有 19 个，千人以上的乡（镇、街道）有 150 个，有 18 个民族乡（其中畲族乡 17 个，回族乡 1 个）和一个省级民族经济开发区（福安畲族经济开发区），555 个少数民族村。

三、历史基础

福建省历史悠久，具有良好的经济发展基础。秦以前，福建是闽越族的聚集地，闽越族是开发福建的先驱者。春秋末期到战国，闽越族已懂得冶铸铜矛、铜剑，并掌握造船、驾舟的技术。秦汉时期，中原已进入犁耕和牛耕时代，而福建相对较落后。

魏晋南朝时期，东汉末年至隋统一中国，中原士民南迁入闽数量激增。从东汉建安元年（196 年），孙策遣部将贺齐进兵侯官（今福州），继而又于建安八年（203 年）、建安十三年（208 年）、吴嘉禾四年（235 年）、吴太平二年（257 年），先后五次用兵，巩固了孙吴政权对福建的统治。五次用兵后，一些将士留驻福建，繁衍后代。到东晋时期，南北分立，中原士民更是大批南下。他们不仅定居于闽江流域，而且南至晋江两岸。大批具有丰富生产经验和先进文化的农民、手工业者和知识分子移民至福建，为福建带来先进的生产工具、技能和文化知识，促进了魏晋南朝时期福建的经济文化的发展。同时，大量的耕地被开发出来，手工业也有了明显发展，以建安郡（今建瓯）、晋安郡（今福州）、晋安县（今南安丰州）为代表的城市经济开始呈现，福建的社会经济一改秦汉时期的面貌，进入新的时期。

福建在宋元时期进入了社会经济迅速发展的阶段，大规模兴建水利促进了农业发展，较大的水利工程有福清的苏溪陂，长溪的黄田陂，宁德的赤鉴陂，莆田的延寿陂、木兰陂、太平陂，晋江的六里陂等，溉田均达 6000 顷以上。其中最大的当属建于木兰溪上的木兰陂。同时，在此期间，福建农业的突出成就，是茶叶和水果的普遍种植，促使农业经济趋于多元化。在此基础上，两宋时期，福建人口增长迅速。据统计，唐元和年间（806~820 年），福建仅有 74467 户、315740 人，南宋嘉定十六年（1223 年）增至 1599214 户、3230578 人，分别约增长了 21.5 倍、10 倍。

明清时期，随着棉纺织业、制瓷业、茶叶加工业、造船业、制盐业、冶铁业、造纸业、雕版印刷业、制糖业的发展和完善，到晚清时期福建出现了一批近代工业。洋务运动期间，福建产生了第一批洋务军工企业——福建船政局，这是 1866 年 6 月由左宗棠奏请建立的。农业和手工业生产的发展，促进了福建城乡市场的繁荣，福建已形成以城市为中心，联结各城乡小市场而形成的商品市场网络。沿海的今福州、泉州、漳州、莆田和闽北、闽西山区的今南平、邵武、建瓯、长汀就是这种商业的中心，特别是福州、泉州其经济地位尤为重要。在这一时期，福建省开始开展海上贸易，特别是随着泉州港、福州港、漳州月港和厦门港的发展，私人海外贸易发展尤为迅速，福建省的海上贸易进入了繁荣时期。

民国时期，在近代工业兴起的基础上，加上南京临时政府颁布的一系列鼓励兴办实业政策，推动了闽省侨商、国内商人的投资活动，出现投资办电的热潮。在电力工业的带动下，福建的林木加工业、粮食加工业、修造业和染织业等，逐渐使用动力机器，由工厂进行生产，得到了明显的发展，同时还带动了其他一系列轻型工业的较快发展。抗日战争爆发时，福建以加工工业为主的轻型工业体系已基本形成，但是大中型工业企业数量较少，资本在百万元左右或百万元以上的大型工业企业，全省仅有福州电气公司、福建造纸公司、厦门电灯电力公司、厦门自来水公司、厦门淘化大同罐头食品公司和抗战期间由福州迁至南平的建华火柴厂；5 万元以上的中型工业企业，1938 年以前只有 50 余家。1937 年，日本发动全面侵华战争，对福建近代工业的影响是灾难性的，日本投降后，大批企业生产依旧萧条，濒于停业。直到 1949 年中华人民共和国成立，福建省经济发展才进入了一个新的历史阶段。

四、区域文化和旅游资源

文化是一个国家和民族的历史记忆，是人类共同的精神家园。福建省历史悠久，加上福建省地处东南沿海，与台湾隔水相望，形成了特有的区域文化，同时也形成了丰富而独特的旅游资源。

（一）区域文化特色

福建省在发展过程中形成了七大区域文化，即丹霞文化、红色文化、客家文化、妈祖文化、船政文化、宗教文化、茶文化。

丹霞文化是以丹霞地貌为主的自然旅游资源的总和，包含泰宁、武夷山、连城和永安地区。2009 年 3 月，6 个捆绑申遗的提名地（贵州赤水、福建泰宁、湖南崀山、广东丹霞山、江西龙虎山、浙江江郎山）联合成"中国丹霞"提交了申遗材料，通过联合国教科文世界遗产中心审核，正式成为"申遗"提名项目。2010 年 7 月提交第 34 届世界遗产大会表决，8 月 1 日经联合国教科文组织世界遗产委员会批准，被正式列入《世界遗产名录》。

红色文化是以古田会议遗址为核心，以中国共产党领导人民在革命和战争时期建树丰功伟绩所形成的纪念地、标志物作为载体，包括毛泽东才溪乡调查旧址、泉州南安叶飞故里红色旅游区、漳平象湖红色革命旧址群、龙岩新罗东肖红色旧址群、龙岩永定金砂红色旧址群、三明市建宁中央苏区反"围剿"纪念园、闽西革命历史博物馆等，以其所承载的革命历史、革命事迹和革命精神为内涵的文化活动。

客家文化形成于聚居在福建省的客家人。在不断的迁徙以及与当地人融合过程中，闽西客家先民在自己的文化中保留了中原汉文化的基本特征，也吸收了当地民族文化的精华，逐步形成了客家文化的雏形并使之日益成熟，最终形成了一种不同于中原汉民族又区别于当地民族的独特文化，以"土楼文化"作为客家文化代表的缩影。

妈祖文化是海峡两岸人民共同的精神纽带和文化财富，代表着灿烂的中国海洋文化。作为妈祖文化起源地的福建省，妈祖文化更是福建文化不可或缺的一部分。以莆田湄洲作为代表的福建妈祖文化一来通过同根共祖文化传承的方式改善了台海关系，弘扬了爱国思想，促进了和平统一；二来传播了博爱精神，教化众生向善，最后达到了启迪良知，树立珍惜自然、回归自然的精神奥义。

船政文化发源于依山傍水的福州马尾，虽因时代局限，福州马尾福建船政的辉煌只延续了40多年，却展现了近代中国先进科技、高等教育、工业制造、西方经典文化翻译传播等丰硕成果，孕育了诸多仁人志士及其先进思想，折射出中华民族特有的砺志进取、虚心好学、博采众长、勇于创新、忠心报国的传统文化神韵。福建船政文化既是特定的社会政治和经济的反映，同时又给当时的社会政治和经济造成了巨大影响，起到了一定的促进作用。

宗教文化是福建宽容的宗教文化氛围的结果，目前可统计的宗教流派包含了佛教、道教、摩尼教、印度教、天主教、基督教和伊斯兰教，多元的宗教文化得益于福建省对外通商和文化交流的传统。特别是在被誉为"世界宗教博物馆"的泉州市，中国传统文化与古代波斯、阿拉伯、印度和东南亚诸种文化曾交融汇合，留下了佛教、伊斯兰教、天主教、景教、印度教、摩尼教等外来宗教珍稀历史遗存，形成了独特的宗教文化。

茶文化是福建省历史最悠久的文化，福建产茶文字记载比《茶经》早300余年。明清时期，茶叶创新增多，开创乌龙制茶工艺，茶叶贸易渐盛，福建茶文化的底蕴开始丰富。福建茶文化凝聚着地理灵性，除了悠久的历史优势以外，在茶类的创制上优于其他省份，品茶的技艺也数福建最奇，福建茶叶在中国茶叶发展乃至世界茶叶发展上具有重要的历史地位和文化价值。福建省的茶叶种类繁多，以安溪铁观音、武夷岩茶、闽北水仙、永春佛手、黄金桂、白牡丹、白毫银针、贡眉、政和工夫、正山小种为其中具有代表性的茶叶品种。

（二）旅游资源

福建省旅游资源丰富多彩，总结起来简称"329"，即世界遗产3处：世界文化与自然双遗产武夷山、世界文化遗产福建土楼、世界自然遗产泰宁丹霞；世界地质公园2处：泰宁、宁德（白水洋—太姥山—白云山）；5A级景区9家10处：福建土楼（永定与南靖）、武夷山、鼓浪屿、泰宁、清源山、白水洋、太姥山、三坊七巷、上杭古田；9个独特资源：生态、海洋、温泉、茶、庙宇、台湾、土楼、多元文化、海丝（见表1-6）。

表1-6　福建省5A级、4A级、3A级景区分布情况

设区市	5A级景区名称	4A级景区名称	3A级景区名称
福州市	三坊七巷景区	福州罗源湾海洋世界旅游区、福州旗山森林人家旅游区、福州连江溪山休闲旅游度假村、福州贵安新天地休闲旅游度假、福州市云顶景区、福州市永泰天门山景区、福州市福清天生农庄景区、福州市中国船政文化景区、福州市鼓山风景区、福州市于山景区、福清市石柱山风景名胜区、永泰青云山风景名胜区、福州国家森林公园	长汀汀江国家湿地公园、平潭石牌洋景区、平潭澳前台湾小镇、闽清宏琳厝景区、罗源畲山水景区、福州三叠井森林公园景区、福州猴屿洞天生态旅游景区、福州灵石山国家森林公园、福建春伦茉莉花茶文化创意产业园、福州青岛啤酒梦工厂、福州长乐九龙山生态旅游景区、冰心文学馆、福清东壁岛旅游度假区、福建长乐显应宫
厦门市	鼓浪屿风景名胜区	厦门老院子民俗文化风情园、厦门诚毅科技探索中心、厦门方特梦幻王国、厦门市北辰山旅游景区、厦门市海沧青礁慈济祖宫景区、厦门市翠丰温泉旅游区、厦门市园博苑、厦门市同安影视城、厦门市湖里山炮台、厦门天竺山森林公园、厦门日月谷温泉主题公园、厦门集美嘉庚公园、厦门园林植物园	厦门古龙酱文化园、厦门小嶝休闲渔村、厦门惠和石文化园、厦门上古文化艺术馆、厦门南顺鳄鱼园、厦门大嶝小镇台湾免税公园、厦门奥林匹克博物馆、厦门金光湖生态旅游区
宁德市	白水洋—鸳鸯溪旅游区、福鼎太姥山旅游区、古田旅游景区（新增）	宁德福安白云山、宁德市周宁鲤鱼溪九龙漈旅游区	福安穆云畲族乡生态旅游区、宁德福安市廉村景区、周宁陈峭旅游景区、宁德蕉城区上金贝中华畲家寨、宁德柘荣九龙井景区、宁德霍童古镇、宁德市柘荣东狮山景区、福鼎市牛郎岗海滨景区、宁德三都澳斗姆风景区

续表

设区市	5A级景区名称	4A级景区名称	3A级景区名称
莆田市	—	莆田中国古典工艺博览城、莆田市九鲤湖旅游区、莆田市九龙谷生态旅游景区、莆田市莆田工艺美术城、莆田市湄洲岛国家旅游度假区	莆田后黄景区、莆田海峡艺雕旅游城、莆田御庄园度假村
泉州市	清源山风景名胜区	泉州安平桥（五里桥）景区、泉州源和1916创意产业园景区、晋江市五店市传统文化旅游区、泉州德化九仙山风景区、泉州市博物馆、福建中国闽台缘博物馆、泉州市仙公山旅游区、泉州市德化石牛山旅游区、惠安崇武古城风景区、永春牛姆林生态旅游区、安溪清水岩旅游区、泉州开元寺	南安郑成功文化旅游区、泉州森林公园景区、泉州南安叶飞故里红色旅游区、泉州领SHOW天地景区、泉州泉港红星生态园、德化国宝云龙谷景区、永春北溪文苑生态旅游区、永春雪山生态旅游区、泉州山美湖旅游区、泉州惠安净峰寺旅游区、泉州天柱山休闲旅游区、南安凤山风景区、安溪洪恩岩、围头战地文化渔村、衡口滨海休闲度假旅游区、灵源山风景区、永春县魁星岩旅游风景区、永春县仙洞普济旅游风景区、永春乌髻岩旅游风景区、南安灵应风景旅游区、永春蓬壶百丈岩风景区、安溪凤山风景旅游区
漳州市	福建土楼（永定—南靖）旅游景区	漳州市长泰县十里蓝山景区、漳州漳浦翡翠湾滨海度假区、漳州漳浦天福"唐山过台湾"石雕园、漳州市东山马銮湾景区、漳州市福建土楼（华安）旅游区、漳州市金汤湾旅游区、漳州市龙文云洞岩风景区、漳州滨海火山自然生态风景区、漳州平和三平风景区、漳州东南花都花博园景区、天福茶博院景区、东山风动石景区	诏安县九侯山风景区、漳州市龙佳生态温泉山庄
龙岩市	福建土楼（永定—南靖）旅游景区、古田会议遗址（新增）	龙岩天子生态旅游区、毛泽东才溪乡调查旧址、武平县梁野山景区、龙岩梅花山华南虎园生态旅游景区、龙岩市连城培田古村落旅游区、连城天一温泉旅游区、龙岩市长汀红色旧址群旅游区、龙岩市水上茶乡九鹏溪、龙岩市龙硿洞风景名胜区、连城冠豸山景区	连城星光生态旅游度假区、新罗培斜福海龙乡景区、漳平象湖红色革命旧址群、龙岩长汀汀江源龙门风景区、龙岩上杭李氏大宗祠文化旅游区、龙岩新罗东肖红色旧址群、龙岩新罗竹贯古村落、龙岩永定金砂红色旧址群、永定下洋中川景区、武平文博园景区、武平县定光佛旅游景区、闽西革命历史博物馆

续表

设区市	5A级景区名称	4A级景区名称	3A级景区名称
南平市	武夷山风景名胜区	自游小镇汽车主题乐园景区、南平邵武和平古镇景区、南平武夷山茶博园、南平市邵武瀑布林生态旅游景区、南平市邵武云灵山旅游景区、南平市天成奇峡旅游区、南平市溪源峡谷旅游区、南平市顺昌华阳山旅游景区、南平市武夷山大安源生态旅游区	政和县凤头楠木林景区、政和县石圳村景区、浦城县中国包酒文化博览园景区、顺昌县乐活来布景区、建瓯市湖头村景区、武夷山市齐云峰景区、邵武市小隐竹源景区、建阳区黄坑景区、延平区杉湖岛景区、延平区三千八百坎景区、南平武夷山东溪水库景区、南平武夷山玉龙谷景区、南平顺昌张墩乡村休闲旅游景区、南平武夷源景区、南平建阳市卧龙湾休闲旅游景区、福建建瓯根雕城
三明市	泰宁风景旅游区	福建省侠天下景区、三明泰宁明清园、三明市清流天芳悦潭生态旅游区、龙岩长汀汀江源龙门风景区、三明市建宁闽江源生态、三明市建宁中央苏区发"围剿"纪念园、沙县小吃文化城、三明市将乐玉华洞景区、三明梅列瑞云山旅游区、三明格氏栲国家森林公园、永安桃源洞旅游区	福鼎九鲤溪瀑、中华桂花文化园、三明市月亮湾山庄有限公司

资料来源：原福建省旅游发展委员会。

第三节　发展条件分析

一、有利条件

（一）海洋资源丰富

福建省有得天独厚的海岸线，有利于发展海洋经济。通过持续壮大海洋产业规模，积极培育超千亿水产产业集群，加快发展渔港经济区，创新推动产业集聚发展，大力促进项目对接等举措，福建省在设施渔业、远洋渔业、休闲渔业上都取得了长足发展。2015年，福建省海洋生产总值达到6880亿元。"十二五"期间，福建省海洋生产总值年均增长13.3%，高于福建省GDP平均增速。海洋渔业、海洋交通运输、海洋旅游、海洋工程建筑、海洋船舶五大海洋主导产业优势明显，增加值总和占福建省海洋经济主要产业增加值总量的70%以上。

（二）交通发达，铁路运输网络完备

福建省全省铁路路网总长度为 3163.73 千米，有"三纵六横九环"海峡铁路网。截至 2013 年 12 月，峰福铁路、鹰厦铁路、赣龙铁路、梅坎铁路、漳泉铁路、温福高速铁路、福厦铁路、龙厦铁路、向莆铁路、厦深铁路等已经建成，基本形成铁路网。福平铁路、南三龙快速铁路、浦建梅高速铁路、赣龙铁路复线、衢宁铁路等在建设中。

2015 年 6 月 28 日，福建省首条设计时速 350 千米的高速铁路——合福高铁正式开通运营。

（三）太阳能、风能、生物能资源较为丰富

福建省"十三五"规划指出，要有序发展风电，规范水能资源开发，科学开发生物质能，稳步发展其他可再生能源。"十三五"规划投产陆上风电装机 150 万千瓦左右，至 2020 年全省陆上风电装机目标达 300 万千瓦以上，积极推动海上风电建设，重点推进莆田平海湾、福州兴化湾、平潭岛周边等资源较好地区的海上风电项目开发，"十三五"期间建成海上风电 200 万千瓦以上。科学有序布局生物质发电项目，因地制宜发展林业和农业剩余物、垃圾直（混）燃和气化发电，以及大型沼气发电等生物质发电项目。支持户用和工业园区、机场等屋顶太阳能光伏分布式发电，积极发展光照资源较好地区的农光互补光伏系统和建筑一体化技术，规范光伏发电项目并网管理，至 2020 年全省光伏发电装机容量达 90 万千瓦。结合旅游开发，综合利用地热能源资源，推进漳州地热发电示范项目前期工作。

（四）港口众多，有利于发展外向型经济

福建省内有较多优良港口，有利于从事对外贸易。要逐渐形成以厦门港、福州港为主要港口，以湄洲湾港、泉州港为地区性重要港口的分层次港口布局。全省沿海港口的布局、结构和功能趋于完善，具有较强竞争力的集装箱、煤炭、原油、铁矿石、粮食和对台等运输系统基本形成。在沿海建成一批重要的临港工业基地和大型物流园区，形成以规模化港区为依托的临港产业集中区，港口在区域发展中的基础性和先导性作用更加突出。"两集两散"重点港区呈规模化、集约化、现代化的发展态势，有利于发展外向型经济，在海西港口群中发挥主导作用。至 2020 年，沿海港口吞吐量超 6 亿吨，形成 3 个亿吨大港，集装箱吞吐量达 2800 万标箱，海西港口经济和厦门、福州等港口在全国的地位和作用有较大提升，满足并适当超前于海峡西岸经济区经济社会发展的需要。

（五）和台湾隔海相望，区位优势明显

福建和台湾隔海相望，有利于利用海峡西岸经济区和自贸区的建设推进，进一步促进闽台合作。福建省是大陆离台湾最近的省份，具有"五缘优势"——地缘相近、血缘相亲、文缘相承、法缘相循、商缘相连。继续加快平

潭综合实验区、福州新区、厦门一区三中心、福建自贸试验区建设，对接项目、搭建平台，充分凸显两岸交流前沿优势；加强闽台项目合作，加快东南汽车发动机等重大产业项目建设，引进新产业项目，争取更大合作成效；深化闽台民间交流，借助海峡论坛、海峡青年节等活动，赋予民间活动新内涵；发挥厦门、福州海峡两岸青年创业基地作用，鼓励台湾青年来闽创业，在交流融合中促进福建省和台湾的经济发展。

二、限制因素

（一）地区差异较大，制约省内协同发展

福建省沿海和内陆山区发展极不平衡，制约了省内协同发展。从表 1-7 可以看出，闽东南地区（福州市、厦门市、莆田市、泉州市、漳州市）经济数据明显好于闽西北地区（三明市、龙岩市、宁德市、南平市）。截至 2018 年底，福建省全省 GDP 为 35804.04 亿元，福州市为 7856.81 亿元，厦门市为 4791.41 亿元，莆田市为 2242.41 亿元，泉州市为 8467.98 亿元，漳州市为 3947.63 亿元，闽东南地区合计为 27306.24 亿元，占全省 GDP 总量的 76.27%。

表 1-7 2016 年福建省各市 GDP 总量和比例

		GDP 总量（亿元）	占全省比例（%）
闽东南	福州市	7856.81	21.95
	厦门市	4791.41	13.38
	莆田市	2242.41	6.26
	泉州市	8467.98	23.65
	漳州市	3947.63	11.03
闽西北	三明市	2353.72	6.58
	龙岩市	2393.30	6.69
	宁德市	1942.80	5.44
	南平市	1792.51	5.01
全省总计		35804.04	100

资料来源：《福建统计年鉴》（2019）。

（二）农业资源短缺，制约了现代化发展

缺资金、缺技术、缺信息是阻碍福建省农业现代化发展进程的主要因素。福建省农业专项财政资金投入不足且投入结构不合理，农业资金投入约为总公共财政支出的 10%，投入比例偏小，且长期侧重于农业和渔业投入，在牧业与林业上投入偏少，造成现代化进程不一致。农民获取的信息滞后、来源不准，

造成农民盲目性生产，农业农村信息共享程度低，许多信息服务无法在第一时间传递给农民。农技服务不到位的问题依然突出，虽然农业科技贡献率稳步提升，但与农业发达省份相比依然滞后，农技服务网络尚不够健全，加上农民受教育程度偏低，主动接受农业技术能力和意愿较弱，影响了适用新技术在农业生产中的推广应用，阻碍了农业生产效益的提升。

（三）高校建设较其他沿海省份落后，影响高端人才供给

福建省高校数量虽然较多，全省本科公办高校有23所，本科一批公办高校有12所，但是只有一所"985"高校，即厦门大学，两所"211"高校，即厦门大学和福州大学。而同是沿海省份的广东省有两所"985"高校，即中山大学和华南理工大学，四所"211"高校，即中山大学、暨南大学、华南理工大学、华南师范大学，本科一批公办高校有15所。相较之下，福建高端人才供给不足。

（四）人口文化素质偏低，影响着生产效率和创新

劳动者文化素质整体偏低，高素质人才偏少，对先进技术的掌握和应用、劳动生产率提高、产业结构转型升级和区域创新能力提升等产生不利影响。从表1-8可以看出，2015年福建省每十万人拥有小学及以上文化程度人口中，大专以上文化程度的人口虽然较上年有增长，但是比例依然小于10%，大部分劳动人口的文化程度为小学和初中。这将会掣肘福建省未来的经济发展。

表1-8　福建省每十万人拥有小学及以上文化程度的人口

年份	1964	1982	1990	2000	2010	2015
小学（人）	26716	36334	43213	40200	29801	27413
初中（人）	5070	12601	16891	35700	37886	38706
高中及中专（人）	1826	5716	6991	11300	13876	14997
大专以上（人）	439	608	1228	3200	8361	9807
文盲率（%）	58.8	25.2	15.9	9.6	2.4	—

资料来源：《福建统计年鉴》（2017）、《福建省2015年1%人口抽样调查主要数据公报》。

参考文献

［1］福建省地方志编纂委员会．福建省志·国土资源志［M］．北京：社会科学文献出版社，2012.

［2］福建省地方志编纂委员会．福建省志·农业志［M］．北京：社会科学文献出版社，2012.

［3］福建省地方志编纂委员会．福建省志·交通志［M］．北京：社会科学文献出版社，2012.

［4］福建省地方志编纂委员会．福建省志·气象志［M］．北京：社会科学文献出版社，2012.

［5］陈佳源．福建省经济地理［M］．北京：新华出版社，1991.

［6］吴耀建．福建省海洋资源与环境基本现状［M］．北京：海洋出版社，2012.

［7］陈家金，李丽纯，王加义．福建省特色农业气象灾害风险区划与评估［M］．北京：气象出版社，2017.

［8］厦门大学历史研究所，中国社会经济史研究室．福建经济发展简史［M］．厦门：厦门大学出版社，1989.

［9］福建省气候局．福建省气候公报（2018）［EB/OL］．［2019－01－25］．http：//www. weather. com. cn/fujian/zxfw/qhgb/01/3098691. shtml.

［10］福建省水利厅．福建省水资源公报（2017）［EB/OL］．［2019－11－18］．http：//slj. quanzhou. gov. cn/zwgk/ghjh/201808/P020191118517979208415. pdf.

［11］福建省自然资源厅．福建省矿产资源总体规划（2016—2020 年）［EB/OL］．［2017－10－11］．http：//zrzyt. fujian. gov. cn/xxgk/ghjh_19831/201710/t201 71011_721600. htm.

［12］福建省统计局．福建统计年鉴 2016［M］．北京：中国统计出版社，2016.

［13］福建省统计局．福建统计年鉴 2017［M］．北京：中国统计出版社，2017.

［14］福建省统计局．福建统计年鉴 2018［M］．北京：中国统计出版社，2018.

［15］梁方仲．中国历代户口、田地、田赋统计［M］．上海：上海人民出版社，1980.

［16］福建省人民政府．福建省“十三五”海洋经济发展专项规划［EB/OL］．［2015－06－03］．http：//www. fujian. gov. cn/zc/zxwj/szfbgtwj/201606/t20 160607_ 1477097. htm.

［17］福建省自然资源厅．福建省第一次全国地理国情普查公报［EB/OL］．［2017－12－26］．http：//zrzyt. fujian. gov. cn/xxgk/gtdt/gtyw/201712/t20171226_ 3270776. htm.

第二章　行政区划演化、现状与特点

第一节　行政区划的演化过程

行政区划是国家为了行使行政管理的职能，发展各地的经济，按自然地理、经济联系、人口和民族分布、历史传统及军事防御等条件对国土区域进行的划分。其所划分的各级区域称为行政区。行政区划是在一定的历史条件下产生的，属于一定的历史范畴。在不同的历史时期，行政区划有所不同，行政区域也相应地有所变动。本节主要简述了福建省自战国以来的行政区划演变过程。

一、福建省古代历史时期

福建省历史悠久，在周朝为七闽地，春秋以后为闽越地。秦南平百越，置闽中郡。历史上，到公元前 202 年才开始有"闽"的建制。

（一）战国至隋代时期

汉高祖五年（公元前 202 年），承认驺无诸为闽越王。汉惠帝三年（公元前193 年），分闽越地，封驺摇为东海王。建元六年（公元前 135 年），封驺无诸孙驺丑为闽繇王，复封余善为东越王。元鼎五年（公元前 112 年），闽越叛乱，汉武帝率军平息，并以其地险阻，故迁闽越人于江淮流域，而福建隶属于会稽南部都尉管辖。

闽越北迁之后，自汉始元二年（公元前85 年）汉承认冶县、置东部都尉开始，中经东部都尉从冶县迁到章安（回浦），留下候官管理冶县，隶属于会稽郡，到设立南部都尉，再到建安十二年（公元 207 年）正式成立建安郡止，福建都在王朝军事管制之下。

三国时属吴国，设建安郡，辖建安、南平、将乐、建平（建阳）、东平（松溪）、昭武、吴兴（浦城）、候官、东安（南安、同安）共 9 县。

西晋太康三年（282 年），析建安郡为建安、晋安两郡，到梁天监年间

（502～519 年），又从晋安郡分出一个梁安郡，辖兴化、泉、漳等地。自晋宋至齐梁，福建初属于扬州，至普通六年（525 年），福建下辖的建安、晋安、南安三郡又归东扬州管辖。陈朝永定时（557～559 年），陈武帝为羁縻陈宝应而设"闽州"，这是福建历史上第一个省级建制。州治设在晋安（今福州），下领建安、晋安、南安三郡。天嘉六年（565 年），闽州罢，还属东扬州。

隋大业三年（607 年），建安、晋安、南安三郡合并为一，称建安郡；原设置的 15 个县裁并为 4 个县（即闽县、建安、南安、龙溪）。郡治由建安（建瓯）移至闽县。唐武德初年（618 年），设泉、建、丰三州，下辖 10 县。州数和县数均为隋代的 2～3 倍。

（二）唐宋时期

唐朝时期，福建属江南道。唐景云二年（711 年），立闽州都督府，领有闽、建、泉、漳、潮五州。开元十三年（725 年），闽州都督府改称福州都督府，隶属于江南东道，为福州名称出现之始。开元二十一年（733 年），为加强边防武装力量，设立军事长官经略使。从福州、建州各取一字，名为福建经略军使，与福州都督府并存。这是福建名称出现之始。五代十国时期，福建先后为闽国、殷国、南唐、吴越各国所据，区划名称几经变迁。后唐长兴四年（933 年），王延钧称帝，国号大闽，改元龙启，升福州为长乐府，称东都，领福、泉、建、汀、漳五州。

北宋时期，置福建路，行政区划为福、建、泉、漳、汀、南剑六州及邵武、兴化二军。南宋孝宗时升建州为建宁府，福建路因此包括一府五州二军。府、州、军实际是同一级行政机构，共计 8 个，故福建号称"八闽"。这时，福建共有 42 个县，成为东南全盛之邦。宋景炎元年（1276 年），元军攻破宋都临安（今杭州），宋帝赵㬎被俘。益王赵昰、广王赵昺逃到福州，陆秀夫、陈宜中等拥立赵昰在福州即位，改元景炎，升福州为福安府，定为行都，力图恢复宋室江山。后因王积翁叛变，南剑州失守，福州被元兵攻破，帝昰由朝臣拥戴渡海去广东。

（三）元明清时期

元朝时期，置福建等处行中书省。至元十五年（1278 年），置行省于泉州。至元十八年（1281 年）迁福州，次年还治泉州。至元二十年（1282 年），又徙福州。至元二十二年（1284 年），并入江浙行省。至元二十三年（1285 年），复置。次年，改行尚书省。至元二十八年（1290 年），并入江西。至元二十九年（1291 年），仍置行中书省。大德元年（1297 年），设福建平海行中书省，徙治泉州。大德三年（1299 年）撤销。至正十六年（1356 年）复置。

明洪武元年（1368 年），福建八路改为福州、建宁、延平、邵武、兴化、泉州、漳州、汀州八府。洪武九年（1376年），置福建等处承宣布政使司。成化九年（1473年），恢复被废为县的福宁州，直隶于布政司。终明一代，福建设八府一州。清顺治二年（1645年）五月，清兵攻下南京，南明弘光皇帝朱由崧被俘杀。郑鸿逵、苏观生等迎唐王朱聿键来闽。六月，朱聿键在福州即皇帝位，建元隆武，改福建为福京、福州为天兴府。翌年，隆武政权覆灭。

清代，福建区划继承明制，设福建布政使司，下辖福州、兴化、泉州、漳州、延平、建宁、邵武、汀州八府及福宁州。清顺治十三年（1656年），郑成功改厦门为"思明州"。康熙元年（1662年），郑成功驱逐荷兰殖民者后，改台湾为东都，设承天府，置天兴、万年两县，又在澎湖设安抚司。郑经治理台湾时，改名东都为东宁，升天兴、万年两县为州。康熙二十三年（1684年），清廷统一台湾后增设台湾府，属福建统辖，下设三县一厅。雍正二年（1724年），升福宁州为福宁府；雍正十二年（1734年），升永春、龙岩两县为直隶州。光绪十一年（1885年），台湾府单独设省。到清末，福建共设有9府、2州、58县、2厅。省与府之间还设4个分道作为派出机构：宁福道驻福州，辖福州府、福宁府；兴泉永道驻厦门，辖兴化府、泉州府、永春州；汀漳龙道驻漳州，辖汀州府、漳州府、龙岩州；延建邵道驻南平，辖延平府、建宁府、邵武府。此外，清代在福建设置闽浙总督（驻福州或杭州）和福建巡抚。督、抚原属临时设置，可是后来迄未取消。由于督、抚权力很大，成为全省最高军事、民政长官，原来正式的省一级长官——布政使、按察使，反成属官。另外，清朝还设置管领满洲驻防旗兵的镇守将军，原和地方行政无关，却兼管海关和粮储道、盐法道，遂也成省级官员。

二、近代历史时期

辛亥革命后，历届中央政权均置福建省。1913年，废除府、州制度，分设东、南、西、北四路观察使。1914～1927年，改设闽海、厦门、汀漳、建安4个道；合并闽县、侯官为闽侯县，建安、瓯宁为建瓯县；改永春州、龙岩州为永春县、龙岩县；废除厅制，改平潭、云霄为县；析出同安县的厦门岛成立思明县。经过改革，福建省共有4道、61县，仍然是省、道、县三级建制。1934年末，废除道的制度，改为省、县两级制；设10个行政督察专员区，分别驻长乐、福安、南平、仙游、同安、漳浦、龙岩、长汀、邵武、浦城等地。这是福建划分专区的开始。经过一段时间的试行，又改划为7个行政督察区。在这前后，对县、市也做了调整。1928年，从龙溪县划出华安县；1933年，改思明县为厦门市；1934年，把光泽县划给江西省（1949年划回）；1940年，从沙县、明溪县、永安县各划出一部分设立三元县，从建瓯划出一部分设水吉县；1945

年，柘洋（原属霞浦）、周墩（原属宁德）两个特种区改建柘荣、周宁二县；1946年，把闽侯县的鼓楼、南台、仓山等地划出设立福州市。1946～1949年中华人民共和国成立前，全省共分7个行政督察区、2市、67县。

三、当代历史时期

中华人民共和国成立后，福建省人民政府驻福州市，直辖福州、厦门两市，分设8个专区、67县。

1950年4月1日，将第一至第八行政督察专员公署改冠以各该署驻地之县名，即将第一行政督察专员公署改称建瓯行政督察专员公署，第二行政督察专员公署改称南平行政督察专员公署，第三行政督察专员公署改称福安行政督察专员公署，第四行政督察专员公署（原林森行政督察专员公署）改称闽侯行政督察专员公署，第五行政督察专员公署改称晋江行政督察专员公署，第六行政督察专员公署改称龙溪行政督察专员公署，第七行政督察专员公署改称永安行政督察专员公署，第八行政督察专员公署改称龙岩行政督察专员公署。

1951年，设立县级市泉州市、漳州市，分别划归晋江专区署和龙溪专区署管辖；建瓯专区改名为建阳专区。

1953年，原由晋江专署领导的泉州和龙溪专署领导的漳州两市改由福建省直辖。

1956年，设南平市为省辖市；撤销闽侯、永安、建阳三专区。原闽侯专区所属闽侯县改由福建省直辖，原闽侯专区所属闽清县改归南平专区管辖，连江、长乐、罗源三县改归福安专区管辖，福清、永泰、平潭三县改归晋江专区管辖。撤销永安专区，将所辖明溪、三元两县改归南平专区管辖，大田县改归晋江专区管辖，永安、宁化、清流改归龙岩专区管辖。撤销建阳专区，将所辖建瓯、浦城、邵武、建阳、崇安、松溪、政和、光泽、水吉九县全归南平专区管辖。撤销水吉、柘荣、宁洋三县，并将三元、明溪两县合并改称三明县。

1958年，原由福建省直辖的泉州市划归晋江专区署管辖，漳州市划归龙溪专区署管辖，南平市划归南平专署管辖，闽侯县划归福州市管辖，同安县划归厦门市管辖。

1959年，恢复闽侯专区，下辖闽侯、闽清、连江、长乐、罗源、福清、永泰、平潭8个县，专署驻闽侯县。

1960年，设立三明市，由福建省直辖，设立清宁县，撤销清流、宁化两县；撤销南平县，将其并入南平市。

1963年，设立三明专区，三明市划归三明专署管辖。

1970年，原南平、福安、闽侯、晋江、龙溪、龙岩、三明7个专区改为地区。

1971 年，闽侯地区改为莆田地区，行署驻莆田县；福安地区改为宁德地区，行署驻宁德县；南平地区改为建阳地区，行署驻建阳县。

1973 年，莆田地区所属闽侯县，划归福州市管辖。

1975 年，恢复柘荣县，属宁德地区管辖；撤销松政县，恢复政和县、松溪县，属建阳地区管理。

1981 年，撤销龙岩县，改为龙岩市（县级），由龙岩地区行署代省管辖。

1983 年 4 月，改莆田地区为莆田市，扩大福州的管辖范围。原由莆田地区管辖的闽清、永泰、福清、长乐、平潭 5 个县和宁德地区管辖的连江、罗源两县划到福州，加上原辖的闽侯县，福州共辖 8 个县。同年 9 月，设立莆田市（地级），原莆田地区管辖的莆田、仙游两县划归莆田市领导，撤销邵武县设立邵武市（县级），划归建阳地区行署代省管辖。同年，撤销三明地区，三明市由县级市升格为地级市，原由三明地区管辖的永安、宁化、清流、明溪、建宁、泰宁、将乐、沙县、尤溪、大田 10 个县划归三明市管辖。

1984 年 9 月，撤销永安县设立永安市（县级），划由三明市代省管辖。

1985 年，漳州市升为地级市，撤销龙溪地区；龙海、云霄、漳浦、诏安、长泰、东山、南靖、平和、华安县划归漳州市；泉州市升为地级市，撤销晋江地区；惠安、晋江、南安、安溪、永春、德化、金门县划归泉州市。

1987 年，新设置石狮市、厦门市湖里区两个县级行政机构；厦门市的郊区更名为集美区。

1988 年，建阳地区行政公署驻地由建阳县迁至南平市，并更名为南平地区。南平行署仍辖南平市、邵武市、建阳县、建瓯县、顺昌县、浦城县、崇安县、松溪县、政和县、光泽县。撤销宁德县，设立宁德市（县级市），为宁德地区行政公署驻地。

1989 年 8 月 21 日，撤销崇安县，设立武夷山市（县级市）；11 月 13 日，撤销福安县，设立福安市（县级市）。

1990 年 8 月 15 日，撤销漳平县，设立漳平市（县级市）；12 月 26 日，撤销福清县，设立福清市（县级市）。

1992 年，撤销晋江县设立晋江市（县级）；撤销建瓯县设立建瓯市（县级市）。原行政区划均不变，亦不增加机构和编制。

1994 年，撤销南平地区，设立南平市（地级市）；撤销南平市（县级市），设立延平区；撤销长乐县，设立长乐市（县级市）；撤销建阳县，设立建阳市（县级市）。至此，全省共设 7 个地级市，2 个地区；县级市 15 个，48 个县，18 个区。

2014 年 5 月，撤销建阳市，设立南平市建阳区。同年 12 月，撤销永定县，设立龙岩市永定区。

第二节　现状与主要特点

一、行政区划现状

福建省简称闽，别称"八闽"，总面积约 12.4 万平方千米，省会福州。如表 2-1 所示，2016 年，福建省下辖 1 个副省级市（厦门市）、8 个地级市（福州市、泉州市、莆田市、漳州市、宁德市、南平市、三明市、龙岩市），共包括 28 个市辖区，13 个县级市，44 个县（含金门县）。

表 2-1　2016 年福建省行政区划

州（市）	县级市	市辖区	县（自治县）	小计
福州市	福清市、长乐市	鼓楼区、台江区、仓山区、马尾区、晋安区	闽侯县、连江县、罗源县、闽清县、永泰县、平潭县	5 区、6 县、2 县级市
厦门市	—	思明区、海沧区、集美区、湖里区、同安区、翔安区	—	6 区
莆田市	—	城厢区、涵江区、荔城区、秀屿区	仙游县	4 区、1 县
三明市	永安市	梅列区、三元区	明溪县、将乐县、大田县、宁化县、建宁县、沙县、尤溪县、清流县、泰宁县	2 区、9 县、1 县级市
泉州市	石狮市、晋江市、南安市	鲤城区、丰泽区、洛江区、泉港区	惠安县、永春县、安溪县、德化县、金门县	4 区、5 县、3 县级市
漳州市	龙海市	芗城区、龙文区	漳浦县、云霄县、东山县、诏安县、南靖县、平和县、华安县、长泰县	2 区、8 县、1 县级市
南平市	邵武市、武夷山市、建瓯市	延平区、建阳区	顺昌县、浦城县、光泽县、松溪县、政和县	2 区、5 县、3 县级市
龙岩市	漳平市	新罗区、永定区	长汀县、上杭县、武平县、连城县	2 区、4 县、1 县级市

州（市）	县级市	市辖区	县（自治县）	小计
宁德市	福安市、福鼎市	蕉城区	霞浦县、古田县、屏南县、寿宁县、周宁县、柘荣县	1 区、6 县、2 县级市
合计	1 个副省级市，8 个地级市，28 个市辖区、13 个县级市、44 个县			

资料来源：《福建省行政区划》（2016）。

二、行政区划的主要特点

（一）行政区划层次较复杂，市管县数量较多

福建省辖区内最高行政级别是作为经济特区的厦门市，其行政级别为副省级，其余 8 个地级市又有市辖区、县级市和县辖区，整体层次较复杂。其中，县级市属于地级市辖区，又带来了比较复杂的问题：第一，县级市束缚了县域经济的发展，福建省 13 个县级市，分属于 7 个市管辖，其中石狮市（第 5 位）、晋江市（第 8 位）、福清市（第 42 位）、南安市（第 62 位）、长乐市（第 66 位）、龙海市（第 96 位）均属于 2016 年全国经济百强县，有较强劲的经济发展势头，作为县级市会束缚进一步的经济发展。第二，县级市增加了行政管理层次和成本，有了县级市之后，在福建省内行政层级就由之前的省—地级市—县—乡（镇）的结构变为省—地级市—县级市—县—乡镇的结构，多出来的县级市层次，增加了行政成本和上下级联系成本。第三，县级市的经济发展和地级市的经济发展没有起到相互促进的作用，由于地级市中心城区的发展和县级市的管理侧重点不同，前者侧重于城市管理，后者侧重于公共事务管理，再加上市政府的工作重心往往放在市辖区的区域，难免会出现各自为政的发展模式，缺乏相互促进。

（二）台海关系错综复杂，影响沿海地区区划

福建省是台海关系的前沿，自清康熙以来，台海关系的变化直接影响到福建省的经济发展和社会进程。福建省由于特殊的地理位置，与台湾隔海相望，加上和台湾的"五缘优势"，使福建省面临台海关系变化多端的局面，这是不同于其他省份的特殊之处。在行政区划上表现为，福建沿海地区都是跟台湾有着千丝万缕紧密联系的地区。福建沿海 1 个副省级城市，即厦门，3 个地级市，即莆田、泉州、漳州均与台湾隔海相望，其中泉州和厦门与台湾金门县还可以通过海轮来回往返。

（三）内陆地级市辖区面积大，人口少

福建省 1 个副省级市、8 个地级市中，福州市、莆田市、泉州市、厦门市、

漳州市都位于沿海,其他4个市,即三明市、南平市、龙岩市和宁德市都位于内陆。从表2-2可以看出,内陆地级市的辖区面积为81689.83平方千米,大于沿海地级市辖区面积42024.11平方千米,是沿海地级市辖区面积的近2倍。同时,从表2-3可以看出,内陆地级市常住人口占福建省常住人口的比例仅为27.8%,远远不及沿海地级市的72.2%。

表2-2 福建省各市辖区面积 单位:平方千米

地区	福州市 (含平潭县)	福州市 (不含平潭县)	平潭县	厦门市	莆田市	泉州市
面积	12134.45	11762.54	371.91	1651.98	4119.02	11245.00
地区	漳州市	三明市	南平市	龙岩市	宁德市	—
面积	12873.66	22928.79	26280.54	19028.12	13452.38	—

资料来源:《福建省行政区划》(2016)。

表2-3 福建省常住人口地区分布及占比

地区	常住人口(万人)	比重(%)	
		2010年	2015年
福建省	3834	100	100
福州市(含平潭县)	749	19.3	19.5
福州市(不含平潭县)	706	18.3	18.4
平潭县	43	1.0	1.1
厦门市	385	9.6	10.0
莆田市	287	7.5	7.5
泉州市	850	22.0	22.2
漳州市	499	13.0	13.0
三明市	253	6.8	6.6
南平市	264	7.2	6.9
龙岩市	260	6.9	6.8
宁德市	287	7.7	7.5

资料来源:《福建省2015年1%人口抽样调查主要数据公报》。

参考文献

[1] 史为乐. 中华人民共和国政区沿革 [M]. 北京:人民出版社,2006.

[2] 许维勤. 闽台行政建制关系 [M]. 福州:福建人民出版社,2008.

[3] 陈志平. 福建历史文化简明读本 [M]. 厦门:厦门大学出版社,2013.

[4] 刘锡涛. 福建历史地理研究 [M]. 福州:福建教育出版社,2012.

第三章 存在问题与开发利用方向

第一节 主要问题

福建省区位优势明显，开放程度较高，随着闽台合作的推进，自贸区的建设，"一带一路"倡议等重大发展战略和一系列重大政策的实施，发展空间广阔、潜力巨大，将逐步成为我国东南沿海的开放前沿。同时，福建省还存在经济发展不够充分、区域发展不平衡、第三产业不够发达、大型工业企业数量较少等问题。

一、经济发展不够充分

作为沿海较发达省份之一，在 2018 年，福建省生产总值（GDP）达 38687.77 亿元。其中，第一产业完成增加值 163.9 亿元，同比 2017 年增长 7.39%；第二产业完成增加值 2557.73 亿元，同比 2017 年增长 15.70%；第三产业完成增加值 2123.7 亿元，同比 2017 年增长 13.85%。三次产业结构由 2017 年的 6.5∶48.1∶45.3 调整为 6.1∶48.7∶45.2。

作为东部较发达省份，和毗邻的广东省相比，有较大的差距。2018 年，广东省生产总值达到 99945.22 亿元。其中，第一产业完成增加值 224.96 亿元，同比 2017 年增长 6.23%；第二产业完成增加值 2861.84 亿元，同比 2017 年增长 7.43%；第三产业完成增加值 5209.69 亿元，同比 2017 年增长 10.52%。三次产业结构在 2018 年是 3.8∶41.4∶54.8。

从图 3-1 可以明显看出，福建省在地区生产总值总量上落后于广东省，还有较大的经济发展空间。从产业结构来看，福建省到 2018 年还依然处于第二产业占主导地位的发展阶段（见表 3-1）。对比福建省三次产业对经济增长的贡献率可以看到，第三产业对经济增长的贡献率在 2015 年才首次超过第二产业（见表 3-2），还需要通过大力发展建设第三产业来带动地区经济的更好更快发展。

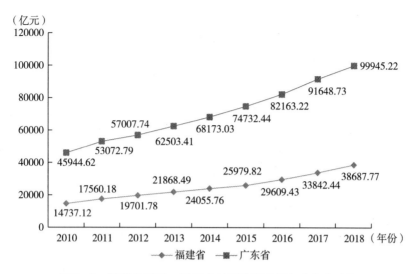

图 3-1　福建省 2010～2018 年地区生产总值与广东省对比

资料来源：《福建统计年鉴》（2020）、《广东统计年鉴》（2020）。

表 3-1　2010～2018 年福建省地区生产总值三次产业结构　单位：%

年份	2010	2011	2012	2013	2014	2015	2016	2017	2018
第一产业	9.3	9.2	9.0	8.6	8.4	8.2	7.2	6.5	6.1
第二产业	51.0	51.6	51.7	51.8	52.0	50.3	49.6	48.1	48.7
第三产业	39.7	39.2	39.3	39.6	39.6	41.5	43.2	45.3	45.2

资料来源：《福建统计年鉴》（2020）。

表 3-2　2010～2018 年福建省三次产业对经济增长的贡献率　单位：%

年份	2010	2011	2012	2013	2014	2015	2016	2017	2018
第一产业	2.1	3.3	3.2	3.0	3.2	2.9	2.5	3.1	2.7
第二产业	67.9	67.2	66.1	64.6	66.0	46.6	43.4	44.6	52.6
第三产业	30.0	29.5	30.7	32.4	30.8	50.5	54.1	52.3	44.7

资料来源：《福建统计年鉴》（2020）。

二、区域发展不均衡

福建省按照经济发展程度和历史划分惯例，分为闽东南（福州市、莆田市、厦门市、泉州市、漳州市）和闽西北（三明市、龙岩市、南平市、宁德市）两大地区。从图 3-2 可以看出，2010～2015 年，闽西北地区的 GDP 均远远小于闽东南地区。虽然从图 3-3 可以看到，闽西北地区的 GDP 增长率并不低于闽东南地区的 GDP 增长率，甚至在 2010 年、2011 年和 2013 年都高于闽东南地区的 GDP 增长率，但是闽西北地区的 GDP 基数远低于闽东南地区，所以 GDP 总量还

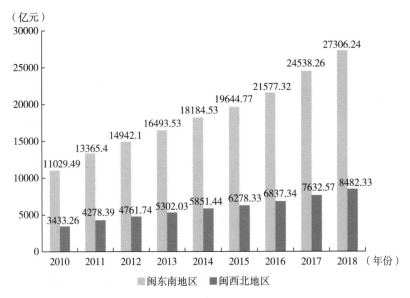

图 3－2　2010～2018 年闽东南地区和闽西北地区 GDP

资料来源：《福建统计年鉴》（2011～2019）。

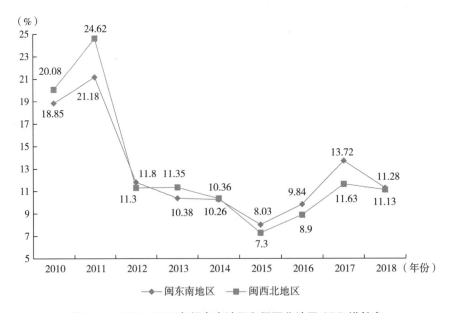

图 3－3　2010～2018 年闽东南地区和闽西北地区 GDP 增长率

资料来源：《福建统计年鉴》（2011～2019）。

是远远落后于闽东南地区。由图 3-4 可知，若加上人均 GDP 数据，闽西北地区的经济发展明显落后于闽东南地区，区域发展不平衡可见一斑。

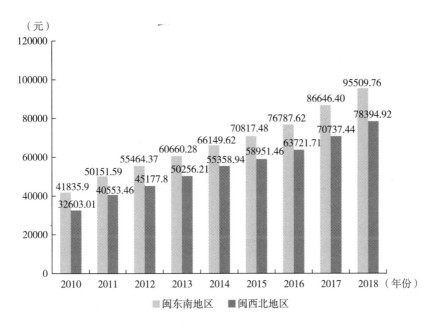

图 3-4　2010~2018 年闽东南地区和闽西北地区人均 GDP
资料来源：《福建统计年鉴》（2011~2019）。

三、第三产业不够发达

中国的三次产业划分是：第一产业是指农、林、牧、渔业（不含农、林、牧、渔服务业）。第二产业是指采矿业（不含开采辅助活动），制造业（不含金属制品、机械和设备修理业），电力、热力、燃气及水生产和供应业，建筑业。第三产业即服务业，是指除第一产业、第二产业以外的其他行业，包括交通运输、仓储和邮政业，信息传输、计算机服务和软件业，批发和零售业，住宿和餐饮业，金融业，房地产业，租赁和商务服务业，科学研究、技术服务和地质勘查业，水利、环境和公共设施管理业，居民服务和其他服务业，教育，卫生、社会保障和社会福利业，文化、体育和娱乐业，公共管理和社会组织，国际组织等行业。

一般来说，一个地区的社会经济发达程度往往通过第三产业的发展水平体现。第三产业繁荣与发展程度的高低，已成为衡量现代社会经济发达程度的主要标志之一。根据图 3-5，从福建省三次产业对经济增长的贡献率来看，第三产业对经济增长的贡献率虽然一直在上升，但依旧明显落后于第二产业，直至 2015 年才首次超过第二产业对经济增长的贡献率。福建省第三产业对经济增长的贡献率同样是在 2016 年才达到 54.1 个百分点，超过了第二产业的 43.4 个百分点，充分表明目前福建省的第三产业还不够发达，有较大的发展潜力和发展空间。

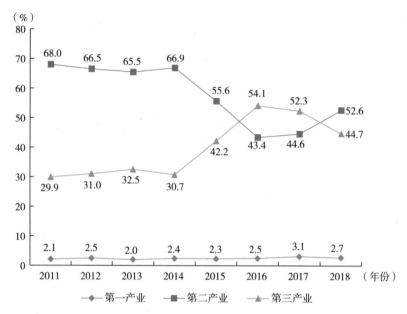

图 3 – 5　2011 ~ 2018 年福建省三次产业对经济增长的贡献率
资料来源：《福建统计年鉴》（2019）。

四、大型工业企业数量较少

　　统计学中，一般以年主营业务收入作为企业规模的标准，达到一定规模要求的企业就称为规模以上企业。规模以上企业也分若干类，如特大型企业、大型企业、中型企业、小型企业等。目前在我国，大型工业企业是指年主营业务收入在 40000 万元以上的工业企业，中型工业企业是指年营业收入为 2000 万元到 40000 万元的工业企业，小型工业企业是指年营业收入为 300 万元到 2000 万元的工业企业，微型工业企业是指年营业收入在 300 万元以下的工业企业。大型工业企业对经济的拉动效果是非常明显的，在年营业收入、年利润率以及吸纳就业人员数量这几个方面对地区经济都有明显的拉动作用。从图 3 – 6 可以看出，福建省大型工业企业的数量一直比较少，可能会影响福建省经济的进一步发展。

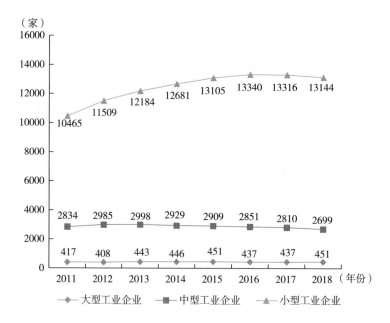

图 3-6 2011~2018 年福建省规模以上工业企业大中小型数量对比

资料来源:《福建统计年鉴》(2012~2019)。

第二节 开发战略调整与方向

一、厦漳泉大都市区同城化战略

厦漳泉地区指厦门、漳州、泉州三市和金门地区,地区之间交往密切,为了促进区域联动发展,福建省提出了"厦漳泉大都市区同城化",准备规划形成"一核、三带、两轴"的空间格局。

所谓的"一核"指厦漳泉大都市核心区。核心区由三部分组成,其中厦门城区为核心区中部,拟定位为建设东南国际航运中心以及海峡西岸经济区金融商务中心、文化休闲旅游中心、贸易中心、高端消费中心、先进制造业中心、高新技术研发基地。核心区西部则包括漳州芗城区、龙文区、圆山新区等漳州城区,以及长泰县城、南靖靖城新区和九龙江生态经济区(包括华安丰山和长泰古农农场)等中心城市拓展区域。这一区域拟被定位为区域性服务业中心、制造业与服务业协调发展、都市农业发达的现代化都市区。泉州市中心城市2980 平方千米范围内为核心区东部,功能定位为区域性先进制造业、专业会展中心、专业技术服务中心、研发中心、现代物流中心、商贸、文化、旅游服务中心。除了核心区的三个组成部分有具体的功能定位外，还结合厦门湾南岸、翔安—围头湾、湄洲湾南岸、东山湾、三市县域经济的产业特色，对这些区域的产业布局进行了功能定位。

"三带"主要是指：厦漳泉三市沿海地区的沿海产业城镇聚集带；绿色山地生态保育带，主要范围是三市西北部，包括博平岭和戴云山等山地；厦漳泉三市近海海域的蓝色海洋保护与开发带。

"两轴"，即厦漳龙赣发展轴和厦泉—三明—抚州发展轴。厦漳龙赣发展轴将串联起厦门中心城区、漳州中心城区与沿海部分城镇产业密集区，并向龙岩地区辐射，是厦漳泉大都市区与江西和长株潭城市群联系的重要通道。厦泉—三明—抚州发展轴由厦门、泉州合力带动辐射南安、安溪、永春、德化，并向西辐射三明、江西和长株潭城市群，以及向东辐射莆田的重要通道。

厦漳泉大都市区同城化在交通运输、教育培训、社会保障、共同市场、文化体育、医疗卫生、两岸交流等各方面展开深层次的合作与共建。特别是在交通运输方面，根据福建省政府印发的《加快推进厦漳泉大都市区同城化工作方案》总体要求，福建省交通运输厅组织编制了《厦漳泉大都市区综合交通一体化（2015—2025年）》专项规划，其中近期规划为2015～2020年，远期规划为2021～2025年（见表3-3）。

表3-3 厦漳泉大都市区综合交通一体化规划方案

名称	层次	总体方案
高速公路规划布局	"三纵"	沈海高速泉厦漳段（含漳州至云霄支线）；泉州斗尾疏港高速—泉州环线西北段—泉厦联络线—厦门环线西北段；宁东高速（沈海复线）泉厦漳段
	"五射"	泉州围头疏港高速—泉三高速泉州段；厦沙高速厦门段；厦蓉线厦门长泰段—漳永高速漳州段；漳龙高速漳州市区段—厦蓉线漳州至龙岩段；招银疏港高速—漳州南联络线—南靖至永定高速
	"二环四联"	"二环"：厦门环线和泉州环线
		"四联"：南安至安溪联络线、泉金联络线、翔安机场高速、厦金联络线
普通干线公路规划布局	"四纵"	泉州规划南通道—泉州西南放射线—厦门翔安南路—海沧大桥—马青路—厦漳跨海大桥—漳州沿海大通道；泉州快速路一纵—泉州环城高速跨泉州湾通道—泉州规划中通道—厦门海翔大道—漳州同城大道—G319漳州段；G324泉州段—G324厦门段—G324漳州段；国省干线联十一线泉州至漳州段
	"三横"	国省干线联九线围头港区至官桥段—联十一线官桥至康美段—横八线康美至眉山段—联三线梅山至码头段；翔安机场快速路—同安快速路—国省干线联四线同安段；国省干线联六线招银

续表

名称	层次	总体方案
铁路规划布局	"九干"	福厦（漳）客专、西长厦（龙厦四线）2条高铁，福厦、龙厦、厦深、吉永泉（含厦门支线）4条快铁，漳泉肖、鹰厦2条普铁，沿海货运铁路1条货专
	"九支"	肖厝、湄洲湾南岸、秀涂、石湖、石井、东渡、海沧、港尾、古雷9条疏港铁路支线
城际轨道规划布局	"一轴"	R1线（泉州—厦门—漳州城际）
	"一环"	R2线（漳州—集美—厦门城际）和R3线（漳州—厦门城际）
	"三射"	R4线（金井—安溪城际）、R5线（漳州—南靖城际）、R6线（厦门—云霄城际）
港口规划布局	重点港区	海沧港区、东渡港区、泉州湾港区、古雷港区、肖厝港区、斗尾港区
	其他港区	翔安港区、招银港区、后石港区、石码港区、深沪湾港区、围头湾港区
客运枢纽站场方案	6个大型综合客运枢纽	翔安机场综合客运枢纽、铁路厦门北站综合客运枢纽、铁路厦门站综合客运枢纽、泉州新机场综合客运枢纽、铁路泉州站综合客运枢纽、铁路漳州站综合客运枢纽
	25个一般客运枢纽	高崎综合客运枢纽、铁路厦门东综合客运枢纽、铁路晋江站枢纽、铁路惠安西站枢纽、铁路角美站枢纽、铁路安海客专站枢纽、铁路漳州东站枢纽、厦门枋湖客运枢纽、厦门海沧客运枢纽、厦门新阳客运枢纽、厦门集美客运枢纽、厦门同安客运枢纽、泉州中心客运枢纽、泉州晋江中心客运枢纽、泉州晋江鞋纺城客运枢纽、泉州南安客运枢纽、泉州服装城客运枢纽（石狮）、泉州洛江客运枢纽、泉州惠安客运枢纽、泉州泉港客运枢纽、漳州西站客运枢纽、漳州石码客运枢纽、漳州招银开发区客运枢纽、漳州长泰客运枢纽、漳州古雷客运枢纽
货运枢纽站场方案	10个大型物流园区	厦门现代物流园区、厦门前场物流园区、翔安机场物流园区、海沧物流园区、刘五店物流园区、晋江陆地港物流园区、秀涂物流园区、黄塘物流园区、漳州招银物流园区、漳州南凌物流园区
	25个一般货运枢纽	同安工业物流中心、马巷物流中心、漳州金峰物流中心、漳州古雷石化物流中心、漳州鑫展旺物流中心、漳州角美货运站、漳州古雷综合物流中心、漳州漳龙物流园、漳州开发区四区物流中心、漳州四通物流中心、龙池物流中心、漳州海峡两岸农产品物流中心、南溪湾物流中心、漳州长泰银塘货运站、漳州桥南货运站、泉州开发区物流中心、泉州南浦物流中心、晋江五里货运站、石狮服装城物流中心、石井闽台商贸物流中心、双阳城市货运站、石湖集装箱货运站、美林公铁货运站、围头集装箱货运站、斗尾物流中心

二、闽西地区发展战略

闽西地区是位于福建省西南部的龙岩地区的通称，全地区位于东经115°50′～117°45′，北纬24°22′～26°02′。闽西地区处于闽粤赣三省交界，东部有福建省厦门地区、漳州地区，南部靠近广东省梅州地区，西部与江西省赣州地区相连，北部紧邻福建省的三明地区。辖区内有新罗区、永定区、上杭县、连城县、武平县和漳平市等。同时闽西地区又是中央苏区、中国较早建立的革命根据地的所在地。

从自然环境来看，闽西地区具有得天独厚的生态条件，如国家级风景名胜区连城冠豸山、国家A级自然保护区梅花山、武平梁野山等，故其完全具有生态资本开发生态旅游业；从历史文化来看，闽西地区具有深厚的文化资源，如永定土楼、汀州古城、古田会议遗址等，既是客家文化的缩影，又是红色文化的核心。自然与文化两相呼应，形成了闽西地区特有的区域特色。

由于山地占据了绝对的优势，闽西地区成为福建省重要的矿区、林区，生态资源非常丰富。闽西地区水资源丰富，土地资源呈现多样化。闽西水系以汀江和九龙江为主，由于地势的因素，河流大多源短流急，蕴含着丰富的水能资源，同时九龙江北溪龙岩段水质达标率为83.3%，汀江水质达标率达到了100%，可供开发利用。闽西地区山地居多，地势险峻，山地丘陵占据了地区总面积的94.83%。全区地势东高西低，平均海拔为460米，千米高的山峰126座。在群山环绕中，溪流穿行冲刷形成了丘陵、盆地、山地等各种地貌特征，形成了土地资源多样化的特点。

森林资源也是闽西地区的优势资源，全区森林覆盖率达77.91%，是福建省的三大林区之一。闽西地区也拥有丰富的矿产资源，比如华东地区第一大铁矿马坑铁矿、中国较大的高岭土矿之一东宫下高岭土矿、全国著名的铜金矿区紫金山，其中无烟煤资源储量、锰矿资源储量、铁矿资源储量、铜矿资源储量、金矿资源储量都居福建省首位。

目前，闽西地区发展过程中面临着经济结构调整的问题，采矿业、水泥、机械等重工业作为闽西的传统产业虽然依旧占据着无法动摇的主导地位，但是随着经济发展方式的不断转变，闽西地区的经济发展也在朝着新型化与科技化的方向发展，尤其是第三产业的不断崛起，特别是以生态建设为最终目的的旅游业的异军突起，越来越成为闽西经济发展中不可忽视的推动力。

三、闽台合作战略

闽台合作是促进两岸文化、经济和政治交流的纽带。作为同族同宗文化背景也相通的海峡两岸，福建省通过举办"海峡论坛"，大力推进对台交流基地的建设，加强海峡两岸的交流。从图3-7可以看出，福建省对台湾地区的进口总量占福建省整个进口总量的比例是不低的。由图3-8可知，台湾地区对福建省的投资额攀升速度很快，闽台合作有序开展。

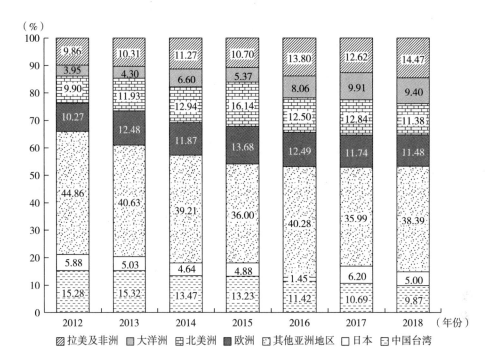

图 3-7　2012~2018 年福建省对主要国家和地区进口商品比例

资料来源:《福建统计年鉴》(2013~2019)。

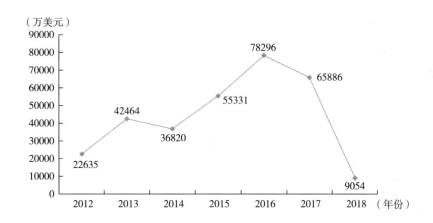

图 3-8　2012~2018 年福建省实际利用台湾地区投资额

资料来源:《福建统计年鉴》(2013~2019)。

　　闽台合作也是两岸发展经济、促进祖国统一的必然选择。闽台合作体现在经贸、交通、旅游各个方面。2015 年,福建省新批台资项目 658 项(含第三地转投），同比增长 77.8%，实际到资 3.72 亿美元，同比增长 5.8%；商务部核准福建省在台直接投资项目 9 个（增资 2 个，新设 5 家企业、分支机构 2 家），核准对台投资额 1999.65 万美元。闽台空中直航客运量 77.85 万人次，同比增长 3.2%；"小三通"客运量 147.68 万人次，同比增长 14.16%。空中直航客流量 77.85 万人次，同比增长 3.2%；海上客轮运输客流量 11.5 万人次。经福建口岸赴金马澎和台湾本岛旅游人数超过 40 万人次，同比增长 71.09%。其中，团组游 20.57 万人次，同比增长 15.94%；个人游 17.69 万人次，同比增长 282.96%；接待入闽台胞 144.92 万人次，同比增长 2.9%。不仅如此，闽台在区域合作、产业对接、青年创业、文教交流上都取得了较大进展。在区域合作方面，突出福建自贸区创新和对台特色，在 186 项重点试验项目中确定涉台试验内容 82 项。在产业对接方面，继续推进闽台产业对接升级，台达电、福顺晶圆、扬运国际等 8 个重点台资项目落地，古雷炼化一体化项目奠基，联电 12 寸晶圆项目、莆田华映科技 6 代面板、冠捷台湾科技园一期、东南汽车发动机等重大台资项目进展顺利。在青年创业方面，福建省率先出台《关于鼓励和支持台湾青年来闽创业就业的意见》《台湾青年创业示范基地和推荐示范团队认定及奖励办法（试行）》。国台办授予福州海峡创意产业园、厦门两岸青年创业创新创客基地等为海峡两岸青年创业基地，海峡两岸青少年新媒体文创交流基地落户厦门。在文化交流方面，成功举办海峡两岸民俗文化节、两马同春闹元宵、陈靖姑民俗文化旅游节、陈文龙文化节、保生慈济文化节、郑成功文化节、关帝文化旅游节等一系列文化交流活动。首次组织大型歌舞剧《丝海梦寻》赴台演出，推动"乡音之旅"交流团入岛巡演。启动实施台湾高层人才引进计划和师资联合培养计划，颁布《福建省促进闽台职业教育合作条例》。

四、海洋开发和保护战略

依托于良好的海洋资源，福建省根据全省海洋开发保护现状与面临的形势，结合《全国海洋功能区划（2011—2020 年）》与全省海洋开发保护目标要求，以及沿海经济带发展战略布局、海域自然地理区位、区域生态环境安全、海上交通安全等因素，划分出 13 个海洋开发与保护重点海域，分别为沙埕港海域、三沙湾海域、罗源湾海域、闽江口海域、福清湾及海坛海峡海域、兴化湾海域、湄洲湾海域、泉州湾海域、深沪湾海域、厦门湾海域、旧镇湾海域、东山湾海域和诏安湾海域。

（一）沙埕港海域

沙埕港海域位于福建省东北部，在福鼎市境内，毗邻浙江省。海岸线自沙埕镇至店下镇，长 174 千米，海域面积 89 平方千米。沙埕港呈狭长弯曲状，由东南向西北延伸，湾口朝向东海，是我国天然深水良港之一。主要入海河流有桐山溪、照澜溪等。

海域主要功能为农渔业用海，重点保护对象是沙埕港红树林保护区。区内应统筹安排城镇与工业建设、渔业基地等基础设施用海；保护滨海湿地，严格控制围填海规模，禁止围填海工程破坏海湾生态环境；加强风暴潮、赤潮等自然灾害的防控与防治；加强沙埕港红树林保护区的管理，逐步修复红树林生境；严格执行污染物达标排放。

（二）三沙湾海域

三沙湾海域位于闽东地区，海岸线自东冲半岛至鉴江半岛，长553千米，海域面积784平方千米。三沙湾口小腹大，岸线曲折，水域开阔，是我国天然深水良港之一。海湾的西北部有交溪、霍童溪等河流注入。

海域主要功能为港口航运、工业与城镇、农渔业用海。重点保护对象是官井洋大黄鱼海洋保护区、盐田港红树林自然保护区。区内应科学合理发展海水养殖业，适当控制养殖规模，优化水产养殖结构；加强官井洋大黄鱼海洋保护区等各类海洋保护区的管理，严格执行保护区相关管理规定，开展海域生态环境修复，增殖和恢复渔业资源；保护滨海湿地，维护环三都澳水禽红树林海洋保护区生态环境，严格控制围填海规模；加强风暴潮、赤潮等自然灾害的防控与防治；严格执行污染物达标排放，引导陆源污染物向湾外离岸深水排放。

（三）罗源湾海域

罗源湾海域位于福建省东北部沿海，北侧和西北侧属罗源县，西侧和南侧属连江县。罗源湾海岸线自鉴江半岛至黄岐半岛，长158千米，海域面积214平方千米，是我国的天然深水良港之一。主要入海河流有起步溪和百丈溪。

海域主要功能为港口航运、工业与城镇用海。区内应制定科学的港口发展规划，保护港口资源；重点发展港口航运业及临海工业，协调处理好港口、临海工业发展与现有海水养殖业的关系；保护滨海湿地，严格控制围填海规模；加强海洋生态环境保护，合理设置临港工业排污区，引导污染物向湾外离岸深水达标排放。

（四）闽江口海域

闽江口海域北起黄岐半岛北菱，南至长乐松下，西为闽江、敖江入海口，隶属连江、马尾、长乐3个县（区、市），海岸线长123千米。闽江是福建省最大的入海河流，年径流量620亿立方米，年输沙量829万吨。

海域主要功能为海洋保护、旅游休闲娱乐、矿产与能源开发。区内应加强闽江口航道疏浚整治，加强港区、旅游区、渔业水域和保护区的统筹协调管理；严格控制港口航运、矿产与能源开发造成的污染，实施闽江口及毗邻海域环境综合治理,增殖和恢复渔业资源;加强闽江口湿地自然保护区管理,保护湿地物种多样性,适时实施保护区生态环境修复措施,维护鸟类栖息环境。

(五) 福清湾及海坛海峡海域

福清湾及海坛海峡海域位于福建沿海中段,西侧为福清市,东侧为平潭综合实验区,海岸线长 72 千米,海域面积 171 平方千米。主要入海河流为龙江。

海域主要功能为农渔业、港口航运、工业与城镇用海。区内应加强龙江流域综合整治,增殖和恢复渔业资源;加强港口航运区、渔业水域的统筹协调管理;严格控制港口航运、工业与城镇建设等开发活动造成的污染,促进渔业生产可持续健康发展;保护滨海湿地、保护中国鲎物种;严格控制工业与城镇建设的围填海规模。

(六) 兴化湾海域

兴化湾海域位于福建沿海中段,北侧为福清市,西侧为莆田市涵江区、荔城区,南侧为莆田市秀屿区,东南部邻南日群岛,海岸线长 255 千米,海域面积 709 平方千米。主要入海河流有木兰溪、萩芦溪等。

海域主要功能为港口航运、农渔业、工业与城镇用海。区内应重点保护滨海湿地、三江口海域鳗鲡苗和缢蛏等天然苗种场;加强港口航运区、农渔业区、临海工业区、排污区水域的统筹协调管理;严格控制福清核电站温排水范围,加强区域海洋环境监测,制定科学合理的海洋生态环境保护措施,减少对兴化湾北部农渔业区的影响;严格控制围填海规模,保护兴化湾浅海滩涂资源和渔业资源。

(七) 湄洲湾海域

湄洲湾海域位于福建省中部沿海,东侧为莆田市秀屿区,北侧为莆田市城厢区、仙游县,西侧为泉州市泉港区、惠安县。湄洲湾海岸线长 242 千米,海域面积 507 平方千米,是我国天然深水良港之一。主要入海河流为枫慈溪。

海域主要功能为港口航运、工业与城镇用海。区内应协调好现有的海水养殖业与港口航运、临海工业用海之间的关系;根据港口规划,合理、有序地发展港口航运业;严格控制港口航运、临港工业等造成的海洋污染;严格控制工业与城镇建设的围填海规模,保护湄洲岛海洋特别保护区生态环境。

(八) 泉州湾海域

泉州湾海域位于福建省东南部沿海,隶属泉州市洛江区、丰泽区、惠安县、晋江市和石狮市,海岸线长 140 千米,海域面积 174 平方千米。主要入海河流有晋江、洛阳江等。

海域主要功能为港口航运、海洋保护、旅游休闲娱乐用海。重点保护泉州湾河口湿地海洋保护区生态系统。海湾内应加强港口航运区、旅游休闲娱乐区、农渔业区和海洋保护区的统筹协调管理；严格执行保护区相关管理规定，保护泉州湾河口湿地保护区海洋生态环境，重点加强百崎生态整治区的建设；合理有序地发展港口航运业，严格控制污染物排放；加强崇武—浮山、大坠岛旅游休闲娱乐区生态环境保护力度。

（九）深沪湾海域

深沪湾海域位于福建省东南部沿海，隶属晋江市和石狮市。海岸线长 18 千米，海域面积 23 平方千米。

海域主要功能为海洋保护、农渔业、旅游休闲娱乐用海，重点保护对象为深沪湾海底古森林遗迹国家级自然保护区。区内应严格执行海底古森林遗迹保护区相关管理规定，加强保护区管理，严格控制影响保护区环境的建设项目，控制污染物排放；合理发展深沪湾港口航运业和旅游休闲娱乐业，严格控制其对海底古森林、牡蛎礁和海蚀变质岩等保护目标的影响。

（十）厦门湾海域

厦门湾海域位于福建省东南部沿海，隶属泉州市、厦门市和漳州市。海岸线自晋江市的围头角至龙海市的镇海角，长 340 千米，海域面积 1533 平方千米。主要入海河流九龙江是福建省第二大河流，全长 1923 千米，年均径流量 121 亿立方米，年均输沙量约 250 万吨，对河口区及厦门西海域的水质环境、海底冲淤环境影响较大。

海域主要功能为港口航运、旅游休闲娱乐、工业与城镇和海洋保护区用海。重点保护厦门海洋珍稀物种国家级自然保护区的生态环境，保护中华白海豚、文昌鱼、鹭鸟、红树林等珍稀野生动植物和典型海洋生态系统。厦门市、漳州市和龙岩市要强化九龙江流域综合整治，对污染物排海实施达标排放与总量控制；严格控制围填海规模，特别是围头湾、大嶝海域的围填海规模；严格控制砂矿资源开采范围及数量；保护海洋生态环境，加强中华白海豚、厦门文昌鱼和鹭鸟等海洋珍稀物种栖息环境的保护力度；加强区域环境管理和整治，保护九龙江口红树林保护区的生态环境；控制港口航运、滨海城镇建设和临港工业造成的污染，合理利用厦门滨海旅游资源，促进滨海旅游业健康发展。

（十一）旧镇湾海域

旧镇湾海域位于福建省南部沿海的漳浦县东部，在古雷半岛和六鳌半岛之间，海岸线长 50 千米，海域面积为 85 平方千米。主要入海河流为鹿溪。

海域主要功能为农渔业、矿产与能源用海。区内应制定区域污染控制措施，严格控制陆源污染物排海；加强滩涂、浅海、网箱、围塘的养殖规模和品种管理，减少养殖自身污染，促进旧镇湾水产养殖业可持续健康发展；合理有序发展六鳌海域的港口航运业，严格控制围填海规模；提高制盐业生产技术，保证竹屿盐田的可持续发展。

（十二）东山湾海域

东山湾海域位于台湾海峡南口的西岸，隶属漳浦县、云霄县和东山县。东山湾海岸线长 111 千米，海域面积 274 平方千米，是我国天然深水良港之一。主要入海河流为漳江。

海域主要功能为港口航运、农渔业、工业与城镇用海。重点保护对象是漳江口红树林生态系统和东山珊瑚礁生态系统等。区内应加强港口航运区、旅游休闲娱乐区、农渔业区、工业与城镇用海区的统筹协调管理；加强水产养殖规模和品种管理，制定区域污染控制措施，减少养殖自身污染，促进东山湾水产养殖业健康发展；完善海洋保护区管理制度，加强各保护区生态环境保护力度，适时实施漳江口红树林保护区生态修复；科学有序地建设古雷港区，减少对东山珊瑚礁保护区和农渔业区的影响；严格控制湾内围填海规模。

（十三）诏安湾海域

诏安湾海域位于福建省南部，东侧为东山岛，西侧为宫口半岛，东北侧经八尺门水道与东山湾相连。诏安湾隶属东山县和诏安县，海岸线长 50 千米，海域面积 218 平方千米。主要入海河流为仙陂溪等。

海域主要功能为农渔业、矿产与能源用海。区内应协调好港口航运区与农渔业区的关系，加强滩涂、浅海、网箱、围塘的养殖布局规划与管理，减少养殖自身污染；制定区域污染控制措施，促进水产养殖业可持续健康发展；保护盐田区海水质量，提高盐业生产技术，保证盐业可持续发展。

在以上 13 个海洋开发与保护重点海域划分的基础上，福建省依据海域自然环境和自然资源特征、海域开发利用现状、环境保护及沿海经济带发展战略需求，将海域划分为农渔业区、港口航运区、工业与城镇用海区、矿产与能源区、旅游休闲娱乐区、海洋保护区、特殊利用区、保留区 8 大类海洋基本功能区，以便于海洋开发与保护战略的实施。共划定一级类海洋基本功能区 308 个，功能区总面积为 37640 平方千米。

农渔业区是指适于拓展农业发展空间和开发海洋生物资源，可供农业围垦、渔港和育苗场等渔业基础设施建设、海水增养殖和捕捞生产，以及重要渔业品种养护的海域，包括农业围垦区、渔业基础设施区、养殖区、增殖区、捕捞区和水产种质资源保护区。共划定农渔业区 34 个，总面积 26152.34 平方千米。其中属于海岸基本功能区的有 33 个，分别是八尺门、姚家屿、沙埕港、福宁湾、渔井、沙头、东冲半岛、东吾洋、盐田港、八都、井水、马鼻、黄岐半岛东部、晓澳、东庠岛、福清湾、高山湾、兴化湾北部、后海、石城、南日岛、平海湾、大港湾、崇武、泉州湾、祥芝、深沪、六鳌、旧镇湾、东山湾、剡屿、诏安湾、宫口湾农渔业区；属于近海基本功能区的有 1 个，为近海农渔业区。

在开发过程中应合理利用海洋渔业资源，保护养殖海域的生态环境，加大渔业资源增殖放流力度，发展现代渔业，保障海洋食品清洁、健康。逐步调整不符合功能区管理要求的用海活动，整治环境质量不达标海域，对海湾、河口、海岛、海岸等受损的生态系统进行有序修复，保护产卵场、越冬场、索饵场和洄游通道等重要渔业水域。农渔业区内不兼容排污倾废用海，可兼容渔村新农村建设、滨海旅游、休闲渔业、科学实验、保护区和重大交通基础设施建设等用海。渔业养殖区、增殖区等海域执行不劣于第二类海水水质标准、第一类海洋沉积物质量标准、第一类海洋生物质量标准；捕捞区和重要渔业品种保护区海域执行第一类海水水质标准、第一类海洋沉积物质量标准、第一类海洋生物质量标准；水产种质资源保护区执行不劣于现状海洋环境质量标准；渔港和渔业设施建设区海域执行不劣于第二类海水水质标准、不劣于第二类海洋沉积物质量标准、不劣于第二类海洋生物质量标准。

港口航运区是指适于开发利用港口航运资源，可供港口、航道和锚地建设的海域，包括港口区、航道区和锚地区。共划定港口航运功能区 59 个，面积为 1037.36 平方千米。其中属于海岸基本功能区的有 46 个，分别为江家岐、罗唇、杨岐、东冲、关厝呈、溪南、白马、漳湾、城澳、濂澳、牛坑湾、碧里、迹头、可门、闽江口、松下、澳前、金井、江阴、涵江、东吴、罗屿、石门澳、秀屿、莆头、肖厝、东周半岛、秀涂、石湖、锦尚、深沪、围头、石井、刘五店、东渡、排头、海沧、招银、后石、将军澳、大澳、六鳌、古雷、城垵、冬古、梅岭港口航运区；属于近海基本功能区的有 13 个，分别为沙埕港、三沙湾、罗源湾、闽江口、福清湾—兴化湾、湄洲湾、泉州湾、深沪湾、围头湾、厦门湾、旧镇湾、东山湾、诏安湾航道锚地区。

在开发过程中应优化港口资源，加强港口基础设施建设，提升港口服务功能，要做好港口岸线利用、集疏运体系等与区域城市总体规划的衔接，避免其他工程占用深水岸线资源。港区建设应统筹考虑规模、布局、时序和超前性发展需求，集约节约用海，减少对海洋生态环境的影响。禁止在港口区、锚地、航道、通航密集区、航道与码头前沿线之间的海域以及规定的航线内进行与航运无关，或有碍航行安全的活动。港口航运区排斥渔业增养殖、捕捞等用海，兼容滨海旅游、科学实验、污水达标排放等功能。禁止排放含油废水。港口区的港池海域执行不劣于第四类海水水质标准、不劣于第三类海洋沉积物质量标准、不劣于第三类海洋生物质量标准；航道区和锚地区海域执行不劣于第三类海水水质标准、不劣于第二类海洋沉积物质量标准、不劣于第二类海洋生物质量标准。

工业与城镇用海区是指适于发展临海工业与滨海城镇的海域，包括工业用海区和城镇用海区。共划定工业与城镇用海区 71 个，面积为 579.40 平方千米。均属于海岸基本功能区，分别为桐山、八尺门、阮洋、敏灶湾、秦屿、牙城、浮山湾、后港、下浒、文岐、溪南、浮溪、半屿、东湖塘、福屿、三屿、西陂塘、漳湾、后湾、铁基湾、城澳、鉴江、白水、松山、大官坂、筱埕、浦口、琅岐岛、梅花、外文武、城头、山门、幸福洋、金井湾、江阴、过桥山、新厝、涵江、石城、东峤、忠门、山亭、妈祖城、东吴、石门澳、太湖、东进、枫亭、潘南、南浦、后龙、峰尾、东周半岛东、崇武、张坂、百崎、前头、石湖、祥芝、围头湾、白沙、院下、石井、翔安、大嶝、同安湾、塔角、流会、古雷、康美、西埔湾工业与城镇用海区。

临海、临港工业和城镇建设用海应体现规模化、集约化、现代化原则，并与土地利用总体规划、城市规划相衔接。保障国家和地方重大建设项目的用海需求，优先安排海洋工程装备、生物医药等战略性新兴产业用海。优化产业结构，加强港口、工业、城镇同步协调发展，提高海域空间资源的使用效能。加快海岸景观和防护林建设，保护滩涂资源和海洋环境。工业与城镇用海区应合理设置排污口，严格执行污水达标排放。填海造地等开发活动应通过科学论证，优化平面布局，增加岸线曲折率和亲水岸线。加强功能区环境监测与评价，注重对毗邻功能区的保护，防止海域环境污染。工业与城镇用海区执行不劣于第三类海水水质标准、不劣于第二类海洋沉积物质量标准、不劣于第二类海洋生物质量标准。按照海洋工程环境保护管理的相关法律法规做好海洋环境保护监督管理。

矿产与能源区是指适于开发利用矿产资源与海上能源，可供油气和固体矿产等勘探、开采作业，以及盐田和可再生能源等开发利用的海域，包括油气区、固体矿产区、盐田区和可再生能源区。共划定矿产与能源区 15 个，面积为 684.42 平方千米。其中属于近岸基本功能区的有 5 个，分别为江镜、山腰、竹屿、向阳、西港矿产与能源区；属于近海基本功能区的有 10 个，分别为黄岐半岛东部、闽江口、闽江口外、兴化湾外、南日水道、乌丘屿、湄洲湾外、围头湾、厦门湾外、东山湾外矿产与能源区。

严格控制近岸矿产与能源开发的规模、范围和强度，禁止开展岸滩采矿活动。在开发过程中应加强海底地形和海洋生态环境特征的监测，加强矿产与能源开发利用活动监视监测，防止海岸侵蚀、溢油等灾害和事故的发生。风能、潮流能、波浪能等可再生能源的开发利用须经科学论证，确定用海的位置、规模等；矿产开采必须进行科学的环境评价，制定科学合理的污染控制与环境保护措施。固体矿产区海域执行不劣于第四类海水水质标准、不劣于第三类海洋沉积物质量标准、不劣于第二类海洋生物质量标准；盐田区和可再生能源区海域执行不劣于第二类海水水质标准、第一类海洋沉积物质量标准、第一类海洋生物质量标准。按照海洋工程环境保护管理的相关法律法规做好海洋环境保护监督管理。

旅游休闲娱乐区是指适于开发利用滨海和海上旅游资源，可供旅游景区开发和海上文体娱乐活动场所建设的海域。包括风景旅游区和文体休闲娱乐区。共划定旅游休闲娱乐区 32 个，面积为 693.27 平方千米。均属于海岸基本功能区，分别为小白露、晴川湾、下浒澳、三都、粗芦岛、闽江口、下砂、海坛湾、坛南湾、目屿、鸬鹚岛、崇武、大坠岛、古浮澳、永宁、深沪湾、围头角、大佰岛、同安湾—马銮湾、厦门岛东部海域、东屿湾、鼓浪屿、海门岛、大径、浯屿、漳州火山地质公园、前湖湾、将军湾、浮头湾、马銮湾、金銮湾、东山岛南部旅游休闲娱乐区。

在开发过程中应加强对滨海旅游区自然景观、滨海城市景观和人文历史遗迹的保护，完善旅游服务基础设施，禁止破坏自然岸线、沙滩、海岸景观、沿海防护林等。区内排斥排污倾废用海，兼容农渔业、科学实验、海洋保护区、海底管线和港口等用海。整治受损自然景观和海湾生态环境的海岸工程设施，修复受损自然和人文历史遗迹，养护退化的海滨沙滩浴场，通过人工建造沙滩改善海滨浴场布局，合理规划建设游艇帆船基地。旅游区的生活垃圾和污水必须实现科学处置和达标排放，禁止直接排入海域。风景旅游区海域执行不劣于第二类海水水质标准、不劣于第二类海洋沉积物质量标准、不劣于第二类海洋生物质量标准；文体休闲娱乐旅游区海域执行不劣于第二类海水水质标准、第一类海洋沉积物质量标准、第一类海洋生物质量标准。

海洋保护区是指专供海洋资源、环境和生态保护的海域，包括海洋自然保护区、海洋特别保护区。共划定海洋保护区 30 个，面积为 4493.06 平方千米。其中属于海岸基本功能区的有 11 个，分别为沙埕港红树林海洋保护区、盐田港红树林海洋保护区、湾坞红树林海洋保护区、闽江河口湿地海洋保护区、长乐海蚌海洋保护区、山岐澳中国鲎海洋保护区、泉州湾河口湿地海洋保护区、深沪湾海底古森林海洋保护区、九龙江口红树林海洋保护区、漳江口红树海洋林保护区、东山珊瑚海洋保护区；属于近海基本功能区的有 19 个，分别为台山列岛—星仔列岛海洋保护区、日屿—七星列岛海洋保护区、福瑶列岛海洋保护区、浮鹰岛海洋特护区、官井洋大黄鱼海洋保护区、环三都澳水禽红树林海洋保护区、东引—东沙岛领海基点海洋保护区、山洲列岛海洋保护区、海坛湾海洋保护区、牛山岛海洋保护区、塘屿列岛海洋保护区、乌丘屿领海基点海洋保护区、湄洲岛海洋保护区、厦门珍稀海洋物种海洋保护区、东碇岛领海基点海洋保护区、南碇岛海洋保护区、菜屿列岛海洋保护区、兄弟屿海洋保护区、龙虎狮象海洋保护区。

严格执行国家和地方关于海洋自然保护区、海洋特别保护区的法律法规，加强用海活动监督与环境监测，维护与修复海洋生态环境，保护海洋生物多样性。海洋保护区的边界及其面积具有约束性。禁止在保护区内开展与保护目标不一致的开发利用活动。排斥港口、排污和倾废用海，部分兼容滨海旅游、渔业增养殖和捕捞功能，禁止损害保护对象、改变海域自然属性、影响海域生态环境的用海活动。加强海洋保护区功能区运行质量的监控、管理，整治区内的不合理用海活动，修复受损的海洋生态系统和海洋景观。海洋自然保护区海域执行第一类海水水质标准、第一类海洋沉积物质量标准、第一类海洋生物质量标准；海洋特别保护区执行不劣于各区域使用功能要求的海域海水水质标准、海洋沉积物质量标准和海洋生物质量标准。

特殊利用区是指供其他特殊用途排他使用的海域。包括用于海底管线铺设、路桥建设、污水达标排放、倾倒等的其他特殊利用区。共划定特殊利用区 46 个，面积为 221.40 平方千米。其中，属于海岸基本功能区的有 18 个，分别为备湾、东吾洋、盐田港、铁基湾、琅岐、平潭、江阴、黄干岛、百崎、泉州湾、金井、安海湾、大嶝、厦金、东坑湾、厦门湾、九龙江口、八尺门特殊利用区；属于近海基本功能区的有 28 个，分别为沙埕港外、三沙湾外、罗源湾外、黄岐北部、闽江口、松下、海坛岛北部、海坛岛南部、兴化湾外、平海湾外、东周半岛东部、湄洲湾外、崇武、泉州湾口、洛阳江口、泉州湾外、永宁、金井东部、围头湾外、厦门湾外、前湖、浮头湾、古雷、东山湾外、尾涡屿、东山湾口、城洲岛、诏安湾外特殊利用区。

在开发过程中应严格执行有关法律法规和技术标准，加强特殊利用区功能运行质量的监控、管理。特殊利用区应遵循统一规划，规划设置的污水达标排放和倾倒等特殊用海活动，须通过专题论证确定其具体用海位置、范围、面积和方式，确保不影响毗邻海域功能区的环境质量，避免用海冲突。其他特殊利用区执行不劣于现状海水水质标准、海洋沉积物质量标准和海洋生物质量标准。按照海洋工程环境保护管理的相关法律法规做好海洋环境保护监督管理。

保留区是指为保留海域后备空间资源，专门划定的在区划期限内限制开发的海域。保留区主要包括由于经济社会因素暂时尚未开发利用或不宜明确基本功能的海域，限于科技手段等因素目前难以利用或不能利用的海域，以及从长远发展角度应当予以保留的海域。共划定保留区 21 个，面积为 3778.75 平方千米。其中属于海岸基本功能区的有 10 个，分别为牙城湾、长表、漳港、海坛海峡、澳前、西港、大港湾、长岭头、晋江东部海域、佛昙湾保留区；属于近海基本功能区的有 11 个，分别为沙埕港、三沙湾、罗源湾、马祖、闽江口、兴化湾、湄洲湾、泉州湾、厦门湾、东山湾、大埕湾保留区。

保留区应严格控制改变海域自然属性的用海活动。保留区原则上维持海域开发利用现状，确实需进一步开发利用，应在确保公共交通的前提下，经科学论证后可开展不改变海域自然属性的海洋开发活动。对于在划定保留区前已经实施围垦活动的海域，经严格的科学论证后，在确保不扩大海洋环境影响的前提下，安排适宜的海洋开发活动。保留区利用应主要安排交通、水电通信、海水淡化、海洋保护等用海项目，优先支持海洋可再生能源、科学研究等公益性用海需求。保留区执行不劣于现状海水水质标准、海洋沉积物质量标准和海洋生物质量标准。

五、海上丝绸之路核心区发展战略

作为 21 世纪海上丝绸之路核心区，福建省立足于独特的历史、地缘、人文等综合优势，大力发扬丝路精神，聚焦重点地区求突破，坚持"走出去"与"引进来"并举、经济合作与人文融合并重，结合实际发展经济，深入推进"一带一路"建设。

福建省应当围绕中央"一带一路"总体规划和布局，制定实施建设 21 世纪海上丝绸之路（简称"海上丝绸之路"）核心区方案，在加快设施互联互通、深化多元经贸往来、推进国际产能合作、加强海洋合作、密切人文交流、创新体制机制等方面做出了成效。

一是设施建设明显提速。已建成万吨级以上泊位 168 个，集装箱外贸航线达到 138 条；空中国际航线 46 条，港澳台航线 17 条，重点开通和加密福建至海上丝绸之路沿线国家和地区的航线；全省高速公路总里程突破 5000 千米，铁路运营里程突破 3300 千米，实现了"县县通高速、市市通动车"；以厦门为起点的中欧国际货运班列常态化运营，实现了海上丝绸之路与陆上丝绸之路的有效对接。

二是经贸合作纵深推进。2016 年与海上丝绸之路沿线国家和地区贸易额 2697 亿元，占全省的 23.1%；对海上丝绸之路沿线国家和地区投资额 22.3 亿美元，增长 61.6%。2017 年 1～3 月与海上丝绸之路沿线国家和地区贸易额 695 亿元，增长 13.7%。东盟已成为福建的第二大贸易伙伴、第二大对外投资目的地和第四大外资来源地。

三是国际产能合作成效明显。成功举办了 21 世纪海上丝绸之路建设暨国际产能合作研讨会，中国武夷、紫金矿业、旗滨集团等企业对外投资力度加大，启动了中肯（肯尼亚）东非经贸合作区、旗滨集团马来西亚工业园、福隆盛中柬工业园、紫金矿业刚果（金）铜矿等一批境外投资产业园区和项目建设。

四是海洋合作有效拓展。福建海域面积大于陆域面积，发展海洋经济成为加快海上丝绸之路核心区建设的重要依托。在境外建立 9 个远洋渔业综合基地，数量与规模居全国第一位；有 10 家企业在境外建立渔业养殖基地，境外水产养殖规模居全国首位；中国—东盟海产品交易所截至 2016 年底实现现货成交额 7.66 亿元，已发展渔业企业会员 358 家。

五是人文交流不断深化。成功举办了海上丝绸之路国际电影节、旅游节和艺术节等活动，《丝海梦寻》等一批海上丝绸之路文化艺术精品在联合国总部、欧盟总部和海上丝绸之路沿线国家及地区巡演；厦门大学马来西亚分校成为我国公立大学在海外开办的第一所分校，就读学生超过 1300 人，华侨大学与泰国东盟普吉泰华学校签署合作办学协议；"闽茶海丝行"从亚洲走入欧洲，在英国伦敦等地设立了闽茶文化推广中心。

六是机制创新取得突破。21 世纪海上丝绸之路核心区建设与中国（福建）自由贸易试验区、国家生态文明试验区、福厦泉国家自主创新示范区、平潭综合实验区、福州新区等国家战略的政策和规划有效对接，"多区叠加"的政策效应日益显现，成为促进福建省加快发展的新动力。

综上所述，建设海上丝绸之路核心区，福建省优势突出，已形成良好基础。以加强与东盟国家合作为重点，在互联互通、经贸合作、改革创新、人文交流等方面进一步加强与沿线国家和地区的交流合作，集中力量推动实施一批重大项目，打造合作样板工程，争取更多项目列入国家"一带一路"重大项目储备库，在推进"一带一路"建设中切实发挥海上丝绸之路核心区的作用。

第一，建设互联互通的重要枢纽。设施联通是"一带一路"合作发展的基础。加快海上丝绸之路核心区建设，要着力推动陆上、海上、天上、网上"四位一体"的联通，完善以铁路、高速公路和海、空港为主骨架主枢纽的综合交通网络，加强现代化信息通道建设，实现与海上丝绸之路沿线国家和地区的全方位立体化连接，打造通陆达海的战略通道和综合枢纽。

一是拓展海上通道。加快建设厦门东南国际航运中心和泉州海陆丝绸之路新枢纽。鼓励与东盟国家的港口、航运企业互设分支机构，推进港口合作建设与经营，增开海上航线航班，推动沿海更多港口与海上丝绸之路沿线重要港口缔结共建友港关系，推进中欧安全智能贸易航线试点，做大海上丝绸之路物流通道。二是统筹布局空中通道。加强枢纽机场建设，重点推进厦门新机场建设，加快推进福州长乐机场二期扩建、泉州新机场、武夷山机场迁建等工程建设。积极开通或加密至海上丝绸之路沿线国家和地区的空中航线，推动增开至东南亚、西亚、欧洲、美洲等地区的国际航线。三是完善海陆联运通道。加大已纳入国家铁路网规划的干线铁路项目推进力度，加快建设福建地域内高速公路。积极拓展港口腹地，加快物流园、陆地港等物流配套设施建设，鼓励发展海铁联运，打造服务中西部地区对外开放的重要出海通道。四是推进口岸便捷通关。加强与金砖国家、海上丝绸之路沿线国家和地区在通关、检验检疫、认证认可、标准计量等方面的合作，扩大与海上丝绸之路沿线国家和地区开展 AEO（经认证经营者）互认范围。五是加强现代化信息通道建设。推进福建与东盟国家的信息走廊建设，完善信息网络合作与信息传输机制，促进与海上丝绸之路沿线国家和地区信息互联互通，打造便捷的信息传输体系。

第二，建设经贸合作的前沿平台。在"一带一路"建设中要聚焦"发展"这个根本性问题，应加快海上丝绸之路核心区建设，发挥产业互补优势，坚持"引进来"与"走出去"相结合，实施优进优出战略，积极开拓国际市场，在拓展与海上丝绸之路沿线国家和地区的产业、贸易、投资合作领域方面取得突破，实现经济大融合、发展大联动、成果大共享。

一是共建产业合作园区。引导闽企利用好境外园区建设相关资金，到海上丝绸之路沿线国家和地区建设境外产业园区和商贸物流、原材料加工及传统优势产品生产基地，拓展和延伸产业链；吸引新加坡、马来西亚等地来闽合作建设产业园区，合作推进产业转型升级。二是积极促进国际产能合作。落实与国家发改委签订的《关于建立推进国际产能和装备制造合作委省协同机制的合作框架协议》，健全联席会议制度。加强与央企合作，共同参与海上丝绸之路沿线国家重点港口、铁路、高速公路等基础设施建设。三是拓展双向贸易。鼓励闽企到海上丝绸之路沿线国家和地区投资设立展销中心、营运中心和跨境电商配送中心，建立国际营销网络。创新贸易方式，开展建材、轻纺、机电产品和资源性产品的互换贸易。推动中国—东盟海产品交易所扩大实物交易量，在海上丝绸之路沿线主要国家和地区设立分中心。四是鼓励双向投资。制定出台支持福建船舶、工程机械等优势行业企业"走出去"的政策措施，引导鼓励"走出去"企业加强与沿线国家和地区的华商合作，加快对外投资项目落地和本土化进程。引导外资投向主导产业、高新技术产业、现代服务业和节能环保等领域，促进福建产业向中高端迈进。

第三，建设机制创新的先行区域。推进"一带一路"建设要注重创新，应加快海上丝绸之路核心区建设，充分发挥福建"多区叠加"政策优势，以制度创新为核心，加强政策沟通，扩大对海上丝绸之路沿线国家和地区的开放与合作，促进人、财、物等要素跨境有序流动、高效配置和市场融合。

一是扩大自贸试验区溢出效应。以"一带一路"建设引领自贸试验区发展，对标国际先进规则，深入推进各领域改革创新；进一步提升政府治理水平，持续推进简政放权、放管结合、优化服务；加强改革系统集成，力争取得更多可复制、可推广的制度创新成果；进一步发挥沿海近台优势，深化对台经贸合作；加快培育功能性平台，做大经济流量，更好服务全国改革开放大局。二是加强金融创新。建设泉州金融服务实体经济试验区，扩大福建现代蓝色产业创投基金规模和投向范围。争取国家丝路基金、亚洲基础设施投资银行在福建省设立分支机构，支持海上丝绸之路重大合作项目和重点平台建设。推动设立海陆丝绸之路城市联盟基础设施建设及国际产业合作基金，引导和鼓励民间资本助力海上丝绸之路核心区建设。三是打造便捷口岸通关体系。依托福建国际贸易"单一窗口"平台，在现有泛珠四省区海关区域通关一体化的基础上，推进省内国际贸易"单一窗口"平台与新加坡等东盟国家和中国港澳台地区开展对接合作。四是建立完善区域合作交流机制。以加强信息沟通和港口航运、口岸通关等为重点，进一步加强与"一带一路"重点省份和周边省份协作。积极利用泛珠三角区域合作等跨省区域合作机制，推动福建与更多省份实现通关一体化。五是加大人才培养和引进力度。加强人才双向交流，鼓励福建专业人才到"一带一路"沿线国家和地区参与重大对外投资项目建设。在福建自贸试验区、平潭综合实验区等特殊区域争取试行方便华人华侨出入境的便捷制度，争取在特殊区域试点引入东南亚劳工，探索实施外国人来闽工作许可制。

第四，建设人文交流的桥梁纽带。"一带一路"建设要以文明交流超越文明隔阂、文明互鉴超越文明冲突、文明共存超越文明优越。加快海上丝绸之路核心区建设，要发挥海外华侨华人资源和文化认同优势，深化与海上丝绸之路沿线国家和地区的教育、文化、旅游等人文交流，打造人文社会深度融合的重要基地。

一是充分发挥海外侨胞的桥梁作用。吸引华商参与、促进"一带一路"沿线国家和地区重要基础设施、产业园区等合作项目建设。发挥闽籍重点侨团作用，主动对接重点侨商，邀请侨商来闽考察投资。引导"一带一路"沿线国家和地区华侨华人、华侨社团加强与"走出去"企业的交流、服务。二是加强地方政府之间交流。建立与东盟国家地方政府之间的常态交流机制，组建经贸文化交流团，加强高层互访。加大友好城市（港口）缔结力度，完善与友好城市的政府间交流机制。三是丰富文化交流活动。加大海上丝绸之路题材文化艺术精品创作推广力度，做好"古泉州（刺桐）史迹"世界文化遗产申报工作，推进"海上丝绸之路·中国史迹"和"万里茶道"申遗工作，继续办好丝绸之路国际电影节、艺术节、旅游节等重大活动。加强对海外华人社群的文化支持，积极为闽籍华侨华人聚居地的孔子学院、孔子课堂和华文学校提供师资等多方面支持，加强对来闽留学生的奖学金支持。四是加强宣传推介。深化与海上丝绸之路沿线国家媒体、青年、非政府组织、社会团体等的交流合作，支持有关高校、研究机构等建设海上丝绸之路核心区研究院、海上丝绸之路研究院等专业智库。

　　第五，建设两岸融合的共同家园。两岸同胞同根同源、同文同种，两岸是割舍不断的命运共同体。加快海上丝绸之路核心区建设，要着力发挥福建对台优势，探索实现两岸投资贸易自由和资金、人员往来自由的路径和举措，促进闽台深度融合发展，打造两岸交流合作的重要前沿平台。

参考文献

　　［1］走进龙岩［EB/OL］. www. longyan. gov. cn/lygl/lygk/zrdl.

　　［2］福建省统计局. 福建省统计年鉴［M］. 北京：中国统计出版社，2012.

　　［3］厦漳泉大都市区同城化发展总体规划纲要［EB/OL］.［2015 – 12 – 19］. http：//www. doc88. com/p – 7394589915278. html.

　　［4］福建省统计局，国家统计局福建调查总队.2018 年福建省国民经济和社会发展统计公报［EB/OL］.［2019 – 02 – 28］. http：//tjj. fujian. gov. cn/xxgk/tjgb/201902/t20190228_ 4774952. htm.

　　［5］福建省海洋与渔业局. 福建省海洋功能区划（2011—2020 年）［EB/OL］.［2013 – 02 – 04］. http：//hyyyj. fujian. gov. cn/xxgk/tzgg/201302/t20130204_ 1893076. htm.

　　［6］福建省国民经济和社会发展第十三个五年规划［EB/OL］.［2016 – 03 – 04］. http：//fgw. fujian. gov. cn/xxgk/ghjh/ghdt/201603/t20160304_ 833143. htm.

　　［7］推动共建丝绸之路经济带和21 世纪海上丝绸之路的愿景与行动［EB/OL］.［2015 – 03 – 28］. http：//www. ndrc. gov. cn/xwzx/xwfb/201503/t20150328_ 669089. html.

　　［8］国家统计局. 关于印发统计上大中小微型企业划分办法的通知［EB/OL］.［2018 – 01 – 03］. http：//www. stats. gov. cn/tjgz/tzgb/201801/t20180103_ 1569254. html.

第二篇

经济发展与布局

第四章 福建省经济概况

第一节 省域开发历史与阶段

改革开放后,福建省的经济开发经历了五个不同阶段:第一阶段为改革开放初期(1978~1984年);第二阶段为沿海经济优先发展期(1985~1992年);第三阶段为"两个根本转变"战略时期(1993~2003年);第四阶段为海峡西岸经济区快速发展期(2004~2014年);第五阶段为"一带一路"倡议助力跨越发展期(2015年至今)。

一、第一阶段:改革开放初期(1978~1984年)

1978年,党的十一届三中全会作出了实行改革开放的重大决策。1979年,福建省召开第三次代表大会,根据会议精神,在改革开放初期,福建制定"发挥优势,着重发展农业、轻工业和对外经济贸易,振兴福建经济"的发展战略。这一时期,针对当时福建资源短缺、工业基础差、财政底子薄、商品经济不发达、经济发展落后于全国平均水平的状况,福建省委提出了"念好山海经,协调两条线,建设八个基地(林业基地、畜牧业基地、渔业基地、经济作物基地、轻型工业基地、外经基地、科教基地、统一祖国基地)",坚持扩大对外开放和通过"以智取胜"来振兴福建经济的发展战略。这一发展战略突出强调要进一步发挥优势,致力于发展农业、轻工业和对外经济贸易以实现福建经济的振兴。在经济结构上,紧抓"轻纺工业",进一步强化福建省"轻、小、集、加"的经济结构,在经济主体上加大力度支持乡镇企业发展,并以此作为推动农村工业化和体制改革的主导力量,在资源利用与配置方面,努力打破区内平衡,建立区外循环机制。

为了解放和发展生产力,振兴福建经济,福建省紧密结合上述发展战略,执行"特殊政策、灵活措施"和对外开放的方针,经济体制改革继续深入。为了发展农村经济，在农村积极推行联产承包责任制。在企业内部通过推行经济责任制和扩大自主权，加快以轻工业为主的工业经济的发展。同时，为了适应当时经济发展的需要，开展流通体制改革、物价管理体制改革等。通过扩大对外开放，积极开展对外经济贸易，建立经济特区、经济技术开发区和沿海经济开放地区等来贯彻实施经济发展战略。

总体而言，改革开放初期福建"发挥优势，着重发展农业、轻工业和对外经济贸易，振兴福建经济"这一战略体系的形成和实施，比较准确地抓住了改革开放初期福建所面临的发展机遇与现实条件。首先，这一战略着重发展农业、积极开展对外经济贸易的战略思路，充分考虑了福建的历史条件和现实条件，有效发挥了福建山海资源优势，利用福建特色经济作物丰富，地处沿海、历史上对外经济往来较多等比较优势。其次，彼时中央政府计划经济体制下优先发展重化工业的战略逐步发生转变，出台了一系列旨在鼓励轻工业发展的政策，这对当时福建以轻工业为主的工业经济的发展十分有利。最后，福建农村通过家庭联产承包责任制的实行，经济体制的改革，提高了农业劳动生产力。通过发展乡镇企业推动福建农村工业化，对于农村剩余劳动力迁移，进一步推进农村经济发展具有十分重要的作用。可以说，改革开放初期福建"发挥优势，着重发展农业、轻工业和对外经济贸易，振兴福建经济"这一战略的实施，取得了良好的实施效果，加快了福建经济的发展。这一阶段的经济发展为福建经济腾飞奠定了较为扎实的基础。

二、第二阶段：沿海经济优先发展期（1985～1992年）

这一阶段是福建沿海经济优先发展的时期，1980年10月，根据邓小平的建议，中央在厦门设立经济特区，实施特殊政策和灵活措施，给予地方更多的主动权，使之成为对外开放的窗口与前沿阵地。此后，1984年2月，厦门特区范围由最初的湖里区2.5平方千米扩大为全岛，即包括鼓浪屿在内的131平方千米，逐渐实行自由港的一些政策；1984年5月，福州成为14个第一批沿海开放城市之一；1985年2月，中共中央、国务院发布了关于批转《长江、珠江三角洲和闽南厦漳泉三角地区座谈会纪要》的通知，将长江三角洲、珠江三角洲、闽南厦漳泉三角地区开辟为沿海经济开放区。自此，福建以开放开发为契机全面进入沿海经济优先发展的时期。

这一时期，福建省在对外开放上强调山海协作、梯度发展的战略思想。同时继续深入经济体制改革，进一步发展社会主义有计划的商品经济体制，加快经济结构调整与战略调整。坚持进一步对外开放，实行"特殊政策，灵活措施"，努力增加出口创汇，有计划引进国外资金、先进技术和管理，实现国内建设与扩大对外经济技术交流的有机结合。1989 年 5 月，经国务院批复同意，厦门特区及其下辖的海沧、杏林两区以及福州马尾开始设立台商投资区。1992 年，又增批集美台商投资区，福建省依照国家政策适时制定"以台引台、以侨引侨、以港引港"的策略，积极发挥先期来投资的侨商、港商和台商与台湾的关系，多渠道、多层次地吸引台资和台商，建立了当时全国唯一的台商投资区，扩大了厦门特区和福州对外经济开发区的范围与开放领域，使这些区域进一步成为我国对外开放的前沿和第一梯队，充分发挥"窗口"和示范作用，带动和辐射周边区域。

1992 年 1 月，邓小平发表南方谈话，成为福建进一步解放思想和深化开放的一大机遇。同年 10 月底，福建省把加快闽东南地区开放开发战略重点具体化，指出加快福建发展步伐，在"战略布局上必须突出闽东南，以厦门经济特区为龙头，加快闽南三角区、闽江口和湄洲湾地区的开放开发，逐步形成海峡西岸经济繁荣带"。闽东南开放开发战略的确立，标志着加快福建经济发展的核心引领区域已经由厦门经济特区拓展到闽东南沿海区域，由此，福建省对外开放的广度和深度进一步得到拓展。

这一阶段福建尤其注重发挥厦门经济特区、福州开放城市、马尾开发区和闽南厦漳泉三角开放区的作用，通过引进资金、先进技术、设备和管理经验，进行消化、吸收、创新，向内地山区进行辐射、扩散，进一步扩大对外开放的规模和领域，使进出口贸易总额实现大幅增长，利用外资和引进新技术取得较大的进展，全省形成多层次的对外开放的格局。同时，注重发展科技、教育、文化等多项事业，突出科技教育，提出科教兴省战略，应切实重视科技进步和人才培养，努力转变促进经济增长的内在驱动力量，由最初的大量依靠生产要素投入逐步转向主要依靠科技进步和提高劳动者素质，以生产效率的提升来实现经济的腾飞。

三、第三阶段："两个根本转变"战略时期（1993～2003 年）

1993 年，国务院进一步将三明、南平、龙岩及宁德地区的福安市、福鼎县列为沿海经济开放区，享受对外开放的优惠政策，逐步形成了由"沿海经济特区—沿海开放城市—湄洲湾和闽东南三角区对外经济开发区—内地山区开放区"这样一个立足地区优势、分类指导、梯度推进的对外开放的新开放格局。自此，福建省改革开放前沿阵地的沿海经济开发区范围扩大到 39 个（区、市），面积达 5.36 万平方千米，占全省总面积的 41.9%。

此外，这一时期，福建省充分利用自身优势，为实现从计划经济体制向市场经济体制转变，经济增长方式从粗放型向集约型转变的"两个根本转变"积极努力。党的十四大明确提出建立社会主义市场经济体制的改革目标，标志着我国经济体制改革全面推向新的阶段。在党的十四大"建立社会主义市场经济体制"目标模式的指引下，全国范围内掀起一轮改革、开放和发展的新高潮。福建作为沿海发达省份，前期的发展已形成了良好的微观经济基础和体制优势，经济运行机制发生了重大变化，从而为紧抓我国改革开放的历史机遇，加速福建经济发展奠定了坚实的物质技术基础。按照1992年福建省委五届七次会议和1995年中共福建省第六次代表大会的会议精神，这一时期，福建充分利用多方优势，认真贯彻"科学技术是第一生产力"的指导思想，突出科技教育进一步强化发展的基础，确立教育的全局性、先导性基础地位，进一步发展教育，提高国民素质，大力发展文化事业，促进科技、教育与经济紧密结合，进一步增强科技实力及其向现实生产力转化的能力；着力发展支柱产业、重点产业和基础设施，为经济增长方式从粗放型向集约型转变奠定坚实的基础。

福建紧密结合"实现两个根本转变"进行对外开放，以经济特区、经济技术开发区、沿海开放城市为先导，形成福建沿海、沿江、沿边、沿线和内地山区联动开放开发的格局，进一步提高经济外向度。此外，在提高外向型经济的总量水平的同时，注意提高外向型经济的整体素质，以适应"两个根本转变"的需要，在独立自主、自力更生的基础上，积极发挥港澳侨台外等优势，全面提升对外开放的层次，努力开拓国际市场，发展全方位、多层次的对外经济贸易和技术合作。

这一时期福建实行"两个根本转变"的战略是符合当时福建经济社会发展要求的，这一战略的实施，促使福建的经济结构逐步优化，经济效益大幅提高，经济增长方式开始从粗放型向集约型转变，社会主义市场经济体制初步建立，为福建经济下一阶段的发展奠定了基础。

四、第四阶段：海峡西岸经济区快速发展期（2004~2014年）

2004年1月，福建省提出了海峡西岸经济区的战略构想，并于2005年通过了《关于促进海峡西岸经济区建设的决定》。2007年1月，福建省人大五次会议通过《福建省建设海峡西岸经济区纲要》。2009年5月14日，国务院发布了《关于支持福建省加快建设海峡西岸经济区的若干意见》，进一步明确海峡西岸经济区的战略定位和目标任务，海峡西岸经济区发展战略已从地方战略上升为国家战略。同年7月29日，福建省通过并发布了《福建省贯彻落实〈国务院关于支持福建省加快建设海峡西岸经济区的若干意见〉的实施意见》，海峡西岸经济区的建设进入全方位推进阶段。

海峡西岸经济区是以福建为主体，面对台湾，邻近港澳，北承长江三角洲，南接珠江三角洲，西连内陆，涵盖周边，具有自身特点、独特优势、辐射集聚、客观存在的经济区域，是我国沿海经济带的重要组成部分，在全国区域经济发展布局中处于重要地位。福建省在海峡西岸经济区中居主体地位，与台湾地区地缘相近、血缘相亲、文缘相承、商缘相连、法缘相循，具有对台交往的独特优势。

海峡西岸经济区建设以构筑两岸交流合作的前沿平台、加快现代化基础设施建设、增强自主创新能力、统筹区域协调发展、全面深化改革开放、加快社会事业发展、加快生态文明建设七个方面为主要任务，实现经济又好又快发展新目标，增创改革开放新优势，推动闽台交流合作新拓展，开创统筹协调发展新局面，形成科学合理的主体功能区新布局，促进文化建设新发展，构建和谐社会取得新成就的发展目标。2011 年 3 月，国务院批复《海峡西岸经济区发展规划》，进一步明确了建设海峡西岸经济区的具体目标、任务分工、建设布局和先行先试政策，建设海峡西岸经济区为两岸人民交流合作先行先试区域，服务中西部发展新的对外开放综合通道，东部沿海地区先进制造业的重要基地，我国重要的自然和文化旅游中心。

海峡西岸经济区发展战略实施以来，得到国家部委的大力支持，海内外的广泛呼应，港澳台和周边地区的积极参与，发展思路进一步完善，定位进一步明晰，效应进一步显现，氛围进一步形成，福建经济社会呈现良好的发展态势，充分体现福建人民服务全国发展大局和祖国统一大业的强烈责任意识，全面展示福建人民谋求发展的意识、攻坚克难的精神、应对风险的气势、服务全局的合力、拓展创新的气魄和锲而不舍的韧劲，形成了"活、和、创、韧"的基本经验，为进一步加快发展奠定坚实基础。

此后，国务院于 2011 年 11 月批准《平潭综合实验区总体发展规划》，同意赋予平潭综合实验区在通关模式、财税支持、投资准入、金融保险、对台合作、土地配套等方面比经济特区更加特殊、更加优惠的政策。通过平潭综合实验区的开发开放，打造推动两岸关系和平发展的新载体，探索两岸区域合作的新模式，开辟新时期深化改革、扩大开放的新路径。同年 12 月，国务院印发《厦门市深化两岸交流合作综合配套改革试验总体方案》，积极推进厦门市深化两岸交流合作综合配套改革试验，更好地发挥厦门市在海峡西岸经济区改革发展中的龙头作用，促进两岸关系和平发展，在推动科学发展和深化两岸交流合作的重点领域和关键环节率先试验，构建两岸交流合作先行区，为全国贯彻落实科学发展观和完善社会主义市场经济体制提供经验与示范。

2012 年 11 月，《福建海峡蓝色经济试验区发展规划》获得国务院批准，规划明确提出将福建海峡蓝色经济试验区建设成为突出两岸深度合作特色、具有较强竞争力的海洋经济科学发展示范区，切实提高福建海洋经济的总体实力和综合竞争力，推动福建经济又好又快发展。

这一阶段，通过一系列制度保障，福建省锐意进取，有力地促进两岸交流合作向更广范围、更大规模、更高层次迈进。福建省的经济开发在服务全国发展大局和两岸交流合作的基础上不断深化。

五、第五阶段："一带一路"倡议助力跨越发展期（2015年至今）

2015年3月28日，经国务院授权，国家发展改革委、外交部、商务部联合发布了《推动共建丝绸之路经济带和21世纪海上丝绸之路的愿景与行动》。全文共分八个部分，其中第六部分对各省份在"一带一路"规划中的定位予以明确。福建被定位为"21世纪海上丝绸之路核心区"，并重点强调了"充分发挥福建平潭等开放合作区作用，推进福建海峡蓝色经济试验区建设，加强福州、厦门、泉州等沿海城市港口建设"。由此，随着我国"一带一路"倡议的实施，福建省经济开发开放进入了跨越式发展的新阶段。

2015年4月，国务院批准《中国（福建）自由贸易试验区总体方案》。建立福建自由贸易试验区，有利于在新形势下全面深化改革、扩大开放和深化两岸经济合作。福建自由贸易试验区的实施范围共计118.04平方千米，涵盖平潭、厦门与福州三个片区，其中平潭片区面积为43平方千米，厦门片区面积为43.78平方千米（含象屿保税区0.6平方千米、象屿保税物流园区0.7平方千米、厦门海沧保税港区9.51平方千米），福州片区面积为31.26平方千米（含福州保税区0.6平方千米、福州出口加工区1.14平方千米、福州保税港区9.26平方千米）。

按区域布局划分，各片区发展方向侧重有别。平潭片区重点建设两岸共同家园和国际旅游岛，在投资贸易和资金人员往来方面实施更加自由便利的措施；厦门片区重点建设两岸新兴产业和现代服务业合作示范区、东南国际航运中心、两岸区域性金融服务中心和两岸贸易中心；福州片区重点建设先进制造业基地、21世纪海上丝绸之路沿线国家和地区交流合作的重要平台、两岸服务贸易与金融创新合作示范区。

福建自由贸易试验区的战略定位为围绕立足两岸、服务全国、面向世界的战略要求，充分发挥改革先行优势，营造国际化、市场化、法治化营商环境，建设成为改革创新试验田；充分发挥对台优势，率先推进与台湾地区投资贸易自由化进程，建设成为深化两岸经济合作的示范区；充分发挥对外开放前沿优势，建设21世纪海上丝绸之路核心区，打造面向21世纪海上丝绸之路沿线国家和地区开放合作新高地。

福建自贸试验区自挂牌运行以来，按照高质量发展的要求，对照国际先进规则，以制度创新为核心、以防控风险为底线，形成了一批独具福建特色、对台先行先试的制度创新成果，除此之外，在开放水平、行政效率以及发展动能等方面的建设均取得了积极进展。

未来可期，福建省在贯彻"一带一路"建设等国家战略的进程中，将以不断探索构建闽台经济合作的新模式为重要途径，以改革开放排头兵、创新发展先行者之姿实现区域综合发展实力的不断提升。

第二节　国民经济发展与特征

一、经济持续增长，人民生活水平稳步提升

改革开放至 2018 年，福建经济社会发展在调整结构过程中，保持快速的增长态势，取得了新成效、迈出新步伐。由表 4 - 1 可知，1978 年，福建省 GDP 为 66.37 亿元，占全国比重仅为 1.80%，在全国居第 22 位。2018 年，福建省 GDP 为 35804.04 亿元，占全国比重为 3.98%，在全国居第 10 位。1978 ~ 2018 年，按可比价计算，福建省 GDP 年均增长 12.4%（见图 4 - 1）。其中，第一产业增加值 2379.82 亿元，年均增长 5.6%；第二产业增加值 17232.36 亿元，年均增长 15.3%；第三产业增加值 16191.86 亿元，年均增长 13.1%。

表 4 - 1　1978 ~ 2018 年福建省 GDP 及三次产业产值

年份	GDP（亿元）	第一产业（亿元）	第二产业（亿元）	第三产业（亿元）	占全国生产总值比重（%）
1978	66.37	23.93	28.19	14.25	1.80
1980	87.06	31.95	35.68	19.43	1.90
1985	200.48	68.13	72.56	59.79	2.20
1990	522.28	147.01	174.47	200.80	2.77
1995	2094.90	464.82	882.34	747.74	3.42
2000	3764.54	640.57	1628.45	1495.52	3.75
2005	6554.69	827.36	3175.92	2551.41	3.50
2010	14737.12	1363.67	7522.83	5850.62	3.58
2011	17560.18	1612.24	9069.20	6878.74	3.60

续表

年份	GDP（亿元）	第一产业（亿元）	第二产业（亿元）	第三产业（亿元）	占全国生产总值比重（%）
2012	19701.78	1776.71	10187.94	7737.13	3.66
2013	21868.49	1874.23	11329.60	8664.66	3.69
2014	24055.76	2014.80	12515.36	9525.60	3.75
2015	25979.82	2118.10	13064.82	10796.90	3.79
2016	28519.15	2363.22	13844.96	12310.97	3.85
2017	32182.09	2215.13	15354.29	14612.67	3.92
2018	35804.04	2379.82	17232.36	16191.86	3.98

资料来源：《福建统计年鉴》（2019），计算比重所需的 GDP 数据来自国家统计局网站的年度数据。

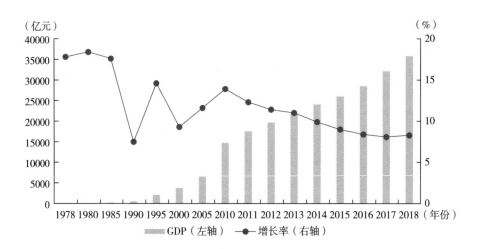

图 4-1　1978~2018 年福建省 GDP 及其增长速度

　　改革开放以来，福建省城乡居民家庭人均收入实现稳步提高，人民生活水平相应提升。1978 年，福建人均 GDP 为 273 元，比全国平均水平（385 元）低了 112 元，即只相当于全国平均水平的 70% 左右。2018 年，福建人均 GDP 达到 91197 元，居全国第三位，比全国平均水平（64644 元）高出 41.1%。1978~2018 年，按可比价计算，福建省人均 GDP 年均增长 11.0%。福建省城镇居民人均可支配收入由 1978 年的 371 元提高至 2018 年的 42121 元，农村居民人均可支配（纯）收入由 1978 年的 138 元提高至 2018 年的 17821 元（见表 4-2）。

表4-2 1978~2018年福建省人均GDP、居民收入及增长率

年份	人均GDP（元）	增长率（%）	城镇居民人均可支配收入（元）	增长率（%）	农村居民人均可支配（纯）收入（元）	增长率（%）
1978	273	15.6	371	—	138	—
1980	348	17.2	450	—	172	15.5
1985	737	14.9	733	10.5	396	6.9
1990	1763	4.7	1749	12.4	764	11.2
1995	6526	13.0	4853	6.0	2049	13.5
2000	11194	7.5	7432	5.0	3230	3.2
2005	18353	10.9	12321	8.2	4450	5.9
2010	40025	13.2	21781	8.0	7427	7.5
2011	47377	11.6	24907	8.7	8779	12.3
2012	52763	10.5	28055	10.0	9967	10.8
2013	58145	10.2	28174	7.0	11405	9.7
2014	63472	9.1	30722	6.8	12650	8.8
2015	67966	8.0	33275	6.5	13793	7.2
2016	73951	7.5	36014	6.3	14999	7.1
2017	82677	7.1	39001	6.9	16335	8
2018	91197	7.4	42121	6.4	17821	7.5

资料来源：《福建统计年鉴》（2019）。

二、三次产业结构不断优化

福建省的三次产业结构不断优化升级，对经济增长的支撑作用日益凸显。从三次产业占GDP比重来看，福建省的三次产业由1978年的36.0:42.5:21.5调整为2018年的6.7:48.1:45.2，第一产业比重逐渐下降，第二产业比重先升后降，第三产业比重偶有波动，总体表现平稳上升（见表4-3）。

表4-3 1978~2018年福建省三次产业占GDP比重　　　　　单位:%

年份	第一产业	第二产业	第三产业
1978	36.0	42.5	21.5
1980	36.7	41.0	22.3
1985	34.0	36.2	29.8
1990	28.1	33.4	38.4

续表

年份	第一产业	第二产业	第三产业
1995	22.2	42.1	35.7
2000	17.0	43.3	39.7
2005	12.6	48.5	38.9
2010	9.3	51.0	39.7
2011	9.2	51.6	39.2
2012	9.0	51.7	39.3
2013	8.6	51.8	39.6
2014	8.4	52.0	39.6
2015	8.2	50.3	41.5
2016	8.3	48.5	43.2
2017	6.9	47.7	45.4
2018	6.7	48.1	45.2

资料来源：《福建统计年鉴》（2019）。

总体而言，福建省的三次产业结构在发展过程中不断调整，实现优化，然而仍然存在较大的优化潜力与空间。2018年，全国三次产业占GDP的比重为7.2∶40.7∶52.2，福建省与全国同期平均水平相比，第二产业所占比重偏大，工业一直是支撑经济的主体产业；第三产业发展迅速，但是与全国相比比重仍然偏小，对GDP的贡献还有待进一步提升。

从三次产业对GDP的贡献率来看，2018年福建省第二、第三产业对GDP的贡献分别为50.9%和46.3%，其中工业贡献率达44.4%，以2015年为界，第三产业对经济增长的贡献迅速提高，表明福建省的经济增长内在逐步实现动能转换，经济结构调整成效逐步显现（见表4-4）。

表4-4　1978~2018年福建省三次产业贡献率　　　单位:%

年份	第一产业贡献率	第二产业贡献率	第三产业贡献率	工业贡献率
1980	25.1	43.2	31.7	28.6
1985	9.5	51.4	39.1	47.3
1990	5.4	48.3	46.3	55.0
1995	13.7	54.4	31.9	46.2
2000	4.7	59.6	35.7	59.4
2005	3.0	51.3	45.7	46.0

续表

年份	第一产业贡献率	第二产业贡献率	第三产业贡献率	工业贡献率
2010	2.1	67.9	30.0	58.7
2011	3.3	67.2	29.5	59.0
2012	3.2	66.1	30.7	54.4
2013	3.0	64.6	32.4	53.6
2014	3.2	66.0	30.8	56.8
2015	2.9	46.6	50.5	37.2
2016	3.5	40.5	56.0	33.4
2017	3.2	42.8	54.0	38.6
2018	2.8	50.9	46.3	44.4

资料来源：《福建统计年鉴》（2019）。

改革开放以来，福建省第一产业以农牧业为主，林牧业发展较为稳定，渔业发展迅速。1978～2018年，福建省农林牧渔总产值逐年提升，2018年总产值达4229.52亿元，其中农业1653.45亿元，占总产值的比重为39.10%；林业389.00亿元，占比9.20%；牧业718.42亿元，占比16.99%；渔业1318.20亿元，占比31.17%（见表4-5）。与1978年相比，2018年福建省的农业发展内部结构调整日趋合理，农业所占比重大幅下降，已逐步改变了单纯依赖农业的单一结构状况，林业、牧业发展相对稳定，受益于福建省海洋经济的大力发展，渔业发展平稳趋好。

表4-5 福建省第一产业总产值及其结构

年份	总产值（亿元）	农业（亿元）	比重（%）	林业（亿元）	比重（%）	牧业（亿元）	比重（%）	渔业（亿元）	比重（%）
1978	36.33	28.22	77.68	2.31	6.36	3.82	10.51	1.98	5.45
1980	45.49	31.13	68.43	3.41	7.50	7.38	16.22	3.57	7.85
1985	99.05	59.34	59.91	9.13	9.22	19.62	19.81	10.96	11.07
1990	227.12	118.31	52.09	21.54	9.48	51.93	22.86	35.34	15.56
1995	738.63	340.48	46.10	59.24	8.02	144.45	19.56	194.47	26.33
2000	1037.27	420.98	40.59	82.29	7.93	208.18	20.07	325.82	31.41
2005	1373.01	552.74	40.26	96.92	7.06	266.81	19.43	396.78	28.90
2010	2226.41	899.39	40.40	190.13	8.54	414.49	18.62	640.19	28.75
2011	2614.57	1025.03	39.20	239.00	9.14	527.12	20.16	733.83	28.07

续表

年份	总产值（亿元）	农业（亿元）	比重（%）	林业（亿元）	比重（%）	牧业（亿元）	比重（%）	渔业（亿元）	比重（%）
2012	2843.47	1119.42	39.37	258.06	9.08	533.56	18.76	836.57	29.42
2013	3057.36	1196.59	39.14	296.02	9.68	558.67	18.27	902.18	29.51
2014	3247.11	1307.63	40.27	326.31	10.05	574.60	17.70	926.08	28.52
2015	3399.30	1358.58	39.97	317.70	9.35	633.83	18.65	967.02	28.45
2016	3784.24	1474.49	38.96	318.28	8.41	768.11	20.30	1091.29	28.84
2017	3947.16	1527.00	38.69	327.73	8.30	750.49	19.01	1202.05	30.45
2018	4229.52	1653.45	39.10	389.00	9.20	718.42	16.99	1318.20	31.17

资料来源：《福建统计年鉴》（2019）。

三、福建省各地区经济发展概况

近年来，福建省各地区经济快速发展，2018 年泉州经济总量居全省首位，福州紧随其后，其后依次是厦门、漳州、龙岩、三明、莆田、宁德、南平，其中居首位的泉州的经济总量是南平的 4.36 倍，凸显出福建省各地区经济发展的不平衡。

2018 年，福建省地级市的国民经济发展的主要经济指标表明，福州的经济发展显示出强劲的迸发力，在社会消费品零售总额方面均凸显了省会城市的地位，厦门市在人均 GDP、城乡居民可支配收入等方面均居全省首位，是福建省经济增长的重要增长极，而漳州、龙岩地区在地方财政一般预算收入、社会消费品零售总额等方面的排名紧跟福州、厦门、泉州，显示了经济增长的内在动力（见表 4-6）。

表 4-6　2018 年福建省地级市国民经济发展主要经济指标

地区	GDP（亿元）	第一产业（亿元）	第二产业（亿元）	第三产业（亿元）	人均 GDP（元）	地方财政一般预算收入（亿元）
福州	7856.81	494.66	3204.90	4157.26	102037	680.38
厦门	4791.41	24.40	1980.16	2786.85	118015	754.54
莆田	2242.41	116.27	1179.91	946.23	77325	140.97
三明	2353.72	273.98	1237.90	841.84	91406	107.64
泉州	8467.98	201.8	4885.01	3381.16	97614	474.16
漳州	3947.63	438.58	1887.22	1621.83	77102	218.75

续表

地区	GDP（亿元）	第一产业（亿元）	第二产业（亿元）	第三产业（亿元）	人均GDP（元）	地方财政一般预算收入（亿元）
南平	1792.51	291.05	775.80	725.66	66760	94.52
龙岩	2393.30	244.08	1147.27	1001.95	90655	151.27
宁德	1942.80	295.00	968.95	678.85	66878	120.42

地区	城镇居民人均可支配收入（元）	农村居民人均可支配收入（元）	社会消费品零售总额（亿元）	常住人口数（万人）	城镇化率（%）
福州	44457	19419	4666.46	774	70.3
厦门	54401	22410	1542.42	411	89.1
莆田	37169	17991	763.42	290	61.0
三明	34862	16601	588.50	258	60.2
泉州	46111	20277	3407.89	870	66.6
漳州	35997	18186	1111.60	514	59.0
南平	32484	15868	675.09	319.83	56.7
龙岩	35759	17154	907.42	264	57.0
宁德	32921	16147	611.11	291	56.7

资料来源：福建省各市统计公报（2018）。

四、省域经济发展空间布局

（一）经济发展空间分异表现突出

人均GDP是衡量地区经济增长的重要指标之一，人均GDP较高，表明该地区经济发展水平较高；反之，则表明该地区经济发展水平较低。

根据福建省2000年、2005年、2010年及2018年的人均GDP数据，可以看出，福建省县域经济增长存在较为显著的空间分异特点，沿海地区以厦门市辖区为中心的，包括泉州市辖区、石狮市、晋江市、漳州市辖区及长泰县等的厦漳泉地区，以福州市辖区为中心的，包括罗源县、长乐市的福州大都市区，以三明市辖区为中心的，包括永安市、沙县以及龙岩市辖区的闽西发达区等发展水平相对较高；而闽西的永定县、宁化县，与漳州地区的漳浦县、诏安县、平和县、云霄县，宁德地区的周宁县、霞浦县、寿宁县，南平地区的浦城县、松溪县、政和县，以及莆田地区的仙游县等发展水平相对较低，在全省各县域经济发展表现中排名较为靠后。总体来看，福建省县域经济增长表现出一定的"组团"特性，且各年的变化趋势不太显著。

此外，从统计学角度来看，标准差可以反映福建省每个县域的经济发展水平与平均发展水平的离散程度，其计算表达式如下：

$$S = \sqrt{\frac{1}{n} \sum_{i=1}^{n} (x_i - \bar{x})^2} \qquad (4-1)$$

式（4-1）中，$\bar{x} = \frac{1}{n} \sum_{i=1}^{n} x_i$，$x_i$ 表示第 i 个地区的 GDP 或者人均 GDP 数值，n 为地区数量。

如图 4-2 所示，从 2000~2018 年福建省县域实际 GDP 以及实际人均 GDP 的标准差演变来看，表现出较为明显的上升趋势，说明福建省各县域的经济发展水平存在客观差异，且这种差异呈现一定程度的扩大趋势。

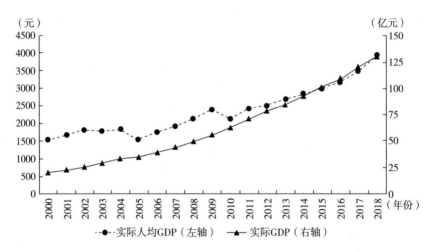

图 4-2　2000~2018 年福建省县域实际 GDP 及实际人均 GDP 的标准差演变

（二）中心城市的增长驱动效应显著

福州、厦门、泉州是福建省的三大中心城市，经济体量大，GDP 总和占全省的绝大比例，2018 年三大中心城市 GDP 占比总计为 59.0%，比 1978 年提高了 37.5 个百分点，三大中心城市对福建省经济的增长驱动效应显著。

泉州 2018 年 GDP 为 8467.98 亿元，占全省的 23.7%，经济总量由 1978 年的全省第五位跃升至第一位。厦门市 2018 年人均 GDP 高达 11.80 万元，城镇化水平达到 89.1%，居全省首位。福州市 2018 年的社会消费品零售总额占全省比重达 32.7%，需求拉动的效应非常明显。

（三）双轮驱动、南北互动的格局形成

福建省在三大中心城市的带动下，逐步形成闽东北、闽西南两大经济协同发展区，构造双轮驱动、南北互动的格局。

闽东北协同发展区包括福州、莆田、宁德、南平四市以及平潭综合实验区，陆域国土面积达 5.6 万平方千米，占全省陆域面积的 45%，2018 年该地区常住

人口1675万人，占全省总人口的41.96%，城镇化率达63.7%，GDP达13834亿元，占全省的38.7%，人均GDP达8.26万元。

闽西南协同发展区包括厦门、泉州、漳州、三明、龙岩五市，陆域国土面积达6.8万平方千米，占全省陆域面积的55%，2018年该地区常住人口2317万人，占全省总人口的58.04%，城镇化率达67.1%，GDP为21954亿元，占全省的61.3%，人均GDP达9.5万元。

两大协同发展区处于工业化、城镇化加快发展阶段，福建省在两大协同发展区的引领下通过深化山海协作，逐步解决发展不平衡不充分问题，实现国民经济与社会发展的飞跃提升。

第三节 现代产业体系

福建省目前已经形成了以电子信息、石油化工、机械装备为主导，以集成电路、新型显示、新一代信息技术、新材料、新能源及新能源汽车、高端装备及节能环保设备制造、生物和新医药等战略性新兴产业为主体，以旅游业、物流业、金融业、文创业新兴主导产业发展为支撑的现代产业体系。

近年来，福建省进入加快发展的重要机遇期和战略转型期，加快产业转型升级成为推进福建省科学发展和跨越式发展的关键，为此，福建省围绕着继续做大做强主导产业、提升改造传统产业、积极培育新兴产业不断发力。福建省主导产业及传统特色产业发展重点及载体如表4-7所示。

表4-7 福建省主导产业及传统特色产业发展重点及载体

主导产业	发展重点	发展载体
电子信息产业	攻克核心关键技术，打造东南沿海新的电子信息产业基地、集成电路产业基地等	集成电路产业、新兴显示产业、计算机及网络通信产业、LED和太阳能光伏产业
石油化工	以炼化一体化为龙头，加快延伸产业链，加强石化产业与关联产业对接，实现基地化布局和全产业链发展等	炼油及乙烯等重点原料生产、石油中下游产业、精细化工产业、石化关联产业
机械装备	利用新技术、新材料、新工艺提升装备产品水平，突破重点产业领域，提升为整机配套的基础产品，建立重大装备开发制造体系等	智能制造试点和泉州"数控一代"应用示范工程建设、机器人装备制造业、高端装备产品研发、汽车产业、高端装备制造领域、核电风电装备及配套产品
纺织服装业	发挥产业链优势，推进差别化纤维、功能性面料开发等项目建设，发展工业和量身定制和高端定制，支持企业搭建互联网协同平台等	化纤、织造、染整、服装、纺机等

续表

主导产业	发展重点	发展载体
轻工业	加快技术改造，提升造纸业生产装备智能化、生产过程自动化和企业管理信息化；推进现代先进技术在食品加工业的应用；打造全球顶尖的休闲运动鞋制造中心等	造纸业、食品加工业、制鞋业
冶金业	利用信息技术和先进适用技术改造冶金工业传统生产工艺和流程，提高行业管理信息化水平，增强行业创新发展能力等	福州、宁德、漳州及武平不锈钢深加工"三基地一园区"、上杭铜工业园，福州、南平铝产业基地
电机电器业	加快形成行业新一代高端产品的批量生产和成套服务能力，鼓励发展高端产品，重点培育一批电机电器龙头企业	超高效电机产品、节能泳池泵、稀土永磁电动机及控制器、伺服电机、新能源汽车电机、专用电机变频调速控制装置、智能开关、智能型发电机组、自动恒压供水系统、环保型化油器、智能保健器械、智能输变电及配电设备
建材业	加快企业节能减排技术改造，推进处理城市生活垃圾和产业废弃物示范线建设，加快发展新型墙体材料，促进石材工业转型升级，提升建筑陶瓷工业发展水平，发展汽车玻璃和高附加值玻璃深加工产业等	新兴墙体材料，建筑陶瓷工业，汽车玻璃和高附加值玻璃
建造业	推广应用建筑工业化建造方式，健全建筑产业现代化的技术、标准和质量体系，推进传统建材产业转型，加强建筑节能管理和节能改造等	成熟和适用的部品部件，创新能力强、机械化水平高的部品部件

资料来源：福建省政府网．关于进一步加快产业转型升级的若干意见 ［EB/OL］．［2015 - 07 - 27］．http：//www. fujian. gov. cn/xw/fjyw/201507/t20150727_ 1676972. htm.

除此之外，福建省的产业发展还要围绕经济社会发展重大需求，从技术链、价值链和产业链出发，加快关键技术突破，加快发展生物与新医药、节能环保、新能源、新材料等新兴产业，促进战略性新兴产业规模化，同时实现互联网经济的大力发展，服务业的转型升级，传统农业向现代特色农业转变以及海洋经济竞争力的提升等。表4-8为这些产业发展的主要战略举措。

表4－8　福建省战略性新兴产业、互联网经济、服务业与农业等战略举措

产业名称	主要战略举措
生物与新医药	以产业集聚区、产业园、产业链为主要抓手，以重大项目为支撑，带动产业规模化发展。主要包括生物制药、医疗器械、现代中药、生物制造和化学药物
新材料	加强新材料产业自主创新，加快打造特色优势新材料产业链，加快发展稀土发光材料、储氢合金、高性能磁性材料、特种陶瓷材料等一批特色优势明显的新材料产业基地，全面提升产业竞争力。主要包括稀土及稀有金属材料、光电材料、化工新材料、环境工程材料、特种陶瓷材料和石墨烯
新能源	主要包括太阳能光伏、风电设备制造、新型环保电池，开展核能、潮汐能、生物质能、地热能设备以及核心配套零部件的研究和制造，建设海西核能工程技术中心
节能环保	主要包括发展高效节能产业、先进环保产业和资源循环利用产业
互联网经济	推动移动互联网、云计算、大数据、物联网与传统产业结合，促进传统产业转型升级，培育发展新产业、新业态、新模式，形成经济发展新形态，打造新的产业增长点。主要包括壮大电商经济规模、加快发展互联网金融、培育互联网云服务、进一步做强软件产业、发展壮大物联网产业等
服务业	以信息化为手段，以专业化服务为特色，加快传统服务业的改造提升，推进服务业与第一、第二产业深度融合，实现服务业转型升级。主要包括加快发展重点生产性服务业、重点发展旅游业、健康养老业等生活性服务业、大力发展文化创意产业以及加快传统服务业改造升级
农业	用工业化理念发展农业、用先进适用技术提升农业、用现代经营方式拓展农业，全面提升农业信息化水平，促进福建省传统农业向现代特色农业转变。主要包括做大做强优势特色产业、构建特色农业产业集群、提升设施及农业智能化装备水平、加强种业育种和繁育创新能力、完善农产品质量安全保障体系和打造农业企业知名品牌
海洋经济	推动海洋产业集聚升级，加快发展高端临海产业、海洋新兴产业和现代海洋服务业，提升发展现代海洋渔业，构建具有较强竞争力的现代海洋产业体系。主要包括进一步优化现代渔业发展、积极培育发展海洋新兴产业、持续壮大现代海洋服务业和集聚发展高端临海产业

资料来源：福建省政府网．关于进一步加快产业转型升级的若干意见［EB/OL］．［2015－07－27］．http：//www. fujian. gov. cn/xw/fjyw/201507/t20150727_ 1676972. htm.

参考文献

［1］郭东福．改革开放后福建发展战略演变的历史研究［D］．福州：福建师范大学硕士学位论文，2007.

［2］谢爱国．山海两地发展与福建区域经济发展战略演变［D］．福州：福建师范大学硕士学位论文，2009.

［3］平潭综合实验区总体发展规划［EB/OL］．［2011 - 11 - 19］．http：//www. fujian. gov. cn/xw/ztzl/jkjshxxajjq/zcwj/201112/t20111219_ 1189610. htm.

［4］厦门市深化两岸交流合作综合配套改革试验总体方案［EB/OL］．［2011 - 12 - 21］．http：//www. ndrc. gov. cn/fzgggz/tzgg/zhdt/201112/t20111230_ 453731. html.

［5］福建海峡蓝色经济试验区发展规划［EB/OL］．［2011 - 12 - 21］．http：//www. fujian. gov. cn/szf/gk/bmkg/201601/t20160120_ 1122127. htm.

［6］推动共建丝绸之路经济带和21世纪海上丝绸之路的愿景与行动［EB/OL］.［2015 - 03 - 28］. http：//www. ndrc. gov. cn/xwzx/xwfb/201503/t20150328_ 669089. html.

［7］中国（福建）自由贸易试验区总体方案［EB/OL］．［2015 - 04 - 20］．http：//www. gov. cn/zhengce/content/2015 - 04/20/content_ 9633. htm.

［8］以制度创新为核心　福建自贸试验区四周年建设成果丰硕［N］．福建日报，2019 - 05 - 17（8）.

［9］福建省人民政府办公厅．福建开放20年［M］．厦门：鹭江出版社，1999.

［10］国务院关于支持福建省加快建设海峡西岸经济区的若干意见［EB/OL］.［2009 - 05 - 14］. http：//www. gov. cn/zwgk/2009 - 05/14/content_ 1314194. htm.

［11］福建省建设海峡西岸经济区纲要（修编）［EB/OL］.［2010 - 02 - 09］. http：//www. fjsen. com/a/2010 - 02/09/content_ 2759825. htm.

［12］海峡西岸经济区发展规划［EB/OL］．［2011 - 03 - 14］. http：//www. ndrc. gov. cn/fzgggz/dqjj/qygh/201103/t20110314_ 741904. html.

［13］关于进一步加快产业转型升级的若干意见［EB/OL］.［2015 - 07 - 27］. http：//www. fujian. gov. cn/xw/fjyw/201507/t20150727_ 1676972. htm.

第五章　主导产业与特色产业发展

第一节　福建省主导产业发展与布局

一、主导产业概况

主导产业是指在一个国家或地区的特定发展阶段起主导作用的产业,一般具有较高的需求收入弹性与产业关联度。在现代经济体系中,主导产业通常表现为由若干个紧密联系的具体产业组成的一个主导产业群。主导产业具备三个主要特征:一是与地区经济发展战略、目标、发展阶段等相适应;二是具有较强的创新能力,代表该地区的产业发展方向;三是具有较大的产业关联度,能够促进、拉动其他产业发展。

(一)主导产业发展概况

福建省三大主导产业分别是电子信息、机械装备制造和石油化工。其他主导产业包括纺织业、食品工业、冶金工业等。"十二五"期间,福建省坚持以供给侧结构性改革为主线,持续推进产业转型升级,经济结构进一步优化。截至2016年底,福建省电子信息、机械装备制造、石油化工、纺织业、食品工业、冶金工业总产值分别为 3619.86 亿元、7210.06 亿元、3099.40 亿元、2659.90 亿元、4443.45 亿元、3598.34 亿元(见表 5-1)。

表 5-1　2016 年福建省主导产业规模以上工业企业发展情况　单位:亿元

主导产业	工业总产值	主营业务收入	利税	利润
电子信息	3619.86	3372.60	226.87	192.46
机械装备制造	7210.06	6802.94	—	490.30
石油化工	3099.40	—	—	200.55

续表

主导产业	工业总产值	主营业务收入	利税	利润
纺织业	2659.90	2548.97	185.13	140.95
食品工业	4443.45	4350.08	436.30	321.66
冶金工业	3598.34	3346.65	—	—

资料来源：国家统计局福建调查总队. 福建企业年鉴 2017〔M〕. 北京：中国统计出版社，2017.

近年来，福建省工业转型升级加快。出台工业稳增长调结构、企业研发经费投入分段补助等政策举措，规模以上工业增加值增长 9.1%。推动三大主导产业等重点产业重点突破，电子信息、机械装备制造、石油化工三大主导产业增加值增长 8.3%，下一阶段电子信息产业突出"增芯强屏"，打造具备国际竞争力的东南沿海集成电路产业高地和电子信息产业基地；推动装备制造业高端化，支持发展数控机床、工业机器人、工程机械、航空维修、海工装备等产品；做大做强石油化工产业，持续深化央企对接合作，积极争取国家支持重大石化项目建设。

2018 年，福建省全部工业增加值达 14183.20 亿元，比上年增长 8.9%；规模以上工业增加值增长 9.1%。规模以上工业 38 个行业大类中有 15 个增加值增速在两位数。其中，计算机、通信和其他电子设备制造业增长 14.2%，印刷和记录媒介复制业增长 13.8%，燃气生产和供应业增长 12.7%，专用设备制造业增长 12.4%，皮革、毛皮、羽毛及其制品和制鞋业增长 10.7%，文教、工美、体育和娱乐用品制造业增长 10.2%，家具制造业增长 10.2%。规模以上工业中三大主导产业增加值增长 8.3%。其中，机械装备产业增长 7.7%；电子信息产业增长 14.2%；石油化工产业增长 5.6%。六大高耗能行业增长 9.4%，占规模以上工业增加值的比重为 25.2%。工业战略性新兴产业增长 6.7%，占规模以上工业增加值的比重为 21.1%。高技术制造业增长 13.9%，占规模以上工业增加值的比重为 11.3%。装备制造业增长 9.7%，占规模以上工业增加值的比重为 22.9%。

（二）两大协作区的产业发展重点

福建省的经济区域主要分为闽东北、闽西南两大经济协同发展区。闽西南经济协同发展区在厦漳泉大都市区的基础上形成，主要由厦门、泉州、漳州和龙岩、三明等组成，这一区域经济模式为多中心网络式。闽东北经济协同发展区在福莆宁大都市区的基础上形成，属于主—次中心组团模式。两大协同发展区是福建省产业发展的重要空间载体。

1. 闽西南大都市区

闽西南协同发展区的主导产业主要包含电子信息、机械、特殊钢铁、装备制造、食品、石化、纺织、建筑建材、有色金属、烟草和能源等。其中厦门主要发展电子信息和机械两大产业，漳州地区主要发展特殊钢铁、装备制造、食品和石化四大主导产业，泉州地区主要发展纺织和建筑建材等重点产业，龙岩地区主要发展机械、有色金属、烟草、能源精化产业、纺织、建材、光电新材料等重点产业，三明地区主要发展冶金、林产、机械、采矿、纺织、化工、建材等产业。

2. 闽东北大都市区

闽东北协同发展区包括福州、莆田、宁德、南平四市以及平潭综合实验区，作为中心城市的福州，工业现代化进程稳步推进，全市规模以上工业增加值1927.9亿元，主导产业进一步壮大，形成纺织化纤、轻工食品、机械制造、冶金建材、电子信息五大千亿产业集群。莆田市做强做优化工新材料、食品加工、工艺美术等支柱产业，培育高端机械装备、医疗健康、电子信息等新兴产业，重点对制鞋、纺织服装、能源、木材等传统产业进行转型升级等。宁德市主要发展冶金新材料、电机电器、食品加工、合成革、新能源、建材、船舶修造、医药化工8个重点产业。南平市主要发展现代绿色农业、先进制造业、数字信息产业、文化创意产业以及生物产业等；平潭综合实验区发展文化康体产业、物流贸易产业、总部经济、新兴产业、风能产业等。

专栏 5 –1

福建省三大主导产业重大工程

电子信息：建设福州、厦门、泉州、莆田等集成电路产业基地及东南沿海新电子信息产业基地，形成沿海集成电路产业带，推动福州新型半导体显示器、厦门集成电路、莆田高世代面板、卫星数据应用等一批高端项目建设。

机械装备制造业：拓展"数控一代"创新应用示范工程，支持"三电系统"（电池、电机、电控）研发应用工程。推动新能源汽车、新能源动力电池、汽车发动机、电动车、特种专用车、特种船舶、通用飞机、汽车研发中心、装备制造研究机构、新型交通装备等重点项目建设，打造福州高端商务车和轿车、厦漳大中型客车和特种专用车、龙岩三明闽西北特种专用车和微型车三大汽车产业基地，以及轨道交通装备、船舶与海洋工程装备、通用航空、核电装备、风电装备等基地（园区）。

石油化工：建设湄洲湾、古雷石化基地和江阴化工新材料专区。推进炼化一体化、乙烯、烯烃、芳烃、己内酰胺等一批龙头项目建设，加快油品质量升级，增加基础有机化工原料的有效供给，加快芳烃—化学纤维聚合物产业链建设，发展高端聚烯烃塑料、工程塑料、氟硅材料、高性能纤维、功能性膜材料和高端精细化工产品。丰富合成纤维、合成橡胶、合成树脂等合成材料种类。

资料来源：福建省国民经济和社会发展第十三个五年规划［EB/OL］.［2016–03–04］. http：//fgw. fujian. gov. cn/xxgk/ghjh/ghdt/201603/t20160304_ 833143. htm.

二、电子信息制造产业发展与布局

（一）发展概况

信息产业包括电子信息制造业、软件与信息技术服务业。目前，福建以电子信息制造业为主，电子信息产业作为福建的三大支柱产业之一，是推动福建省经济增长和结构转型的重要基础产业。近年来，福建省电子信息产业发展迅速，规模不断扩大，升级不断加快，产业集聚效应明显，已成为福建省重点产业之一，在促进福建省区域经济发展中起到重要的作用。

2015 年，福建省信息消费规模达 3500 亿元，比上年增长 18%，福州、厦门入选全国信息消费示范城市；"运吧·物流 O2O 信息交易与服务平台（福州）"等 5 个项目入选国家信息消费创新应用示范项目；建立信息消费自主创新重点项目超过 200 项，总投资近 100 亿元，其中超过 40 项产品或服务在细分领域居全国乃至全球领先水平。2016 年，福建省规模以上计算机、通信和其他电子设备制造业完成工业总产值 3619.86 亿元，实现主营业务收入 3372.60 亿元，实现利润总额 192.46 亿元，利税总额达到 226.87 亿元。福建省电子信息有限责任公司、福州福大自动化科技有限公司、万利达集团有限公司、厦门宏发电声股份有限公司四家企业入榜 2016 年中国电子信息百强企业名单。2018 年 11 月，工业和信息化部公布的 2018 年中国软件业务收入前一百家企业中，福建入榜三家企业，分别是福建星网锐捷通讯股份有限公司、福州福大自动化科技有限公司、福建新大陆科技集团有限公司。

（二）产业布局

福建省电子信息制造业主要分布在厦门、福州、漳州、泉州、莆田地区，2016 年，福建省规模以上电子信息制造业完成工业总产值 5313 亿元，同比增长 11.8%，工业增加值 1205 亿元，同比增长 12.1%，居全国第八位。新型显示产业，主要以台资和外资企业为主，产品以出口为主，集中分布在厦门火炬园、福清融侨、马尾开发区及莆田高新区等地。平板显示在中下游的 TFT - LCD 液晶面板、多品种平板显示模组和智能终端整机制造等方面有优势，是全国平板显示器、笔记本电脑和液晶电视等终端产品的主要生产基地之一。液晶显示模组、触控模组和液晶显示器整机等生产规模位居全国前三；面板方面，厦门天马微投资 70 亿元建设的国内首条、全球第二条 5.5 代低温多晶硅面板（LTPS）及彩色滤光片成功量产；模组方面，宸鸿科技保持全球触控组件的龙头地位，友达光电拥有 12 条中大尺寸模组生产线。计算机和智能网络通信产业主要集中在福州、厦门、漳州等地。戴尔是国内最大的计算机和笔记本电脑厂商之一；星网锐捷的下一代网络交换机，瘦客户机等产品达到国内领先水平；爱普生针式打印机凭借稳定耐用高速高效等优势，连续多年蝉联产品销售冠军；联迪商用电子支付 POS 机被誉为中国金融 POS 机第一品牌，跻身全球十大 POS 机供应商之列。

集成电路产业主要分布在福州、厦门、泉州等地，企业设计工艺水平（线宽）一般在 0.35 微米至 90 纳米，少数优势企业达到 28 纳米国际先进水平，2016 年，福建省集成电路产业的上游 IC 设计业领域，瑞芯微进入 14 纳米国际先进工艺阵营，通过与 ARM、Google、Intel 等国际大公司合作，研发推出 VR 设备、IOT 智能硬件、智能电视、Wi - Fi/蓝牙音频解决方案等新产品。厦门紫光集成电路设计产业园发挥紫光展锐等龙头企业作用，开发 5G/4G、移动智能终端、网络通信、安全监控、存储器等应用领域的关键芯片。在中下游高端集成电路制造领域取得重大突破，厦门联芯 12 英寸项目于 2016 年 11 月 16 日投产；福联砷化镓项目进展顺利，主要设备已进厂安装；晋华存储器项目一期开工建设，签订部分设备租赁合同；三安光电芯片产业化一期项目和砷化镓项目建成投产。

（三）主要企业

福建省电子信息制造业规模多年居全国前十位，其中金融支付 POS 机的市场占有率全国第一。厦门宸鸿科技有限公司、戴尔计算机（中国）有限公司、友达光电股份有限公司、福建捷联电子有限公司、华映光电股份有限公司、冠捷显示科技有限公司、达运精密工业股份有限公司 7 家企业产值超百亿元；福建电子信息集团，福大自动化科技有限公司和厦门宏发电声有限公司等入榜中国电子信息百强企业。

三、机械装备制造产业发展与布局

（一）发展概况

截至 2016 年底，福建省拥有规模以上机械工业（含汽车、船舶）企业 3166

家，其中大中型企业 513 家；拥有总资产 5327.39 亿元，从业人员 68.88 万人。全行业规模以上工业累计实现增加值 1754.08 亿元，比上年增长 11%；实现工业总产值 7210.06 亿元，比上年增长 10.7%；完成工业销售产值 6951.33 亿元，比上年增长 10.7%，产销率 96.4%；实现主营业务收入 6802.94 亿元，比上年增长 10.3%；实现利润总额 490.43 亿元，比上年增长 21%。

在重点监控的 27 种主要机械产品中，环境污染防治设备、机床、压实机械、汽车、摩托车、轴承、民用钢质船舶等 13 种产品产量呈现增长态势，而挖掘机、电动机、泵、低压开关板等 14 种产品产量则出现不同程度的下降，其中汽车产量 220171 辆，比上年增长 15.2%；民用钢质船舶 93.5 万载重吨，比上年增长 1.9%；装载机 16286 台，比上年增长 4.6%。

2016 年，经由福建省经信委组织认定为全省首台（套）重大技术装备（含智能制造装备）的产品有 3 种，其中福建侨龙专用汽车有限公司 QLI.Y－300015－B 工程履带式大流量液压移动泵站被认定为福建省首台（套）重大技术装备，厦门厦工中铁重型机械有限公司 CTE6450 复合式土压平衡式盾构机、福建海山机械股份有限公司 HSWE12X4 全地形智能挖掘机被认定为省内首台智能制造装备。

福建省机械装备制造业发展迅速，但在迅速发展的同时也面临较大的困境，即低附加值、低技术含量的高劳动密集型中小企业较多。装备制造业的技术创新进展缓慢，未能充分发挥出新兴产业的发展潜力。

因此，福建省正积极采取各种措施，推动智能化改造。通过实施智能化改造提升工程，加快机械、船舶、汽车、轻工、纺织、食品、电子等行业的成套设备及生产系统智能化改造。全面推广"数控一代"，促进数控技术和智能装备在工业领域的广泛应用，引导企业构建制造工艺的仿真优化、数字化控制、实时监测和自适应控制等先进制造能力。加快国防科工、民用爆炸物品、危险化学品、食品、印染、稀土、农药等重点行业智能检测监管体系建设，提高智能化水平。实施"机器换工"专项行动，推动重点产业、传统优势产业和劳动密集型产业逐步实现"机器换工"，加快工业机器人在各作业领域的推广应用。发展智能装备制造业。加快高档数控机床、工业机器人等智能制造装备的研发与产业化，着力突破关键功能部件、智能化仪器仪表等领域。以数控技术、智能技术提升传统装备产品性能，促进装备制造业向智能化升级。大力培育和引进智能装备制造企业、系统集成和设备服务企业，促进产业集聚发展。支持企业采购本省生产的工业机器人整机和成套设备。

福建省地处东南沿海地区，有着得天独厚的自然条件，应充分利用自然资源优势，加快发展海洋工程装备和高技术船舶，积极响应我国建设海洋强国的战略。海洋与陆地的一个根本区别是海上的一切活动都必须依托相应的装备，人类对海洋的探索与开发都是伴随着包括造船技术、海洋工程技术在内的装备技术的进步而不断深化的。经略海洋，必须装备先行。福建省在建立自主可控的装备体系过程中，必须掌握海洋工程装备和高技术船舶等高端机械装备的自主研制能力，即全面推进结构调整转型升级，依靠物质要素驱动向依靠创新驱动转变，以产品创新、制造技术创新等支撑产业发展。

（二）产业布局

冶金、通用设备、专用设备、汽车制造、船舶等电气机械和器材制造、仪器仪表制造业等机械装备制造业在福建省广泛分布，具体为关键基础零部件及基础制造、装备智能制造、装备船舶及海洋工程装备、民用飞机、节能环保和安全生产装备、能源装备、轨道交通装备。

如表5-2所示，在闽西南经济协同发展区，机械装备制造产业在漳州和泉州分布最多，其中，冶金、通用设备、汽车制造、电气机械和器材制造、计算机、通信和其他子设备制造业产业在厦门广泛分布，但厦门的专用设备和仪器仪表制造业产业比重较小。

表5-2 闽西南经济协同发展区机械装备制造业主要的细分产业

设区市	机械装备制造业细分产业基地/园区
厦门	集美机械工业集中区：汽车、工程机械、轮胎制造 厦门出口加工区：船舶海运
漳州	福建长泰经济开发区：机械制造 角美工业综合开发区：汽车配件、金属制品、电力器具、食品 漳州台商投资区：特殊钢铁、汽车汽配、电子家电
泉州	晋江安海装备制造园区：装备制造 泉州经济技术开发区：特种汽车基地 湖头工业园区：特殊钢铁、汽车汽配、电子家电
龙岩	长汀航空产业园：飞机生产制造 上杭蛟洋工业园区：以年产20万吨铜冶炼项目的建设为依托；以"铜"冶炼、加工为龙头，形成硫、磷、氟化工等完整的冶金化工循环经济产业链，并向铜精深加工及精细化工方向发展
三明	福建梅列经济开发区：通用机械、专用机械、冶金工业 沙县金古工业区：集机械金属加工产业、汽车贸易服务产业、现代物流产业、林产加工产业、食品加工产业、生活居住配套为一体的多功能经济开发区

资料来源：福建招商网（http://fj.zhaoshang.net/yuanqu/category/）。

如表 5 - 3 所示，闽东北经济协同发展区以福州为机械装备制造业产业主要发展地，福州市大力发展装备制造业，各种装备制造业产值在福建省都处于领先地位，南平市和宁德市着重发展电气机械和器材制造业。

表 5 - 3　闽东北经济协同发展区机械装备制造业主要的细分产业

设区市	机械装备制造业细分产业基地/园区
福州	福州市滨海工业集中区：电力、船舶海运 福建多功能航空产业园：以水、陆两用机场和通用飞机整机制造为基础；以通用航空会展体验为主导；以飞机交易、飞机维修、飞行培训、航空营运、航空物流、航空金融、航空旅游为配套 福州临空经济区：装备制造
宁德	福安经济开发区：船舶海运 闽东电机电器工业区：电机、电器制造 福鼎星火工业园区：以化工、机械、制药、光电产品、食品、电子信息及新材料等高新技术产业为主，兼顾劳动密集企业 福建宁德福鼎工业园区：汽摩配件、建筑建材、泵阀制造加工
莆田	荔城经济开发区：电子信息、绿色建材、金属制造 湄洲湾秀屿港区：船舶海运 全冠工业城：电子工业
南平	南平江南工业园：电线电缆、精细化工等产业

资料来源：福建招商网（http：//fj. zhaoshang. net/yuanqu/category/）。

（三）主要企业

福建省装备制造业重点企业有福建电力有限公司、福州万德电气有限公司、福建唐力电力设备有限公司、福建森达电气股份有限公司、福建中能电气股份有限公司、福建省先行电力设备有限公司、厦高金属工业有限公司、漳州市恒丽电子有限公司、石狮市天宏金属制品有限公司、三明亿力森达电气设备有限公司、福建省汽车工业有限公司、福建奔驰汽车工业有限公司、福建鑫海冶金有限公司、福建上润精密仪器有限公司、漳州一帆重工有限公司等。

四、石油化工产业发展与布局

（一）发展概况

福建省曾经是"不产一滴油"的贫油省，石油化工产业起步晚，基础薄弱。经历多年的产业布局与发展，福建省石油化工产业获得了快速发展，跻身中国石油化工大省行列，并且从传统石油化工产业转型迈入现代石油化工时代，石油化工产业发展成为福建省三大主导产业之一。

福建的石化产业发展源起泉州泉港区，"因油设区"拉开了福建石化产业发展的序幕。1993 年，年加工原油 250 万吨的福建炼油化工有限公司在肖厝开发区内建成投产，成为建设肖厝石油化工基地的龙头企业；1997 年 4 月，年加工能力扩大到 400 万吨。2000 年，泉港区从泉州的惠安县划出，单独设区，定位为现代化石化港口城市、福建省石化工业的龙头地区。同年，福建炼油化工有限公司将扩建年加工能力 1200 万吨，并建设 60 万吨乙烯工程、30 万吨聚丙烯、45 万吨聚乙烯、30 万吨氯乙烯、20 万吨烧碱等一批石化中下游项目和 4 万吨环氧丙烷、4 万吨聚醚等化工项目，肖厝成为全国较大的石油化工基地之一。

2009 年 5 月，中国第一个炼油化工和成品油营销全面一体化的中外合资项目、一次性整体规划实施投资最大的炼油化工项目——福建炼油乙烯一体化项目的年加工能力 800 万吨的常减压装置在泉港试运行。该项目的投产，意味着福建联合石化的原油加工能力将由原来每年的 400 万吨提升至 1200 万吨，成为中国最大的石油化工企业之一。伴随着福建省大力推进和实施石化产业调整和振兴规划，与石化央企进行高位对接，承接台湾石化产业转移，加之各大石化工业基地不断推进石化产品加工的广度和深度，扩展和延伸加工产业链，提高产业配套能力，逐步形成产业延伸度高、产业间关联性强、技术先进、环境友好的现代石化产业及深加工体系，福建省的石化产业发展取得较好成效。

统计数据显示，2005 年福建省石油化工规模以上企业工业总产值为 986.18 亿元，而后石油化工产业生产有了实质性的进步，工业总产值在 2009 年突破 1000 亿元，2011 年突破 2000 亿元，而在 2016 年达到了 3099.40 亿元；利润总额也由 2005 年的 27.14 亿元增加到 2016 年的 200.55 亿元；工业增加值的变化虽然有波动，但总体呈明显上升趋势，2005 年为 537.11 亿元，2016 年达 701.37 亿元（见表 5-4）。

表 5-4　2005~2016 年福建省石油化工规模以上企业主要经济指标

单位：亿元

年份	工业总产值	利润	工业增加值
2005	986.18	27.14	537.11
2006	699.07	6.88	287.11
2007	815.06	47.61	116.53
2008	945.74	1.61	157.95
2009	1103.69	58.69	268.59

续表

年份	工业总产值	利润	工业增加值
2010	1646.49	93.49	542.80
2011	2011.06	80.98	504.74
2012	2214.18	57.35	536.72
2013	2341.29	65.24	553.24
2014	3181.55	66.85	740.21
2015	2999.16	100.10	679.12
2016	3099.40	200.55	701.37

资料来源：历年《福建企业年鉴》。

福建省的石油化工产业的发展日新月异，在2019年中国化工园区30强名单中，泉港石化工业园区、泉惠石化工业园区分列第14名、第28名（见表5-5）；福建漳州古雷港经济开发区入围2019年中国化工园区潜力10强，居于首位（见表5-6）。此外，2019年泉港石化工业园区的利润率位居全国工业园区第5名，可以预见，福建石化产业的发展将继续为福建省的经济高质量发展提供强有力的支撑、驱动。

表5-5　2019年中国化工园区30强

序号	名称	省份
1	惠州大亚湾经济技术开发区	广东
2	宁波石化经济技术开发区	浙江
3	南京江北新材料科技园	江苏
4	宁波大榭开发区	浙江
5	淄博齐鲁化学工业区	山东
6	宁夏回族自治区宁东能源化工基地	宁夏
7	扬州化学工业园区	江苏
8	东营港经济开发区	山东
9	中国化工新材料（嘉兴）园区	浙江
10	江苏省泰兴经济开发区	江苏
11	沧州临港经济技术开发区	河北
12	茂名高新技术产业开发区	广东
13	江苏常州滨江经济开发区	江苏

续表

序号	名称	省份
14	泉港石化工业园区	福建
15	杭州湾上虞经济技术开发区	浙江
16	衢州国家高新技术开发区	浙江
17	江苏常熟新材料产业园（江苏高科技氟化学工业园）	江苏
18	武汉化学工业园	湖北
19	长寿经济技术开发区	重庆
20	济宁新材料产业园区	山东
21	镇江新区新材料产业园	江苏
22	珠海经济技术开发区（高栏港经济区）	广东
23	中国石油化工（钦州）产业园	广西
24	盘锦辽东湾新区	辽宁
25	中国化工新材料（聊城）产业园	山东
26	大庆高新技术产业开发区	黑龙江
27	烟台化学工业园	山东
28	泉惠石化工业园区	福建
29	泰州滨江工业园区	江苏
30	江苏省如东沿海经济开发区洋口化学工业园（江苏如东洋口港经济开发区）	江苏

资料来源：2019 中国化工园区 30 强/潜力 10 强公布［EB/OL］.［2019 - 05 - 24］. http：//finance. sina. com. cn/stock/relnews/hk/2019 - 05 - 24/doc - ihvhiews4186272. shtml.

表 5 - 6　2019 年中国化工园区潜力 10 强

序号	名称	省份
1	福建漳州古雷港经济开发区	福建
2	天津南港工业区	天津
3	大连长兴岛（西中岛）石化产业基地	辽宁
4	国家东中西区域合作示范区（连云港徐圩新区）	江苏
5	舟山绿色石化基地	浙江
6	淄博东岳经济开发区	山东
7	青岛新河生态华工科技产业基地	山东
8	营口仙人岛能源化工区	辽宁
9	浙江独山港经济开发区	浙江
10	安徽（淮北）新型煤化工合成材料基地	安徽

资料来源：2019 中国化工园区 30 强/潜力 10 强公布［EB/OL］.［2019 - 05 - 24］. http：// finance. sina. com. cn/stock/relnews/hk/2019 - 05 - 24/doc - ihvhiews4186272. shtml.

（二）产业布局

福建省石化产业坚持基地化、大型化、集约化发展的布局原则，基本形成"两基地一专区"，即漳州古雷、湄洲湾石化基地和福清江阴化工新材料专区的产业布局。石化产业集聚、集群式发展充分发挥了规模效应、协同效应，产业影响力、感应度和辐射带动作用增强，产业竞争力明显提升。

漳州古雷半岛石化基地位于漳州市漳浦县南部，紧邻云霄县和东山县，基地最早发源于 2006 年设立的福建古雷港经济开发区，目前已建设成为全国重点发展的石化基地。漳州古雷半岛石化基地重点布局炼化一体化项目，以炼油为基础，重点发展乙烯、芳烃及化工新材料、专用化学品等高端石化产品。在漳州古雷石化基地周边地区漳州（古雷—南太武）滨海新区漳江口组团、诏安四都—梅岭组团承接石化基地产业链延伸，发展石化下游产业延伸加工项目，该区域目前基本实现集约集聚、全产业链发展。

湄洲湾石化基地分布在泉州市泉港区、泉州市惠安县、莆田市仙游县、莆田市秀屿区等地区，包括泉港、泉惠、石门澳、枫亭等工业区。早在 1992 年，泉港就有石化企业入驻，是福建省最早集中开发的石化工业区。湄洲湾石化基地核心区域是泉港和泉惠工业区，重点布局炼化一体化等上游项目及精制环氧乙烷/乙二醇、丙烯酸及酯等中下游项目，被列为全国重点推进建设的炼化建设工程。其中，泉港石化工业区又分为仙境、南垦、凤安、洋屿四个片区。泉惠石化工业园区位于惠安县东北部的斗尾港口经济区内，涉及东桥、净峰、辋川三个乡镇，莆田秀屿区石门澳化工新材料产业园和莆田仙游枫亭重点承接泉港、泉惠石化等中上游石化项目的辐射，优先发展轻污染或无污染的化工新材料产业。

福州江阴半岛位于福州福清市南部，作为化工新材料专区，主要承接福州市区化工企业迁建，布局轻污染或无污染的石化产业，大多属于石化产业的中下游项目，适度布局异氰酸酯、聚碳酸酯（PC）、己内酰胺（CPL）、丙烷脱氢等项目，发展以非炼化一体化的化工新材料为主导的产业链。

除此之外，厦门海沧石化工业基地重点发展芳烃、合成纤维、塑料加工、感光材料、精细化工等系列产品；宁德溪南半岛的海西宁德工业区石化产业园，重点建设 1000 万立方米储油和 300 万吨 LNG 项目等。

（三）主要企业

福建省主要石油化工企业有福建联合石油化工有限公司、中化泉州石化有限公司、福建石油化工集团有限责任公司、中国石化福建炼油化工有限公司、福海创石油化工有限公司、福建申远新材料有限公司、福建东南电化股份有限公司、石狮市佳龙石化纺纤有限公司、翔鹭石化有限公司、厦门正新橡胶工业有限公司、厦门翔鹭化纤股份有限公司、福建省东鑫石油化工有限公司、瓮福紫金化工股份有限公司等。

2018 年，福建省重点石化企业产值创新高。其中，中化泉州石化有限公司原油加工量首次突破设计能力（1200 万吨/年），达 1279.8 万吨，同比增长 9.14%，累计产值再创新高，达 608.95 亿元，同比增长 28.96%；福建联合石油化工有限公司尽管因 2018 年底有历时 52 天的大修，原油加工量仅 878.01 万吨，同比减少 3.63%，但产值仍为近年新高，达到 527.72 亿元，同比增长 6.05%；福建福海创石油化工有限公司 PTA 项目自修复部门投产后运行正常，PTA 产量 211.23 万吨，产值 120.09 亿元；福建申远新材料有限公司 2018 年实现产值 68.51 亿元，项目投产以来运行情况良好。

五、纺织业

（一）发展概况

纺织业是福建省的传统支柱产业。2016 年，福建省规模以上纺织业完成工业总产值 2659.9 亿元，工业增加值为 563.29 亿元，实现主营业务收入 2548.97 亿元，利税总额达到 185.13 亿元，利润总额达 140.95 亿元；规模以上纺织服装、服饰业完成工业总产值 2052.21 亿元，工业增加值为 524.06 亿元，实现主营业务 1937.76 亿元，利税总额达 198.78 亿元，利润总额达 142.21 亿元。2016 年，福建省纺织业销往省内、省外和境外的比重分别为 44.8%、47.8% 和 7.4%，纺织服装和服饰业销往省内、省外和境外的比重分别为 35.4%、35.8% 和 28.8%，从工业生产者出厂价格看，2016 年福建省纺织品工业生产者出厂价格比上年下降 1.7%，纺织服装、服饰工业生产者出厂价格比上年上涨 0.5%。

（二）产业布局

福建省的纺织化纤产业主要集中在福州地区，经过多年培育，福州市现已初步形成了集化纤、棉纺、织造、染整、服装、纺织机械为一体的具有持续竞争优势的纺织化纤产业集群，产业链条趋于完整，棉纺、经编业所需的原料，生产工艺研发设计，设备零件生产加工，设备维修，后道加工印染，服装加工等上下游企业配套齐全，规模优势明显，在国内涤纶纱、民用绵纶丝、经编花边等细分市场占据定价优势。2015 年，福州市规模以上纺织化纤产业完成总产值 2073.3 亿元，比上年增长 19.8%，成为福州市首个产值突破 2000 亿元的主导产业。截至 2015 年末，福州全市纺织化纤行业产能规模已达到年产涤纶短纤维 70 万吨、涤纶长丝 90 万吨、棉纶长丝 100 万吨、纱线 850 万锭，成为全国最大的化纤混纺纱生产基地和棉纶民用丝生产基地，经编产品约占全国市场份额的 3/5。其中，长乐市是福州市纺织化纤产业集群的集中地。2015 年，在全国经济下行压力加大、纺织及服装产业产能过剩的背景下，长乐市纺织产业采取多种措施确保生产平稳增长，如机器换工通过产品创新和产业链延伸，形成产业发展新的增长点。长乐市被中国纺织工业联合会授予"2015年度纺织行业创新示范集群地区"称号，有7家企业入选中国民营企业制造业500强。

福建省内纺织服装、服饰则集中在泉州地区。2015年，在人民币升值、劳动力不足、成本上升、国家贸易壁垒高筑等诸多不利因素下，泉州纺织服装企业出口仍实现较大幅度增长。纺织服装、服饰业工业总产值达1337.54亿元，远远超过其他地区，居于福建省首位。

（三）主要企业

福建省纺织业主要企业有福建凤竹纺织科技股份有限公司、福建省金纶高纤股份有限公司、泉州明恒纺织有限公司、福建省三明纺织有限公司、福建宏远集团有限公司、利郎（中国）有限公司、福建七匹狼实业股份有限公司、福建众和股份有限公司、虎都（中国）服饰有限公司、福建柒牌集团有限公司、泉州海天材料科技股份有限公司、福建南纺股份有限公司、福建鑫华股份有限公司、福建诺奇股份有限公司等。

其中，福建凤竹纺织科技股份有限公司是一家以棉纺、染整精加工和针织面料、筒子色纱生产及环保设施运营为主营业务的上市公司，是福建省百家重点工业企业、福建省最大的针织染整专业厂家和针织品出口基地。福建省金纶高纤股份有限公司地处长乐市滨海工业区，是长乐市第一家超百亿元企业，2018年在中国民营企业500强位列第304名。泉州明恒纺织有限公司目前是福建省最大的棉纱及针织布供应商、福建纺纱行业大制造商之一。

六、食品工业发展与布局

（一）发展概况

福建省食品工业分为农副食品加工业和食品制造业。农副食品加工业是福建省的优势产业，资源优势明显，发展基础较好。尽管在2012年受到全球经济下滑、市场需求下降等不利因素影响，全行业主要经济指标仍保持较高增速，2012年全国产量增速超过20%的产品有：精制食用植物油、大米、速冻米面食品；产量增速超过10%的产品有鲜肉、冷藏肉、饲料、小麦粉、冷冻水产品、成品糖。从销售区域看，2016年，福建省农副食品加工业销售收入中销往省内市场的比重最大，为50.7%，销往省外和境外市场的比重分别为28.0%和21.3%；食品制造业销往省外市场的比重最大，为54.3%，销往省内和境外市场的比重分别为32.3%和13.4%。

2008~2016年，福建省食品产业主要经济指标呈上升趋势，2008年福建省

工业总产值和工业增加值分别为1123.37亿元和292.35亿元，2016年工业总产值和工业增加值分别达到4443.45亿元和946.66亿元，主营业务收入、利税总额、利润总额都在不断增加（见表5－7、图5－1）。

表5－7 2008～2016年福建省食品工业主要指标 单位：亿元

年份	总产值	增加值	主营业务收入	利税总额	利润总额
2008	1123.37	292.35	1078.41	80.56	56.23
2009	1340.12	316.85	1295.2	104.83	71.01
2010	1803.12	42.00	1740.37	170.78	121.44
2011	2224.43	532.37	2158.18	229.27	163.36
2012	2639.50	613.62	2581.83	265.89	174.80
2013	3087.77	720.81	3004.21	319.81	202.83
2014	3548.74	844.51	3432.98	346.31	214.22
2015	4024.44	870.26	3902.46	367.71	241.26
2016	4443.45	946.66	4350.08	436.30	321.66

资料来源：历年《福建企业年鉴》。

图5－1 2009～2016年福建省食品工业总产值增长速度与全省工业总产值增长速度变化趋势
资料来源：历年《福建统计年鉴》及《福建企业年鉴》。

（二）产业布局

福建省食品产业发展态势一直向好，食品种类繁多。其中，水产品加工业在农副产品加工业中占据较大的比重，且以外销为主。2016年，福建水产品加工业实现产值837.07亿元，主要集中在漳州、泉州、厦门等沿海地区，福建省水产品加工业主要产品有冷冻烤青皮鱼、海带、冻虾等。全省已初步建立闽南、

闽东两大产业渔业加工产业集群，形成了东山海捕鱼、漳州石斑鱼、宁德大黄鱼、连江藻类、福清对虾、长乐鳗鱼、晋江紫菜等具有区域优势和产业效益高的水产品特色产业，水产品加工业正成为带动区域经济发展的增长点。

福建省罐头食品制造业的生产和出口基地主要集中在漳州地区，罐头出口量约占全国出口量的20%，漳州出产的水产罐头主要以海捕鱼类罐头为主，主要有茄汁鱼罐头、鲭鱼罐头、沙丁鱼罐头、金枪鱼罐头和鲍鱼罐头等。福建省是全国罐头生产大省，2016年全省规模以上工业罐头产量为303.18万吨，主要品种有蘑菇罐头、水煮笋罐头和水产罐头三类。2016年，福建省糖果、巧克力及蜜饯制造业全部销售收入中，销往省内、省外、境外三大市场的比重分别为25.8%、62.1%和12.1%。其中，省外市场销售所占比重较大，销售比重逾六成，但比重比上年下降0.5个百分点。泉州糖果出口值占福建省的九成以上，占全国的1/4以上，为全国主要出口糖果基地，产品主要销往欧美、中东、东盟、非洲、南美洲等70多个国家和地区。与此同时，企业紧跟国际市场需求，研发出多品种中高端工艺糖及爽口片，得到客户认可，其中，工艺糖的价格是普通糖果的2~3倍，爽口片是普通糖果价格的50倍，有效提高了出口糖果的附加值。

（三）主要企业

福建省食品工业企业数目众多，知名企业有达利食品集团有限公司、厦门银鹭食品有限公司、福建盼盼食品有限公司、福建亲亲股份有限公司、福建安井食品股份有限公司、福建元成豆业有限公司、厦门银祥集团有限公司、福建中绿投资有限公司、福建福马食品集团有限公司、福建雅客食品有限公司、金冠（中国）食品有限公司、福建省泉州喜多多食品有限公司、福建龙和食品实业有限公司等。

其中，达利食品集团有限公司创办于1989年，在全国18个省份建立了21家子公司共36个食品、饮料生产基地等，形成食品、饮料两大支柱齐头并进的产业结构，年产值超百亿元，是全国最大的全独资民族品牌食品生产龙头企业，列民营企业500强第95位。厦门银鹭食品有限公司始创于1985年，主营业务为罐头食品、饮料生产经营，是中国罐头和饮料行业领先企业，是全国农业产业化领域的领军企业之一，2011年银鹭、雀巢合资合作正式启动，吹响了银鹭进军国际的号角。福建盼盼食品有限公司始创于1996年，是以农产品精深加工为主的国家农业产业化重点龙头企业，位列亚洲品牌500强，产品先后入选厦门金砖会晤指定产品、博鳌亚洲论坛指定食品等。

七、钢铁产业发展与布局

（一）发展概况

截至2016年底，福建省拥有规模以上冶金工业企业594家，其中大中型企业 78 家（大型 20 家），累计实现规模以上工业总产值 3609.8 亿元（按可比价格），比上年（下同）增长 8.2%。其中，钢铁工业 1939 亿元，增长 6.96%；有色工业 1670.8 亿元。2000 年以来福建省钢铁产量一直处于上升的趋势，2000年钢铁总产量为 283.79 万吨，其中，粗钢产量为 124.94 万吨，生铁产量为149.37 万吨。2009 年，钢铁产量上升至 1342.26 万吨，粗钢和生铁产量也随之增加到 767.06 万吨和 553.24 万吨。2010 年，钢铁产量略微下降，但 2010 年以后，钢铁产量又有了大幅度的上升，2014 年钢铁产量达史上最高，为 3019.6 万吨，其中粗钢产量为 1820.8 万吨，生铁产量为 907.98 万吨。此后几年，略有波动，2018 年福建省钢材产量略有回升，产量为 2915.94 万吨，其中，粗钢产量2085.7 万吨，生铁 982.31 万吨（见表 5-8）。

表 5-8　2000～2018 年福建省钢铁产品产量　　　　单位：万吨

年份	钢铁总产量	粗钢	生铁
2000	283.79	124.94	149.37
2005	729.67	391.48	399.03
2006	847.79	548.28	508.29
2007	1047.56	588.82	477.88
2008	1106.95	633.13	518.53
2009	1342.26	767.06	553.24
2010	1340.56	1086.88	558.81
2011	1589.14	1166.90	547.00
2012	2292.60	1576.79	725.75
2013	—	—	—
2014	3019.60	1820.80	907.98
2015	2820.70	1586.50	980.10
2016	2859.58	1516.80	980.44
2017	2725.74	1882.85	937.92
2018	2915.94	2085.70	982.31

资料来源：历年《中国统计年鉴》。

2000 年，福建省钢材总产量排名全国第 17 名，属于中等略偏下水平。近年来，福建省不断改进钢铁工业生产，2018 年福建省钢材产量居全国第 12 名，达到中上水平。钢材生产主要产品包括不锈钢管材、不锈钢炉料、船舶运输、低合金板、钢结构、钢坯、矿石、炉料、螺纹钢、铝合金、冷轧剪切加工、镁合金、普圆、其他建筑钢材、特钢炉料、热轧薄板。

福建省的钢铁产量在全国排名一直在中游徘徊。钢铁工业是国民经济的基础产业，其发展程度被认为是一个国家（地区）工业发展水平的重要标志。福建省钢铁企业面临钢材需求不旺、产能过剩严重、价格持续下跌的严峻考验，钢铁企业在相当长时间仍将处在"严冬"季节的调整期。因此，为适应经济新常态，钢铁行业必须加快结构调整，实现行业转型升级。应大力实施创新驱动，支持鼓励钢铁企业积极研发生产高技术含量、高附加值的高性能钢材和特种钢材。与此同时，还应积极开发应用钢铁生产新工艺、新技术，提高产品质量和生产效率，降低资源和能源消耗，促进绿色发展和转型升级。

长期以来，福建以三钢（集团）为首的钢铁企业在构建完善的工业生产体系，保障工业原材料供给方面发挥了积极的作用，为全省经济发展做出了重要贡献。在转型升级方面，福建钢铁行业有许多成功的案例。例如，新万鑫（福建）精密薄板有限公司历经多次产业结构转型升级，冷轧取向硅钢通过专家鉴定，达到国际同类产品先进水平，填补了福建省空白，是福建省独家生产取向硅钢的"高新技术企业""省百家重点企业"。该公司还成立了以中国工程院王一德院士为科技领军人物的"院士专家工作站""福建省冷轧取向硅钢企业工程技术研究中心"，与北京科技大学、福州大学、厦门大学等高校开展产、学、研、用高端合作。

又如，罗源闽光钢铁有限责任公司近年来的投资方向主要集中于产品升级和环保投入，生产更高端、具有市场广泛需求和利润空间的三级钢和四级钢，主要用于核电、城市轨道交通、地下管网建设等需求。同时，该公司积极响应建设"两型"社会的要求，通过废水、废气、粉尘等二次回收利用，既可以减少排放，又可以给企业带来经济效益。

（二）产业布局

福建省钢铁产业发展以三明、漳州、泉州、福州地区现代钢铁产业为中心，依托三明钢铁及加工区、漳州钢铁及加工区、福州钢铁集中区等产业集中区，支持壮大三钢集团、三宝钢铁等企业，重点发展车船用钢板、钢结构材料等下游应用产业。此外，不锈钢产业以宁德、福州、漳州地区不锈钢产业为中心，依托宁德不锈钢工业集中区、福州不锈钢工业集中区、漳州不锈钢工业集中区、武平不锈钢产业园区等，支持壮大青拓集团、宝钢德盛不锈钢、福欣特殊钢、宏旺实业等企业，重点发展不锈钢深加工及应用产业链。

（三）主要企业

福建省一共有 49 家钢铁企业，包括福建省三钢（集团）有限责任公司、福建三安钢铁有限公司、福建三宝钢铁有限公司、福建三嘉钢铁有限公司、福建龙钢企业集团公司、福建省龙岩钢铁厂、福建亿鑫钢铁有限公司、福建三金钢铁有限公司、福建荣源钢铁贸易有限公司、福建宝源钢铁有限公司等。福建钢铁产业竞争力不足，在2017年福建省百强企业中钢铁企业仅有4家，除了福建省三钢（集团）有限责任公司排名较靠前（第12名）之外，其他几家钢铁企业排名都很靠后。2016年福建省有10家企业入选中国500强企业，福建省三钢（集团）有限责任公司是唯一一家钢铁企业。

第二节　战略性新兴产业发展与布局

一、战略性新兴产业总体发展概况

战略性新兴产业代表新一轮科技革命和产业变革的方向，加快战略性新兴产业发展，是引领产业结构优化升级、转变经济发展方式、抢占未来发展制高点的重要途径。

福建省的战略性新兴产业主要分布于全省各个地市的高新技术产业开发区。福州国家高新技术产业开发区主要产业为电子计算机及办公设备制造、电子及通信、软件及信息服务业等；厦门国家高新技术产业开发区主要产业为光电显示器件、LED芯片及封装产品、软件、生物医药、数字视听、移动通信、新材料等；泉州国家高新技术产业开发区主要产业为微波通信产业、光伏产业、数字视听、化工轻纺新材料产业等；漳州省级高新技术产业开发区主要产业为数字视听、光伏材料、光电产业等；三明省级高新技术产业开发区主要产业为生物医药、新材料等；莆田省级高新技术产业开发区主要产业为液晶显示、新型电子元器件、LED产业、功能陶瓷材料、新型涂料、轻纺新材料、生物医药等。

"十二五"期间，福建省战略性新兴产业发展成效显著，2015年实现增加值2618.82亿元，占GDP比重为10.08%，比2010年高出2.08个百分点，成为推动福建省经济持续快速发展的重要力量。福建省战略性新兴产业整体保持快速增长态势，年均增速约17.7%。尤其是新能源、海洋高新和新材料三大产业年均增速位居前列。2015年，七大战略性新兴产业占福建省规模以上工业增加值的比重达到17%；福建省新一代信息技术和新材料产业分别实现增加值952.56亿元和598.27亿元，合计占全省战略性新兴产业增加值的比重达59.21%，在新兴产业中占据主导地位。2011~2015年，福建省高端装备制造、节能环保和海洋高新产业增加值从77.06亿元、71.55亿元、18.06亿元分别提高到311.50亿元、340.97亿元、67.65亿元，成为福建省产业发展的新增长点，新兴产业结构不断优化（见表 5 - 9）。

表 5 - 9　福建省"十二五"战略性新兴产业分行业发展情况　单位：亿元

年份	2011	2012	2013	2014	2015
战略性新兴产业	1169.38	1467.57	1902.93	2350.47	2618.82
具体行业　新一代信息技术	676.41	808.25	864.56	957.98	952.56
高端装备制造	77.06	87.99	133.93	257.15	311.50
生物与新医药	58.64	74.00	86.62	97.74	149.06
节能环保	71.55	115.14	227.40	304.53	340.97
新能源	96.48	115.28	113.41	127.03	198.80
新材料	171.18	243.09	427.72	536.42	598.27
海洋高新	18.06	23.82	49.30	69.63	67.65

资料来源：福建省人民政府．福建省"十三五"战略性新兴产业发展专项规划［EB/OL］．［2016 - 08 - 22］．http：//fgw.fujian.gov.cn/xxgk/ghjh/ghdt/201608/t20160822_ 825945.htm.

2015 年，福建省已有 7 个国家级高新区、8 个国家高新技术产业基地、2 个国家高技术产业基地、3 个国家创新型产业集群和 1 个国家战略性新兴产业区域集聚发展试点，初步形成以福州、厦门为核心，高新技术产业开发区、创新型产业化基地为节点的战略性新兴产业带，涌现出新型显示、集成电路、新医药等一批特色鲜明、具有竞争优势的新兴产业集群。

2015 年，福建省共有 11 家国家级技术转移示范机构、213 家省级以上重点（工程）实验室、423 家省级以上企业技术中心、471 家省级以上工程（技术）研究中心、167 家省级科技企业孵化器（其中备案 136 家）、101 个生产力促进中心，搭建了一批产业技术创新战略联盟，突破了一批关键核心技术，企业自主创新能力不断提高。截至 2015 年底，全省万人发明专利拥有量达 4.70 件，居全国第 10 位，超额完成"十二五"规划目标。

然而，福建省战略性新兴产业发展也存在不足之处，如规模偏小、市场培育不够、研发投入不足、高端实用人才短缺、企业创新动力不强、整体创新水平不高等。因此，需要立足省情，找准方向，聚焦重点，加快培育发展壮大若干新兴支柱产业，超前布局事关长远的战略性新兴产业，实现新旧发展动力转换，经济结构转型升级。

二、新一代信息技术产业

（一）发展概况

"十二五"期间，福建省新一代信息技术产业增加值 4259.76 亿元，占福建战略性新兴产业增加值比重为44.8%，其中2015年福建省新一代信息技术产业增加值达到952.56亿元，堪称第一大战略性新兴产业。从2016年重点监控的132家新一代信息技术企业看，其主导地位继续保持，首季实现营业收入535.31亿元，同比增长3.9%，户数与营业收入均占全省七大战略性新兴产业的三成以上。在社会贡献的角度方面，在七大新兴产业中，新一代信息技术产业的社会贡献度也令人瞩目。据不完全统计，新一代信息技术产业在福建吸纳的就业人数达到165064人，占七大新兴产业的46.6%；税收增量2.91亿元，增量贡献率为七大新兴产业的47.5%。福建省共有3家集成电路设计企业或产品入选2016"中国芯"，在第十一届"中国芯"遴选中，来自福建省的福州瑞芯微电子股份有限公司的"智能网络机顶盒SoC芯片RK3128"入选最佳市场表现芯片，厦门意行半导体科技有限公司的"24GHz锗硅（SiGe）工艺单片微波雷达发射机芯片SG24T1"入选最佳潜质芯片，英麦科（厦门）微电子科技有限公司入选新锐设计企业。

（二）产业布局

福建省新一代信息技术产业主要集中在福州、厦门等地区。福州致力于推动云计算、大数据、物联网、人工智能、区块链等新一代信息技术和实体经济深度融合，于2018年发布了《"数字福州"建设三年行动计划（2018—2020年)》，提出将福州打造成为数字中国建设示范城市，并出台《关于加快数字经济发展的七条措施》，重点扶持人工智能、大数据、物联网、云计算、智能制造等数字经济重点领域创新发展。厦门发布了《厦门市大数据应用与产业发展规划（2015—2020年)》《厦门市推动新一代人工智能产业发展若干措施》《加快数字经济融合发展若干措施》《推进平台经济加快发展三年行动方案》《支持环东海域新城新经济产业园发展若干政策》等，出台一系列扶持政策，加快推动区块链、人工智能、5G、大数据、云计算等新一代信息技术与实体经济融合，将厦门打造为国家数字经济融合发展示范区。

从软件和信息技术服务业来看，2018年福建省实现软件业务总收入达2896亿元（快报数），同比增长16%。其中福州市软件产业实现业务收入1310亿元，同比增长16%；厦门市软件产业实现业务收入1493亿元，同比增长16.39%。2018年4月，福州市荣获工信部授予的全国首个"中国软件特色名城"称号。龙头骨干企业发展势头良好，星网锐捷、福大自动化、新大陆三家企业入选2018年（第17届）中国软件业务收入百家企业名单；星网锐捷、新大陆、福大自动化、网龙四家企业入选2018年中国软件和信息技术服务综合竞争力百强；美图公司、四三九九、网龙网络、吉比特、游龙网络、美柚六家企业入选2018年中国互联网企业百强。福建省近40家企业产品或技术在行业应用软件、移动互联网、动漫游戏、大数据、物联网、VR/AR、IC 设计等细分领域处于全国领先地位。

三、高端装备制造业

（一）发展概况

发展高端制造产业重点是发展智能制造装备、增材制造装备、高技术船舶，培育发展轨道交通装备、航空装备、智能电网装备，建立高端装备开发制造体系，提升高端装备制造基地发展水平。福建省正加大力度，重点建设七大智能装备产业集群，包括机械装备产业集群、高端输配电产业集群、高技术船舶及海洋工程装备产业集群、新能源汽车产业集群、电机电器产业集群、航空装备产业集群、智能制造装备产业集群。

（二）产业布局

福建省的高端装备制造业大体分布于福州、厦门、泉州以及三明等地区。未来，高端装备制造业分布将更为广泛，在福建省"十三五"规划中，力求全力突破一批关键技术与核心部件，探索人机协同的智能制造系统，重点支持中国机械科学总院海西（福建）分院、泉州"数控一代"等高端装备制造示范工程和基地发展，建设漳州智能车间、上杭重型矿用装备制造及矿山工程服务基地等项目，彼时，漳州、龙岩等地的装备制造业也将得到进一步的发展。

四、生物与新医药产业

（一）发展概况

生物医药产业是集公益性、战略性、竞争性为一体的新兴产业，是关系国计民生的重要产业，也是培育发展战略性新兴产业的重点领域，主要包括化学药物、中药、生物技术药物、医疗器械、药用辅料和包装材料、制药设备等。福建省医药行业整体呈稳健上升趋势，2015 年，福建省医药工业总产值实现321亿元，排名在全国中下游水平，但基因工程蛋白质药物、苷酸类抗乙肝病毒研发居全国前列。由于福建省位于东南沿海地区，有着得天独厚的海洋资源条件，"十二五"期间，福建省加大对海洋生物医药产业的扶持力度，从财政资金引导、税收优惠、金融支持等方面统筹推进海洋药物和生物制品业等高新技术产业的发展。然而，在健康、农业、资源、环境等经济社会发展的重大需求下，福建省的生物与新医药产业发展水平仍显不足，用于重大疾病防治的生物药物、化学药物、现代中药等创新药物品种还不够齐全，在开发具有自主知识产权的生物医药新品种上还存在较大的改进空间。

（二）产业布局

福建省医药工业主要分布在福州市、厦门市、三明市，2016 年，三市医药工业总产值占全省医药工业总产值的 57.23%。福州市形成以福抗药业、丽珠福兴医药、福州海王福药、北京同仁堂健康药业（福州）有限公司、福州闽海药业、福建梅生医疗科技有限公司等企业为主的化学原料药、化学制剂、中成药、中药饮片、医疗器械多元化产业结构。厦门生物医药港拥有未名医药、英科新创、厦门特宝生物 3 家全国生物药品工业百强企业，以及瑞声达、麦克奥迪、厦门大博颖精、艾克生物 4 家全国医疗仪器设备及器械工业百强企业，形成生物制药、医疗仪器设备制造业、中成药等产业集聚区。三明市规划建设的三元区、明溪县、泰宁县 3 个生物医药集中区，形成了天然植物种植、提取、加工、制剂生产的工业产业链。宁德市规划建设柘荣海西药城、培育力捷讯、广生堂、天人药业等重点化药制剂、中药饮片加工企业。泉州市规划建设永春生物医药园；漳州规划建设片仔癀产业园。

五、节能环保产业

（一）发展概况

早在 20 世纪 70 年代，福建省就有企业在环保领域有所作为。2014 年 3 月，福建省成为国务院确定的全国第一个生态文明先行示范区。经过近几年的发展，福建省已基本形成了包括研发、制造、销售和服务的环保产业链，形成了一定的规模，为我国的环保事业发展提供了一定的技术和经济保证。统计显示，1997 年福建省环保产业产值为 29 亿元，到了 2013 年上半年增长到 1320 亿元，增长了约 40.5 倍，环保产业从业单位逾千家，其中上市公司 12 家，占全部 101 家上市公司的 11.9%。上市公司所涉及的环保产品的门类较为丰富，例如集研发、设计、生产、销售和服务为一体的大气污染治理设备——龙净环保，漳州发展的水污染处理设备，拥有固体废弃物处理设备的龙马环卫、新大陆的生物制药等种类；而资源循环利用方面也有涉及废旧物资回收利用领域的惠泉啤酒；在环境服务方面有提供技术和服务咨询的航天发展。2015 年，福建全省节能环保产业增加值为 340.97 亿元。福建省在近几年经济增速放缓的背景下，环保产业仍以大于 20% 的增速发展，"十二五"期间，福建省每年竣工建筑新增绿色节能产业按 1000 元计算，撬动千亿商机，在建材、装备、制造等产业起到拉动发展的作用。整体而言，环保产业呈现较高速的发展态势。

（二）产业布局

目前，福建环保产业主要集中在福州、厦门、泉州等经济较发达地区，福建省丰泉环保控股有限公司、福建鑫泽环保设备工程有限公司均为中国环保产业的骨干企业，厦门三维丝环保股份有限公司为国内高温袋式除尘滤料企业唯一上市公司，福建川和环保科技有限公司为福建省环保产业重点骨干企业。

六、新能源产业

(一) 发展概况

新能源产业包括太阳能产业、风电产业、核电产业、生物质能产业、光热产业等。福建省能源消耗种类主要包括煤炭、石油、天然气、水电、风电和核电,其中煤炭的消耗占主导地位,福建省的经济社会发展主要依赖于煤炭资源的消耗。福建省海域拥有全国最丰富的风能、潮汐能和波浪能等海洋新能源,同时面临着煤炭资源存量严重不足、能源对外依存度极高的困境。福建省海洋能源储量丰富,其中海上风能、潮汐能、波浪能和海流能等主要海上能源蕴藏量均居全国前列。据国家海洋局组织的"908"专项"我国近海海洋能调查与研究"项目对海洋风能的初步估算结果,福建省近海 50 米等深线以浅海域 10 米高度风能储量约为 21123 万千瓦,约占全国近海海洋风能总储量的 22.4%,位列全国第一。

"十二五"期间,福建依托良好的港口条件,加强对外合作,能源产业进一步发展壮大,能源结构更加优化,为福建科学发展、跨越发展提供了有力支撑。能源保障能力显著增强。2015 年,福建省能源消费总量 12180 万吨标准煤,"十二五"期间年均增长 5.8%。成品油加工能力加速提升,炼油产量由 2010 年的 1200 万吨提高到 2015 年的 2600 万吨。天然气消费量从 2010 年的 29 亿立方米提高到 2015 年的 45.4 亿立方米。"十二五"期间,电力装机新增 1450 万千瓦,总规模达 4930 万千瓦;全社会用电量、用电最高负荷年均分别增长 7.1% 和 7.3%。能源建设取得重大突破,宁德、福清核电相继建成投产,实现了核电零的突破,电网形成"全省环网,沿海双廊"500 千伏超高压骨干网架,建成福州—浙北特高压工程,实现电压等级从 500 千伏超高压向 1000 千伏超高压跨越;首座抽水蓄能电站,首座百万千瓦单机容量火电厂建成投产,能源结构不断优化。清洁能源和可再生能源快速发展,2015 年,福建省风电装机达 176 万千瓦,比 2010 年增长 141%,清洁能源装机比重为 49.7%,显著高于全国平均水平,清洁能源比重从 2010 年的 19.8% 提高到 2015 年的 24.9%;节能减排成效进一步凸显。2015 年,福建省单位 GDP 能耗 0.531 吨标煤/万元(2010 年可比价,下同),比 2010 年下降了 20.2%;累计关停小火电 276 万千瓦,30 万千瓦及以上燃煤电厂全部安装脱硫脱硝设施。2015 年,福建省二氧化硫排放量达 33.79 万吨,比 2010 年下降 14.09%,氮氧化物排放量达 37.91 万吨,比 2010 年下降 15.3%,居民用能条件显著改善。此外,全部解决了福建省有人居住岛屿的供电问题,全面实现了县域至少双回 110 千伏线路与主网联络,农村"低电压"状况得到根本扭转;管道天然气供应全面覆盖沿海 5 个地级市中心区域,并向内陆延伸。

（二）产业布局

海上风电建设布局集中在莆田平海湾、福州兴化湾、平潭岛周边等资源较好地区，天然气等能源基础设施主要建设布局在莆田、泉州、平潭等地，比如莆田秀屿LNG接收站5号、6号罐和海西天然气管网二期建设等。石油化工发展建设主要集中在湄洲湾、古雷港等地，湄洲湾、古雷港等大型石油储备基地在很大程度上满足了全省的清洁油品消费、储备及输送需求。

七、新材料产业

（一）发展概况

"十二五"以来，福建省新材料产业取得快速发展，整体实力不断提升，2016年福建省新材料产业实现产值4126.8亿元，同比增长4.8%；增加值890.33亿元，同比增长4.5%。新材料创新能力稳步增强，创新体系逐渐完善，国家级实验室、工程（技术）研究中心、企业技术中心和科研院所实力大幅提升；应用水平明显提升，稀土功能材料等领域加速发展，含氟聚合物等先进高分子材料等领域也取得积极进展。但福建省新材料产业起步晚、底子薄、总体发展慢，仍处于培育发展阶段；核心技术与专用装备水平相对落后，关键材料保障能力不足，产品性能稳定性亟待提高；创新能力薄弱，产学研用合作不紧密，行业领军人才及团队缺乏，检测、评价、计量和管理等支撑体系缺失；存在产业布局分散、推广应用难等问题，成为制约制造强省建设的瓶颈。

（二）产业布局

龙岩、三明拥有龙岩稀土工业园、三明经济开发区贡川园等省级产业园区，为重点培育发展其他新材料产业基地起到了很好的支撑作用。此外，永安市石墨产业园、武平县新型显示产业园、长汀金龙稀土高性能稀土功能材料等项目建设取得重大进展。高性能稀土磁性材料、有机硅/氟材料、可降解塑料、发光材料、储氢合金、高分子材料应用、高性能纤维、特种陶瓷材料、石墨烯等一批特色优势新材料产业基地得到重点发展。

八、海洋高新产业

（一）发展概况

"十二五"期间，福建海洋经济发展上升为国家战略，海洋经济加快发展、综合实力明显增强，主要目标任务顺利完成，成为推动全省经济科学发展跨越发展的重要支撑。2015年，福建省海洋生产总值达到6880亿元。"十二五"期间，全省海洋生产总值年均增长13.3%，高于全省GDP平均增速。海洋渔业、海洋交通运输、海洋旅游、海洋工程建筑、海洋船舶五大海洋主导产业优势明显，增加值总和占全省海洋经济主要产业增加值总量的 70% 以上。2015 年，福建省海水产品总产量达 636.31 万吨，居全国第二位；远洋渔业综合实力居全国首位；水产品出口创汇 55.49 亿美元，居全国第一位；沿海港口货物吞吐量 5.03 亿吨，集装箱吞吐量 1363.69 万标准箱；完成水路货运量 29370.64 万吨，货物周转量 4308.03 亿吨千米；海洋旅游业实现旅游总收入 3141.51 亿元。

海洋生物医药、邮轮游艇、海洋工程装备等新兴产业蓬勃发展。环三都澳、闽江口、湄洲湾、泉州湾、厦门湾、东山湾六大海洋经济密集区初步形成，海洋经济已成为福建省国民经济的重要支柱。海洋创新引领作用明显增强，拥有由国家海洋局海岛研究中心、厦门南方海洋研究中心、海洋事务东南研究基地、虚拟海洋研究院以及国家海洋三所、厦门大学、集美大学、华侨大学等涉海科研院校组成的一批海洋科技创新平台。国家海洋经济创新发展区域示范项目进展顺利，一批海洋产业重大关键共性技术攻关取得突破，40 项成果获省级科技进步奖和国家行业科技奖。海洋科技成果转化进一步提速，依托中国海峡项目成果交易会等平台，成功对接海洋高新产业项目 510 余个，涌现一批海洋科技创新型企业，2015 年海洋科技进步贡献率达 59.5%。涉海金融创新能力持续增强，"海上银行"和海洋产业金融部、港口物流金融事业部、海洋支行等涉海金融服务专营机构相继设立，现代海洋产业中小企业助保金贷款和海域使用权、在建船舶、渔船抵押贷款等业务成效明显，现代蓝色产业创投基金挂牌成立。

（二）产业布局

福建省海洋产业主要分布在海峡蓝色产业带，即以平潭综合实验区、宁德、福州、莆田、泉州、厦门、漳州等沿海港口城市为依托，串联起福州、厦漳泉两大核心区和环三都澳、闽江口、湄洲湾、泉州湾、厦门湾、东山湾六大湾区。

海洋新兴产业和现代海洋服务业主要集中在福州核心区，海洋生物医药、邮轮游艇、海水淡化与综合利用等海洋新兴产业、海洋旅游、港口物流、金融服务、海洋文化创意等现代海洋服务业、高端临港产业等集中在厦漳泉核心区。船舶、冶金新材料等临港产业，现代海洋渔业、海洋工程装备、海洋可再生能源等海洋新兴产业和滨海旅游、海洋文化创意、港口物流等现代海洋服务业、军民兼容的特色产业等集中在环三都澳湾区，该地区主要有海西工业区、三都澳大黄鱼产业园、海洋生物制品产业园、海洋渔排储能电站产业园、宁德渔家海岸旅游区、福安船舶修造产业园等，宁德（福安）国家级军民融合产业基地等。

闽江口湾区主要发展现代海洋渔业、海洋生物医药、邮轮游艇、海洋可再生能源、海洋工程装备等海洋新兴产业和海洋旅游、金融服务、海洋文化创意、海洋信息服务等海洋服务业，集中了马尾、粗芦岛、罗源湾和江阴半岛建设四大游艇工业园区，马尾船政文化旅游区、琅岐岛国际旅游度假区、黄岐（环马祖澳）旅游区、筱埕游艇旅游综合体、长乐海滨旅游度假区和福清东龙湾海上温泉旅游区六大滨海旅游园区以及罗源湾、松下、江阴三大临港物流园区；湄洲湾区主要发展海洋生物医药、海洋新能源、海洋高端装备制造等海洋新兴产业和海洋旅游、港口物流、海洋文化创意、涉海金融服务等现代海洋服务业；泉州湾区主要发展海洋生物医药、海洋精细化工、新材料、海洋可再生能源、海水综合利用、海洋装备、海洋通信等新兴产业，培育发展海洋文化创意、海洋信息服务等现代海洋服务业，储备发展深海装备、深海采矿等深海产业；厦门湾区主要发展海洋生物医药、邮轮游艇、海水综合利用等海洋新兴产业、海洋旅游、港口物流、金融服务、海洋文化创意、海洋环保、海洋信息服务等海洋服务业以及电子信息、装备制造等高端临海产业；东山湾区主要发展现代海洋渔业、发展海洋生物医药、海洋可再生能源、海水综合利用、游艇制造等海洋新兴产业。

第三节　现代服务业发展与布局

除主导产业与战略性新兴产业之外，福建省现代服务业包括旅游业、现代物流业、金融业和文化创意产业的发展也日益蓬勃。2015 年，福建省现代物流业、金融业增加值分别为 1815.6 亿元、1656.4 亿元，占 GDP 的比重分别为 7%、6.4%，旅游业共接待国内外游客 2.67 亿人次，实现旅游总收入达 3141.5 亿元。现代物流业、金融业、旅游业逐步成为福建省新兴主导产业。

"十二五"时期，福建省现代服务业取得了长足进步，成为全省经济发展的重要推动力量，为"十三五"时期现代服务业的大发展奠定了良好基础，并表现出以下特点：第一，产业规模持续扩大。2015 年，福建省服务业增加值达 10643.5 亿元，比 2010 年增长 81.9%；服务业增加值占 GDP 比重由 2010 年的 39.7% 提高至 2015 年的 41%；全社会消费品零售总额由 2010 年的 5310 亿元提高到 2015 年的 10505.9 亿元。2015 年，服务业从业人数达 1121 万人，占全社会从业人数比重由 2010 年的 35% 提高到 40.5%，服务业吸收了绝大部分第一、第二产业转移出来的富余劳动力。第二，开放水平不断提高。服务业利用外资和各种社会资本的规模逐步扩大，一批国内外知名的现代物流、金融保险、批发零售等大型企业相继落户福建，服务业国际化水平显著提升。服务业对全省经济增长贡献不断提高，成为全省经济稳定增长的重要支撑。

一、旅游业发展与布局

（一）发展概况

"十二五"期间，全省旅游业以转变旅游发展方式为主线，围绕建设我国重要的自然和文化旅游中心的战略目标，全面打响"清新福建"品牌，坚持创新发展、稳中快进，旅游经济持续保持较快增长，旅游产业发展跃上新的台阶。

"十二五"期间，福建省接待游客超 10 亿人次，其中国内游客 9.9 亿人次，入境游客 2569 万人次；旅游总收入超 1.1 万亿元，其中国内旅游收入 1 万亿元，旅游外汇收入 220 亿美元；以实施"六大工程"和建设"山海画廊·人间福地"行动计划为抓手，集中精力抓重大项目，进一步完善全省旅游项目库，强化重大项目和资金管理办法。"十二五"期间，福建省旅游项目累计完成投资超 1000 亿元，新增世界地质公园 1 处、国家 5A 级旅游景区 7 处、国家级生态旅游示范区 4 处、国家级风景名胜区 3 处、国家地质公园 4 处。推出"清新福建"旅游品牌，旅游市场影响力全面扩大。在央视、纽约时代广场等国内外主流媒体、多条动车线和网络密集投放"清新福建"旅游形象宣传片，"清新福建"品牌逐步打响。在构建整合营销平台、开辟多元营销渠道、加强区域营销协作和开拓国际营销等方面取得显著进展，高铁营销、展会营销、事件营销、网络营销全面突破。"清新福建"品牌系列营销连续三年获得"中国旅游营销十大创新项目"，福建省旅游局官方微博成为全国政务微博百强，福建省旅游局官方微信位居全国旅游微信前五名。对台先行先试政策不断突破，交通互通、在台营销、市场互动、业态互融取得良好进展。厦门、福州、泉州、漳州、龙岩列入赴台个人游试点城市，福建居民赴金马澎地区个人游扩大到海西 20 个城市。主办两岸乡村旅游圆桌会议，是迄今为止两岸业界参加单位最多、规模最大、层次最高的乡村旅游交流论坛，搭建了两岸乡村旅游六大合作平台。持续举办"万名台湾学子来闽修学旅游""闽台同名同村续缘之旅""十万游客国际邮轮两岸行"等活动。"十二五"期间，福建省接待台湾同胞突破 1000 万人次，经福建口岸赴金马澎和台湾本岛旅游人数 150 万人次，旅游服务质量逐渐提升。

向莆铁路、厦深铁路、温福高铁、合福高铁相继通车，同时高速公路建设取得重大突破，建成通车里程超 2700 千米，实现重要景区的高速全覆盖，福建省旅游交通进一步完善。建设完成 24 个旅游集散中心，旅游特色街区 20 条，露营地 21 处，旅游厕所 412 座，配套规划 67 条、总长约 780 千米的景区连接支线，全面完善主要景区旅游交通标识标牌，实施《福建省旅游服务质量大提升三年行动计划》《"清新福建"文明游行动方案》等五大行动计划与方案，推进福州、厦门、龙岩、武夷山积极创建全国智慧旅游试点城市以及三坊七巷等首批 35 家景区在全国首创"身份证验证入园"模式。福建省旅游行业参加安全生产标准化建设活动覆盖率达 100%。全省游客满意度日益提升，厦门连续五年跻身全国游客满意度前十名。

（二）产业布局

福建省旅游资源丰富，旅游产业布局广泛，其中福州、厦门、武夷山等地区依托优良旅游资源获得了更为快速的发展，并分别打造出各具特色的旅游名片，如福州成功打造温泉之都，厦门积极发展邮轮旅游，武夷山建成福建省第一家大型自驾游营地。在发展传统旅游产业的同时着力引进途家网、神州租车等，引领新兴业态的形成与发展。此外，福建省乡村旅游、滨海旅游、红色旅游、高铁旅游等蓬勃发展，旅游要素配套持续加强，旅游公共服务体系日益完善。

二、物流业发展与布局

（一）发展概况

现代物流业是融合运输业、仓储业、货代业和信息业等的新兴复合型产业，其发展水平是衡量一个国家和地区核心竞争力的重要标志之一。"十二五"期间，福建省认真贯彻落实《"十二五"国民经济和社会发展规划纲要》提出的把物流业培育成为福建省主导产业之一的战略部署，有效实施《福建省"十二五"现代物流业发展专项规划》，初步形成了"大产业、大网络、大服务"物流业发展格局。2015 年，福建省物流业增加值 1815.57 亿元，比 2010 年增长 78.4%，物流业增加值占 GDP 的比重为 7%，占服务业增加值的比重为 17.1%。物流业业务收入 3806.18 亿元，比 2010 年增长 82.9%；完成固定资产投资额 3049.64 亿元，比 2010 年增长 102.7%；全省社会物流总额为 55385.03 亿元，比 2010 年增长 77.8%。完成货物发送量 12.65 亿吨，比 2010 年增长 91.1%。全省沿海港口货物吞吐量完成 5.03 亿吨，比 2010 年增长 52%；集装箱吞吐量完成 1363.69 万标准箱，比 2010 年增长 57.3%。全省快递业务量累计完成 8.89 亿件，比 2010 年增长 789%。

与此同时，一批物流企业发展壮大。福建省物流企业中，231 家获评国家 3A 级及以上物流企业，数量居全国第四位，25 家获评 2014 年度中国先进物流企业，数量居全国第三位（两年一评），获评星级冷链物流企业 5 家（全国 27 家）。拥有 18 家国家级、省级甩挂运输试点企业，试点企业数量全国领先，厦门象屿集团、福建交通集团分别列 2015 年全国物流企业 50 强第五位和第 12 位。目前，福建省物流业处于加速发展阶段，但与发达省份还有一定差距。主要表现在：制造业与物流业融合发展程度偏低；物流资源利用率不高，现代化保税、仓储、多式联运转运等设施仍显不足；物流基础设施之间衔接、配套问题仍待改善，规模化、系统化的冷链物流体系尚未形成；物流业信息化、标准化水平仍较低。

（二）产业布局

福建省物流业发展主要集中于交通枢纽区域，以厦门、福州、平潭等为主。厦门主要经营东南国际航运中心，福州片区为区域性国际物流中心的核心地区，中国（福建）自贸试验区平潭片区为海峡两岸物流集散中心的核心地区。福建省大型物流企业包括福建省交通运输集团、厦门象屿集团、盛辉物流集团、盛丰物流集团、福建邮政速递物流有限公司等。

三、金融业发展与布局

（一）发展概况

金融是现代经济的核心，是资源配置的枢纽，也是推动经济社会科学发展的重要支撑。"十二五"时期，福建省金融业持续快速发展，金融体系不断健全，金融规模不断扩大，金融改革不断深化，闽台金融合作取得新突破，金融业服务全省经济社会发展取得显著成效。2015 年，福建省金融业实现增加值1656.43 亿元，占第三产业增加值的 15.56%，占全省 GDP 的 6.37%；社会融资总额 4298.16 亿元。截至 2015 年末，全省共有银行业金融机构 175 家，网点总数 6311 个。全省银行业金融机构总资产 7.99 万亿元，居全国第七位。"十二五"期间，全省引进 11 家境内外银行业机构设立分行，实现台资银行零的突破。全省拥有法人证券公司 3 家、期货公司 5 家、基金管理公司 3 家，证券投资咨询机构 6 家、证券分公司 28 家，注册地为福建省的私募基金管理企业达 259家。全省共拥有保险公司 54 家，比"十一五"末增加 10 家。全省保险业金融机构总资产 1804 亿元；保险深度 2.99%，保险密度 2025 元。全省共有融资担保公司 491 家、小额贷款公司 135 家、典当行 290 户、融资租赁企业 155 家。

一是金融规模不断扩大。截至 2015 年末，全省各项贷款余额 3.37 万亿元，"十二五"期间年均增长 16.18%；存款余额 3.68 万亿元，年均增长 14.46%；全省地方法人金融机构贷款余额 7904.27 亿元，年均增长 20.92%。信贷投放结构持续优化，加大对全省重点建设项目、产业发展和薄弱环节等的信贷投入，"三农"和小微金融服务水平不断提升，在全国率先推出"无间贷""连连贷"等小微企业无还本续贷产品；在全国率先开展林权抵押贷款，贷款余额居全国前列。表外业务进一步发展，截至 2015 年末，全省表外业务余额 8988.53 亿元，较 2010 年末增长 130.15%。直接融资功能不断增强，全省拥有境内外上市公司247 家，"十二五"期间企业债券融资规模 4888.21 亿元。保险对经济保障和支持力度加大，"十二五"期间全省累计赔款给付支出921.6亿元，保险资金运用余额757.1亿元；农业保险发展良好，开办险种增至18个。

二是金融改革不断深化。地方法人银行业金融机构改革有序推进，资产规模保持较快增长，从2010年末的2.24万亿元增至2015年末的6.77万亿元。兴业银行综合化经营稳步开展，16家农村信用社改制为农村商业银行。跨境人民币业务成效显著，外债余额管理、资本金意愿结汇、人民币双向贷款试点取得突破，"十二五"期间福建省跨境人民币业务年均增长149.93%，业务总量居全国第六位。多层次资本市场体系建设取得重要进展，截至2015年末，全省"新三板"挂牌公司139家，海峡股权交易中心挂牌企业1635家，托管总股本12.84亿股；海峡金融资产交易中心开业运营，填补了全省金融资产交易要素市场空白。保险业改革稳步推进，海峡金桥财险公司获批筹建，启动寿险费率市场化改革，在全国率先开发上线投保人记录系统。区域金融改革深入推进，泉州市金融服务实体经济综合改革和沙县农村金融改革取得成效。

三是闽台金融合作取得新进展。台资金融机构来闽设点取得新突破。合作金库商业银行福州分行、彰化商业银行福州分行等4家台资银行开业运营，台湾银行福州分行、台湾中信银行厦门分行获批筹建。台湾永丰证券投资信托公司、厦门国际信托有限公司共同投资设立圆信永丰证券投资基金管理有限公司。台湾中华开发金控公司与福建省电子信息集团共同设立华创股权投资基金。区域性重点金融服务中心建设稳步推进，"十二五"期间，福州海西现代金融服务中心、厦门两岸区域性金融服务中心分别新增37家和53家金融机构；两岸人民币直接清算取得突破，24家台湾地区银行机构在厦门开立44个人民币代理清算账户，累计清算537.13亿元。闽台跨境人民币业务进展良好，台湾地区已成为福建省对外贸易人民币结算第二大交易对手。两岸货币双向兑换不断发展，新台币兑换业务居全国前列。

（二）产业布局

经过"十二五"时期的快速发展，福建省金融业发展基本形成门类齐全、功能多样的金融组织体系，但仍以银行业为主导，证券、期货、基金、信托、保险、租赁、财务、消费金融公司等非银行金融机构发展则相对缓慢。福建省金融业布局于厦门与福州两个中心城市以及泉州、平潭等地区。

四、文化创意产业发展与布局

（一）发展概况

"十二五"时期，福建省文化产业实力快速提升。2015年，福建省文化产业增加值突破1000亿元，占GDP比重为4.1%，总量和占比均居全国前列。新

福建经济地理

闻出版业综合实力名列全国第 10 位，动漫游戏业、工艺美术业综合实力均名列全国第 4 位。电影业持续快速发展，电影票房 14.86 亿元，年均增长 42.3%，网龙集团连续两届入选全国文化企业 30 强。

一是文化遗产保护有力推进。福建省共登记不可移动文物 33251 处，居全国第 10 位。中央苏区革命文物、涉台文物、水下文物等特色文化遗产和乡土建筑、工业遗产等新型文化遗产在全国占有重要地位，其中涉台文物 1515 处，约占全国总数的 3/4。武夷山城村汉城、三明万寿岩两处考古遗址公园列入国家考古遗址公园立项名单。海上丝绸之路、三坊七巷、闽浙木拱廊桥、闽南红砖建筑、鼓浪屿等入选《中国世界文化遗产预备名单》。"福州茉莉花与茶文化系统"入选全球重要农业文化遗产。福州三坊七巷社区博物馆成为全国首家生态（社区）博物馆。全国首个印刷文化保护基地落户福建省。新认定中国历史文化街区 4 个，新增中国历史文化名街 3 个、名镇 6 个、名村 13 个。明清海防遗址入选国家大遗址保护项目库。"福建木偶戏后继人才培养计划"成功入选人类非物质文化遗产优秀实践名册，福建省成为获得人类非物质文化遗产三个系列的唯一省份。德化荣膺联合国教科文组织"世界瓷都"称号。《闽南文化生态保护区总体规划》正式实施。4 家企业获批国家级非遗生产性保护示范基地，3 家企业获批国家级非遗保护研究基地。福建艺术职业学院成为目前全国唯一的国家级非物质文化遗产人才培养基地。

二是文化艺术精品不断涌现。福建省电影、电视剧、戏剧、歌曲、广播剧、文艺类图书荣获第十二届全国精神文明建设"五个一工程"优秀作品奖，实现"满堂红"；6 部作品荣获第十三届全国精神文明建设"五个一工程"奖。16 部剧目获"文华奖"等国家级以上奖项，4 人次获"中国戏剧梅花奖"，1 人次获中国曲艺牡丹奖。成功举办第五、第六届福建艺术节等活动；创排大型舞剧《丝海梦寻》，受邀在联合国总部、联合国教科文组织总部、欧盟地区以及中国台湾、中国香港、中国澳门等地演出。福建美术、书法跻身全国先进行列，5 幅作品入选"中华文明历史题材美术创作工程"，在第 5 届中国书法兰亭奖与第 11 届全国书法篆刻展中入展与获奖人数均创下历史最好成绩。53 种广播影视精品获国家级以上奖项及荣誉，3 部影片票房破亿元。107 种重点图书获国家级奖项、列入国家重点规划项目或国家重点基金资助。

三是公共文化建设持续完善。厦门、三明、福州等市入选国家公共文化服务示范区，艺术扶贫工程、村级文化协管员队伍建设、激情广场大家唱和宁德古田溪山书画院建设模式入选国家公共文化服务示范项目。全民阅读活动逐步向常态化、数字化、移动化方向转变，农家书屋实现行政村全覆盖。完成全省广播电视村村通、农村有线广播村村响工程及县乡村三级联播联控暨应急预警系统建设，高山无线发射台站基础设施建设稳步推进，广电有线网络数字化率达91.48%。实现县级数字影院全覆盖，一村一月免费观看一场数字电影得到落实。全省县级博物馆全面达标，建设500个激情广场群众性文化示范点、新建500个乡镇综合文化站文化信息共享服务点、扶持32个非物质文化遗产地方剧种剧团公益性演出等为民办实事文化项目全面完成。"情系八闽——文化志愿服务走基层"为民惠民系列文化活动广泛开展。

　　四是对台对外交流合作日益拓展。组织22批"福建文化宝岛行"系列文化交流活动，涉及35个院团（组）2200多人。中国闽台缘博物馆每年接待台胞7万～8万人次。"妈祖之光"大型电视综艺晚会每年持续入岛直播举办。海峡媒体峰会、海峡影视季、海峡新闻出版合作论坛、世界闽南文化节、"21世纪海上丝绸之路"国家级研讨会、东亚文化之都·2014泉州活动年暨首届海上丝绸之路国际艺术节、第十四届亚洲艺术节暨第二届海上丝绸之路国际艺术节、首届丝绸之路国际电影节福州分会场和第二届丝绸之路国际电影节（福州主会场）等大型对台对外文化交流活动成功举办。在美国等8个国家设立8家"闽侨书屋"，率先在南非、美国各设立1家"闽侨文化中心"。"丝路帆远——海上丝绸之路文物精品（图片）展"到联合国总部和巴西、英国等国家巡展，"闽韵流芳福建文化年"系列活动在法国巴黎举办。对外文化产品和服务贸易位居全国前列。

　　（二）产业布局

　　2015年，福建已经形成以泉州、厦门、福州为核心的创意设计、动漫游戏集聚区，以莆田、泉州、福州为核心的工艺美术产业集聚区，以南平、龙岩等闽西闽北地区为核心的生态和文化旅游产业集聚区。福州、厦门获批闽台国家文化产业试验园区、国家级文化和科技融合示范基地。其中，厦门软件园二期动漫园区、福州软件园影视动漫产业基地分别获评国家动画产业基地和国家影视动漫实验园。全国最大的正版数字内容聚合和发行平台——中国移动手机动漫基地落户厦门。海峡两岸（厦门）文化产业博览会、海峡两岸图书交易会、中国（莆田）海峡工艺品博览会等平台影响力不断扩大；厦门、福州继续保持全国文明城市荣誉称号，三明、泉州、漳州新进入全国文明城市行列，莆田、龙岩、平潭以及福清、石狮、晋江、长泰、惠安、沙县、泰宁、武平荣获全国文明城市提名城市，德化、永春保留全国文明县城称号，沙县夏茂镇等66个村镇荣获全国文明村镇称号，厦门航空公司等167个单位荣获全国文明单位称号。

专栏 5 - 2

福建省服务业重大工程一览

一、生产性服务业重大工程

现代物流: 重点建设厦门、福州国家级流通节点城市,以及一批现代化综合物流园区、物流配送中心和共同配送末端网点。推动保税物流园区、保税海外仓等现代物流项目建设,加快全省性物流公共信息平台、交通物流交易平台推广应用。

金融服务: 重点建设福州海西现代金融中心区、厦门两岸区域性金融服务中心、泉州金融服务实体经济综合改革试验区、平潭金融创新中心等金融集聚区,发展若干民营银行。

文化创意: 重点推进国家动画产业基地、国家影视动漫实验园、海西国家广告业示范园等平台载体建设。推动创意创业创新园、创意产业园、闽台文化产业园等一批重大项目建设。

服务外包: 重点建设一批国家服务外包示范城市、产业基地和专业园区,发展研发设计、信息技术、电子商务等领域的服务外包产业聚集区。

二、生活性服务业重大工程

旅游业: 重点发展休闲度假旅游、乡村旅游、红色旅游、生态旅游、海洋旅游、高铁旅游、闽台旅游等,建成厦门、福州 2 个全域旅游市,以及 10 个全域旅游县(市、区)、100 个休闲集镇、1000 个乡村旅游特色村,积极创建国家全域旅游示范区,实施 21 世纪海上丝绸之路旅游产品、旅游景区创新提升、红色旅游精品以及旅游集散中心体系、旅游厕所革命等重大工程,推动国际旅游岛、生态旅游海岛、大型旅游综合项目等建设。

健康服务业: 重点发展医疗和康复护理、中医药医疗保健、健康养老、健康保险、健康旅游和文化、体育健身、健康体检咨询、第三方健康等服务,建设休闲养生示范基地、健康服务产业示范园区、健康服务信息平台等。

其他服务业: 重点发展居民和家庭、体育、文化、法律、批发零售、住宿餐饮、教育培训等服务,推动国际鞋纺城、国际纺织品交易市场、闽江口农产品交易批发市场、南方水产品加工交易中心等一批专业批发市场、综合批发市场、大宗商品交易中心建设。

资料来源:福建省国民经济和社会发展第十三个五年规划 [EB/OL] . [2016 - 03 - 04] . http://fgw.fujian.gov.cn/xxgk/ghjh/ghdt/201603/t20160304_ 833143.htm.

第四节　县域经济与特色产业

2018 年，福建省所辖的县级行政单位数为 85 个，包括 29 个市辖区、12 个县级市、44 个县。福建省所辖的县级行政单位数在全国位居第 16 名，县域经济发达。在 2018 年县域百强中，福建省综合竞争力百强县（市）数目达 6 席，分别为晋江、福清、南安、石狮、闽侯和惠安，投资潜力百强县（市）达 4 席，分别为闽侯、福清、平潭和惠安。

一、县域经济

（一）发展概况

福建省内厦门市属于副省级市，全市只有 6 个区，没有下辖县域，其余 8 个地级市的县域生产总值为 18819.25 亿元，占全省 GDP 的 52.56%，县域经济占据全省超一半的比重，县域工业增加值为 8096.22 亿元，占全省的 57.08%，县域经济在全省起着举足轻重的作用（见表 5 - 10）。

表 5 - 10　福建省县域经济发展指标　　　　单位：亿元

地区	GDP	第一产业增加值	第二产业增加值	第三产业增加值	工业增加值	地方一般公共预算收入
福清市	1102.14	95.15	543.70	463.29	435.60	78.01
闽侯县	603.55	39.17	341.34	223.04	308.46	80.07
连江县	469.48	135.87	203.92	129.69	177.08	31.93
罗源县	242.82	43.99	143.34	55.49	134.23	14.95
闽清县	226.33	32.40	115.17	78.77	63.53	18.69
永泰县	184.61	46.46	73.70	64.45	22.17	11.03
平潭县	254.28	34.55	71.85	147.88	6.90	38.44
仙游县	411.58	18.92	201.63	191.02	166.22	24.46
永安市	427.76	32.60	253.41	141.75	227.00	18.04
明溪县	81.61	18.72	35.09	27.79	26.24	3.22
清流县	117.76	20.91	57.24	39.61	40.11	3.92
宁化县	145.16	25.58	67.82	51.76	46.98	6.63

续表

地区	GDP	第一产业增加值	第二产业增加值	第三产业增加值	工业增加值	地方一般公共预算收入
大田县	226.70	40.45	113.70	72.55	99.74	7.51
尤溪县	246.44	44.45	110.51	91.49	85.51	8.06
沙县	254.21	27.63	141.28	85.30	120.43	10.22
将乐县	137.81	18.21	75.35	44.25	54.33	6.46
泰宁县	105.15	13.24	48.00	43.91	34.63	2.80
建宁县	107.87	16.92	55.42	35.53	29.12	3.28
石狮市	836.03	25.50	412.56	397.97	365.52	41.82
晋江市	2229.00	20.30	1333.69	875.01	1250.26	135.20
南安市	1067.82	27.50	612.81	427.52	560.30	45.99
惠安县	1094.53	30.38	744.24	319.91	644.93	39.44
安溪县	574.38	44.41	286.29	243.68	247.79	30.44
永春县	419.46	23.97	237.43	158.06	213.63	12.27
德化县	246.23	12.23	138.11	95.89	105.53	11.83
龙海市	908.35	73.26	489.07	346.03	401.36	21.40
云霄县	230.11	37.32	105.66	87.12	91.88	6.64
漳浦县	438.13	75.85	174.79	187.49	134.78	21.29
诏安县	278.58	47.93	120.34	110.31	102.46	7.12
长泰县	284.99	14.71	180.76	89.52	170.97	13.70
东山县	230.70	38.04	107.11	85.56	94.60	11.08
南靖县	314.79	59.79	150.29	104.71	134.64	8.37
平和县	226.46	45.43	76.38	104.64	57.62	6.16
华安县	146.64	30.16	77.18	39.30	63.67	4.90
邵武市	257.72	27.50	124.65	105.57	102.95	12.50
武夷山市	186.68	25.60	72.82	88.26	44.68	8.68
建瓯市	266.70	48.43	108.41	109.86	79.01	9.55
顺昌县	127.88	19.17	47.92	60.79	37.58	5.27

续表

地区	GDP	第一产业增加值	第二产业增加值	第三产业增加值	工业增加值	地方一般公共预算收入
浦城县	157.54	33.87	57.25	66.42	47.09	6.61
光泽县	98.77	40.50	32.25	26.02	28.57	4.49
松溪县	59.72	13.05	23.74	22.94	16.15	2.72
政和县	69.87	16.47	27.53	25.87	23.22	3.70
漳平市	255.74	31.88	105.17	118.68	78.98	8.25
长汀县	231.74	32.46	103.05	96.24	73.69	8.98
上杭县	354.45	43.85	167.05	143.55	121.55	26.26
武平县	202.35	31.97	81.90	88.48	57.30	8.98
连城县	203.96	33.30	85.50	85.15	71.75	5.90
福安市	469.34	48.33	290.91	130.10	266.83	25.47
福鼎市	366.44	55.17	204.79	106.47	183.55	18.57
霞浦县	231.59	63.94	66.42	101.23	41.90	8.97
古田县	167.50	43.93	52.56	71.02	39.85	7.77
屏南县	65.90	12.95	21.7	31.26	14.75	4.44
寿宁县	74.40	15.54	30.19	28.66	17.00	3.28
周宁县	50.90	7.09	22.39	21.42	13.85	4.04
柘荣县	48.60	7.65	22.43	18.52	17.75	2.78
合计	18819.25	1964.65	9647.81	7206.80	8096.22	972.57
福建省	35804.04	2379.82	17232.36	16191.86	14183.20	3007.41
县域占比（%）	52.56	82.55	55.99	44.51	57.08	32.34

资料来源：《福建统计年鉴》（2019）。

　　2018年福建省县域经济中，GDP超过200亿元的县（市）有36个，其中，GDP超过2000亿元的县有一个，为晋江市，福清市、惠安县和南安市GDP均超过1000亿元；2018年城镇居民人均可支配收入为42121元，比上年增长了8.0%，全省农村居民人均可支配收入为17821元，比上年增长了9.1%。福建省城镇单位在岗职工年平均工资均超过55000元，其中，闽侯县、泰宁县、东山县、平潭县和将乐县位居全省前五名；农村居民人均可支配收入都在 12000 元以上，石狮市、晋江市、福清市、南安市和东山县位居全省前五名；县级城镇人均可支配收入均在 25000 元之上，其中，石狮市、晋江市、南安市、福清市和惠安县位居全省前五名，城镇居民人均可支配收入分别达到 58930 元、49719 元、46048 元、44920 元和 43373 元（见表 5 – 11）。

表 5 – 11 2018 年福建县（市）各项经济指标排名

地区	在岗职工平均工资（元）	排名	地区	城镇居民人均可支配收入（元）	排名	地区	农村居民人均可支配收入（元）	排名
闽侯县	90317	1	石狮市	58930	1	石狮市	24970	1
泰宁县	88101	2	晋江市	49719	2	晋江市	23781	2
东山县	85173	3	南安市	46048	3	福清市	22920	3
平潭县	84649	4	福清市	44920	4	南安市	21631	4
将乐县	81444	5	惠安县	43373	5	东山县	20787	5
屏南县	81005	6	闽侯县	41523	6	惠安县	20668	6
福安市	80879	7	上杭县	38975	7	漳浦县	19771	7
永安市	80683	8	平潭县	38632	8	长泰县	19152	8
闽清县	80365	9	长泰县	37513	9	龙海市	19006	9
宁化县	79919	10	龙海市	37052	10	沙县	18706	10
龙海市	79712	11	连江县	36442	11	闽侯县	18492	11
南靖县	79547	12	漳浦县	36058	12	邵武市	18254	12
尤溪县	78875	13	永安市	36014	13	永安市	17867	13
光泽县	78865	14	东山县	35977	14	连江县	17826	14
华安县	78612	15	沙县	35749	15	华安县	17757	15
沙县	78449	16	福鼎市	35253	16	平和县	17649	16
福清市	77656	17	福安市	35090	17	漳平市	17349	17
连江县	75430	18	大田县	34508	18	武夷山市	17293	18
漳浦县	75320	19	邵武市	34398	19	南靖县	17287	19
上杭县	75304	20	漳平市	34082	20	建瓯市	17252	20
明溪县	74214	21	德化县	33863	21	古田县	17108	21

续表

地区	在岗职工平均工资（元）	排名	地区	城镇居民人均可支配收入（元）	排名	地区	农村居民人均可支配收入（元）	排名
清流县	74121	22	武平县	33664	22	尤溪县	16988	22
建瓯市	73317	23	武夷山市	33582	23	福安市	16883	23
顺昌县	73191	24	华安县	33526	24	云霄县	16812	24
大田县	72516	25	将乐县	33369	25	上杭县	16783	25
永泰县	72206	26	尤溪县	33105	26	大田县	16704	26
罗源县	71192	27	罗源县	32925	27	安溪县	16521	27
松溪县	70764	28	霞浦县	32663	28	福鼎市	16405	28
连城县	70578	29	南靖县	32620	29	将乐县	16385	29
武夷山市	70430	30	云霄县	32447	30	霞浦县	16380	30
建宁县	70064	31	建瓯市	32179	31	武平县	16337	31
武平县	69992	32	仙游县	32065	32	仙游县	16298	32
浦城县	69918	33	泰宁县	32062	33	诏安县	16239	33
寿宁县	69872	34	永春县	32031	34	平潭县	16009	34
云霄县	68703	35	安溪县	31957	35	清流县	15837	35
平和县	68699	36	平和县	31785	36	永春县	15815	36
福鼎市	68053	37	闽清县	31491	37	泰宁县	15693	37
柘荣县	67867	38	连城县	30976	38	连城县	15532	38
长泰县	67834	39	永泰县	30938	39	建宁县	15470	39
邵武市	67161	40	古田县	30857	40	德化县	15465	40
周宁县	66861	41	清流县	30585	41	长汀县	15348	41
安溪县	66134	42	浦城县	30472	42	明溪县	15248	42
古田县	65911	43	明溪县	30078	43	宁化县	15194	43
晋江市	65168	44	顺昌县	29705	44	顺昌县	15192	44
诏安县	63703	45	诏安县	29580	45	周宁县	14983	45
霞浦县	63300	46	光泽县	29357	46	罗源县	14872	46
政和县	63249	47	建宁县	28920	47	闽清县	14714	47
南安市	62826	48	政和县	28860	48	屏南县	14619	48

续表

地区	在岗职工平均工资（元）	排名	地区	城镇居民人均可支配收入（元）	排名	地区	农村居民人均可支配收入（元）	排名
石狮市	62401	49	松溪县	28560	49	浦城县	14488	49
惠安县	62037	50	周宁县	28437	50	永泰县	14320	50
长汀县	60805	51	宁化县	27929	51	柘荣县	14317	51
仙游县	60009	52	屏南县	27500	52	寿宁县	13938	52
永春县	57922	53	柘荣县	26874	53	光泽县	13691	53
漳平市	56666	54	寿宁县	25695	54	政和县	12535	54
德化县	55360	55	长汀县	25500	55	松溪县	12260	55

资料来源：《福建统计年鉴》（2019）。

（二）主要县域经济

下文选取福建省在 2018 年县域经济基本竞争力全国排名 100 以内的其中三个县（市）作简要介绍，分别为晋江市、石狮市和福清市。

1. 晋江市

晋江市 1992 年撤县设市，2001 年被福建省委、省政府列为中等城市，地处福建东南沿海，位于珠三角、长三角和台湾岛三角区域的中间位置，与台湾一水之隔，素有"泉南佛国""海滨邹鲁"的美誉。晋江全市陆域 649 平方千米，海岸线长 121 千米，辖 6 个街道、13 个镇，共 389 个行政村（社区）。2018 年末全市常住人口 211.1 万人，其中户籍人口 117.6 万，外来人口 93.5 万左右。

2018 年，晋江县域经济基本竞争力跃升至全国第四位，县域经济实力连续 25 年居全省县域首位。2018 年，全年晋江市 GDP 达 2229.00 亿元，同比增长 9.0%，总量分别占全省、泉州市的 6.2% 和 26.3%。其中，第一产业增加值 20.30 亿元，同比增长 0.9%；第二产业增加值 1333.69 亿元，同比增长 8.0%，对经济增长的贡献率为 54.2%，拉动 GDP 增长 4.9 个百分点；第三产业增加值 875.01 亿元，同比增长 11.0%，对经济增长的贡献率为 45.7%，拉动 GDP 增长 4.1 个百分点。三次产业结构所占比例调整为 0.9：59.8：39.3。按常住人口计算，人均 GDP 突破 10 万元大关达 105790 元（折合 15987 美元），同比增长 8.6%。全市一般公共预算总收入 230.01 亿元，同比增长 8.4%，其中，一般公共预算收入 135.20 亿元，同比增长 6.6%。国税部门组织收入 125.64 亿元，同比增长 5.7%；地税部门组织收入 80.19 亿元，同比增长 8.4%；公共财政预算支出 135.57 亿元，同比下降 7.0%。

晋江市主导型产业主要包括纺织服装、制鞋制革、建材陶瓷、食品饮料、轻工杂品、化纤、纸制品、电子机械、制药等，拥有国家体育产业基地、中国鞋都、世界茄克之都等多个区域品牌。主要企业有福建七匹狼实业股份有限公司、福建凤竹纺织科技股份有限公司、晋江市吉美服饰织造有限公司、安踏（中国）有限公司、三六一度（中国）有限公司、乔丹体育股份有限公司、贵人鸟股份有限公司、晋江市特步体育用品有限公司、福建省晋江福源食品有限公司、福建省晋江协隆陶瓷有限公司、福建恒安集团有限公司、福建省晋江市佶龙机械工业有限公司等。

2. 石狮市

1987 年 12 月石狮市经国务院批准设市，并于 1988 年 9 月正式挂牌成立。石狮市三面环海，北临泉州湾，南临深沪湾，东与宝岛台湾隔海相望，西与晋江市接壤，是一座美丽富饶的城市。全市陆域面积 160 平方千米，海岸线长 64 千米，是陆域边界线的 2.3 倍，行政管辖的毗邻海域面积 968 平方千米。现辖 7 个镇 2 个街道、102 个村 26 个社区，全市户籍人口 31.7 万，常住人口 69.1 万。

2018 年，石狮市 GDP 达 836 亿元，同比增长 9.1%，一般公共预算总收入 65 亿元，同比增长 6%，一般公共预算收入 41.8 亿元，同比增长 0.5%，全体居民人均可支配收入 50983 元，同比增长 8.6%；经济综合实力保持全国中小城市百强第 16 位，福建省第 2 位。人均 GDP、人均财政收入、城镇居民人均可支配收入、农村居民人均纯收入、人均汽车保有量、城乡低保标准、城乡居民医保标准、新农合标准等指标均居福建省县市前列。

石狮市拥有诸多城市名片，包括全国文明城市、中国十大活力县级城市、国家义务教育发展基本均衡市、国家计生优质服务先进市、全国科技进步先进市、全国文化先进市、全国双拥模范城、国家生态市、中国大陆最佳商业城市、中国休闲服装名城、中国休闲面料商贸名城、全国首批新农村建设特色县市、全国科普示范市及省级卫生城市、园林城市、知识产权强市等称号，跻身全国中小城市新型城镇化质量百强县市第 21 位，是我国最具活力和竞争力的投资热土之一。

石狮市主导型产业主要包括服装服饰业、纺织印染业、皮革制鞋业、化学制品业、纺织机械业等，市级龙头企业主要有大帝集团、富贵鸟集团、佳龙石化、华宝明祥、奥捷五金、通达电器、清源科技等。

3. 福清市

福清市是福州市辖的一个县级市，简称"融"，雅称"玉融"。名取自"山自永福里，水自清源里"一语中的"永福""清源"二词。福清市位于福建省东部沿海，地处福建省海峡西岸经济区中部枢纽和省会中心城市福州南翼，素有"文献名邦"之美誉。

2018年，在公布的福州市绩效考评结果中，福清位列各县区市第一名，这是自2006年福州市实行绩效管理以来，首次排名第一位；一般公共预算总收入131亿元，同比增长28%，总量跃居全省县区市第二位；2018年全国综合实力百强县市排名再进三位，从第22位提升到第19位，首次迈进全国20强；经济结构进一步优化，第三产业增加值占GDP的比重首次突破四成。2018年，预计石狮市GDP达1078亿元，同比增长9.7%；农业总产值166.3亿元，同比增长4%；规模以上工业总产值1900亿元，同比增长10%；全社会消费品零售总额467亿元，同比增长12.8%；出口总额439.6亿元，同比增长9.8%；城镇居民人均可支配收入45080元，同比增长8.4%；农村居民人均可支配收入22930元，同比增长8.7%。

2018年，福清市产业集群效应日益凸显。京东方液晶面板、旭福光电等项目全面达产，京东方柔性面板项目进场，全年电子信息产业产值突破500亿元。元洪国际食品产业园已入驻京东全球（元洪）食品数字经济产业中心等27个项目，总投资218亿元，御冠食品等19个项目已挂牌和动建，京东全球（元洪）食品展示交易公共服务平台投入运营，举办了首届元洪国际食品产业园美食文化节、2018元洪食品数字经济产业发展峰会等系列活动，园区发展呈现点燃引爆、全面开花的良好态势。此外，第三产业和现代农业也得到长足发展。

二、特色产业

（一）发展概况

特色产业的发展有利于县域经济的进一步提升。2015年，福建省在泉州、莆田、宁德、南平等地共有6家认定的国家火炬特色产业基地（见表5-12），产业类型主要分布在电子信息、新材料、高端装备制造和节能环保等产业。基地内共有2375家企业，其中认定的骨干企业42家、上市企业4家、年销售收入超10亿元企业16家；从业人员达23万人以上，2014年实现工业总产值达706亿元，企业总收入达570亿元，上缴税收近20亿元；共承担国家科技重大专项1项、863计划项目1项、火炬计划11项、创新基金项目71项及地方科技项目185项；2014年共申请专利2942项。

表5－12 2015年福建省国家火炬特色产业基地

地级行政区县（市）	镇乡级行政区	产业集群
莆田	高新区	电子信息产业
泉州	德化陶瓷产业园区	陶瓷产业
	高新技术产业园区	微波通信产业和电子信息特色产业
南平	建瓯	笋竹科技特色产业
宁德	福安	中小电机特色产业
	福鼎	油器特色产业

资料来源：科学技术部火炬高技术产业开发中心．国家火炬产业基地建设20周年之福建省国家火炬特色产业基地工作总结［EB/OL］．［2016－03－14］．http：//www.chinatorch.gov.cn/cyjd/feature16/list.shtml.

（二）主要特色产业

下文结合福建省各县（市）规模以上工业总产值排名及知名品牌知名度，选取以下几个特色产业做具体介绍：

1. 长乐纺织

长乐市隶属于福建省福州市，主导产业为纺织业、化纤制造业、冶金业、轧钢、食品、建材与机电等，其中最为知名的是纺织业，长乐市是全国最大的化纤类混纺纱生产基地和民用长丝切片类生产基地。2017年，长乐市规模以上纺织业完成产值1729.22亿元，同比增长11.2%，恒申合纤产值突破百亿元，金纶高纤、长源纺织、吴航不锈钢等龙头企业支撑引领作用进一步增强，荣获全国"纺织行业创新示范集群"称号。

2. 晋江鞋业

福建省晋江市是闻名遐迩的鞋业产业基地，目前该市拥有鞋业生产经营企业3000多家，年产量7亿多双，年产值超200亿元，产品远销世界80多个国家和地区。如今，晋江已成为中国最大的旅游运动鞋生产基地和世界运动鞋的重要生产基地。晋江鞋都是全国最大的鞋业信息基地，晋江陈埭是全国最大的鞋产品生产（产量目前占全球的8.5%）、加工、贸易基地。晋江鞋业产品齐全，且有超一流的生产设备和完整的企业链，大量名牌企业群集，市场成熟。

3. 南安建材

南安市隶属于福建省泉州市，为极具实力的县市，其综合竞争力位居福建省县域（含县级市）前列。南安市是全国著名的建材之乡，拥有石材陶瓷、水暖厨卫、五金安防等一系列本土优势产业集群。南安市有"国际石材之都"和国内重要建筑陶瓷生产基地、全国水暖卫浴知名品牌示范区和国家新型工业化产业示范基地、海西重要机械装备制造产业基地以及"南安童鞋"名品集聚区和纸品制造强市、时尚家居名市等产业名片。

参考文献

［1］福建省统计局，国家统计局福建调查总队．2018年福建省国民经济和社会发展统计公报［EB/OL］．［2019－02－28］．http：//tjj. fujian. gov. cn/xxgk/tjgb/201902/t20190228_4774952. htm.

［2］国家统计局福建调查总队．福建企业年鉴2016［M］．北京：中国统计出版社，2016.

［3］中国工业与信息化部运行监测协调局．2018年（第17届）中国软件业务收入前百家企业名单［EB/OL］．［2018－11－07］．http：//www. miit. gov. cn/n1146285/n1146352/n3054355/n3057511/n3057518/c6472783/content. html.

［4］国家统计局福建调查总队．福建企业年鉴2017［M］．北京：中国统计出版社，2017.

［5］福建省统计局．福建省各市统计年鉴［M］．北京：中国统计出版社，2018.

［6］波士财经．"不产一滴油"的福建，怎么成就石化千亿产值？［J］．福建轻纺，2018（2）：35－37.

［7］张福寿，周跃华，陈雪英．围绕供给侧结构性改革，促进福建石化产业迸发新活力［J］．发展研究，2016（11）：59－61.

［8］福建省人民政府关于全省石化等七类产业布局的指导意见［EB/OL］．［2013－12－26］．http：//www. fujian. gov. cn/zc/zfxxgkl/gkml/fzsj/201401/t20140107_ 1414246. htm.

［9］2018年福建省重点石化企业产值创新高［EB/OL］．［2019－02－12］．http：//fj. people. com. cn/n2/2019/0212/c181466－32625749. html.

［10］陈志强．福建省钢铁企业发展的对策［J］．发展研究，2016（1）：98－100.

［11］"十二五"战略性新兴产业暨高技术产业发展专项规划［EB/OL］．［2017－07－17］．http：//www. 587766. com/news5/46602. html.

［12］福建省"十三五"战略性新兴产业发展专项规划［EB/OL］．http：//fgw. fujian. gov. cn/xxgk/ghjh/ghdt/201608/t20160822_825945. htm，2016－08－22.

［13］发力新一代信息技术产业闽企备受期待［EB/OL］．［2016－12－09］．http：//www. sohu. com/a/121089256_ 263868.

［14］福建省政协助力提升生物医药产业"战斗力"［EB/OL］．［2016－09－20］．http：//www. rmzxb. com. cn/c/2016－09－20/1042223. shtml.

［15］江海燕．优化福建省环保产业发展的对策措施［J］．长沙大学学报，2016，30（6）：34－36，40.

［16］赵世明，姜波，徐辉奋等．中国近海海洋风能资源开发利用现状与前景分析［J］．海洋技术，2010，29（4）：117－121.

［17］福建省"十三五"能源发展专项规划［EB/OL］．［2016－10－20］．http：//www. fujian. gov. cn/zc/zxwj/szfbgtwj/201610/t20161020_ 1186301. htm.

［18］关于印发《福建省新材料产业发展指南》的函［EB/OL］．［2017－07－14］．http：//www. fujian. gov. cn/zc/zxwj/bmwj/201707/t20170724_ 1311530. htm.

［19］福建省"十三五"海洋经济发展专项规划［EB/OL］.［2016 - 06 - 07］. http://www. fujian. gov. cn/zc/ghxx/zxgh/201606/t20160607_ 1477097. htm.

［20］福建省"十三五"现代服务业发展专项规划［EB/OL］.［2016 - 06 - 06］. http://www. fujian. gov. cn/zc/zfxxgkl/gkml/szfgz/201606/t20160606_1200706. htm.

［21］福建省"十三五"旅游业发展专项规划［EB/OL］.［2016 - 04 - 05］. http://www. fujian. gov. cn/zc/zxwj/szfbgtwj/201604/t20160406_ 1107839. htm.

［22］福建省加快物流业发展实施方案（2016 - 2020）［EB/OL］.［2016 - 07 - 27］. http://www. fujian. gov. cn/zc/zxwj/bmwj/201607/t2016072 9_ 1307665. htm.

［23］福建省"十三五"文化改革发展专项规划［EB/OL］.［2016 - 08 - 22］. http://fgw. fujian. gov. cn/xxgk/ghjh/ghdt/201608/t20160822_ 825938. htm.

［24］晋江市 2018 年国民经济和社会发展统计公报［EB/OL］.［2019 - 03 - 28］. http://www. jinjiang. gov. cn/xxgk/zfxxgkzl/bmzfxxgk/tjj/zfxxgkml/2019 03/t20190328_ 1507831. htm.

［25］石狮市 2018 年政府工作报告［EB/OL］.［2019 - 02 - 28］. http://www. shishi. gov. cn/zwgk/gzbg/zfgzbg/201902/t20190228_ 1423231. htm.

［26］福清市 2018 年政府工作报告［EB/OL］.［2019 - 01 - 11］. http://www. fuqing. gov. cn/xjwz/zwgk/gzbg/201901/t20190111_ 2738804. htm.

［27］科学技术部火炬高技术产业开发中心. 国家火炬产业基地建设 20 周年之福建省国家火炬特色产业基地工作总结［EB/OL］.［2016 - 03 - 14］. http://www. chinatorch. gov. cn/cyjd/feature16/list. shtml.

［28］福建省国民经济和社会发展第十三个五年规划［EB/OL］.［2016 - 03 - 04］. http://fgw. fujian. gov. cn/xxgk/ghjh/ghdt/201603/t20160304_ 833143. htm.

［29］2019 中国化工园区 30 强/潜力 10 强公布［EB/OL］.［2019 - 05 - 24］. http://finance. sina. com. cn/stock/relnews/hk/2019 - 05 - 24/doc - ihvhi ews4186272. shtml.

第六章　农业经济发展

福建省是全国土地面积较小的省份之一，陆域总面积仅 12.14 万平方千米，土地面积占全国土地面积的 1.29%，居全国第 23 位。福建素有"八山一水一分田"之称，全省耕地面积为 133.69 万公顷，仅占全省土地面积的 10.7% 左右。福建省在有限的农业资源约束下，在农业生产方式转变上寻求突破，实现农业发展的不断提升，扎实推进新时代的"三农"发展。

第一节　农业生产发展概况

一、生产规模

福建省农业生产规模逐年提升。2018 年，福建省农林牧渔业完成总产值4229.43 亿元，同比增长 3.5%（见图 6-1）。粮食种植面积 1250.27 万亩，同

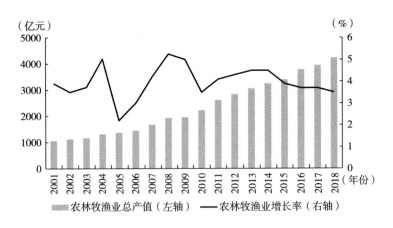

图 6-1　2001～2018 年福建省农林牧渔业总产值及增长率

资料来源：《福建统计年鉴》（2019）。

比增加 0.44 万亩，其中稻谷种植面积 929.41 万亩，同比减少 13.47 万亩；烟叶种植面积 72.84 万亩，同比减少 6.28 万亩；油料种植面积 113.13 万亩，同比增加 4.44 万亩；蔬菜种植面积 837.49 万亩，同比增加 35.88 万亩。全年粮食产量 498.58 万吨，同比增加 11.43 万吨，同比增长 2.3%。其中，稻谷产量 398.31 万吨，同比增加 5.12 万吨，同比增长 1.3%。

全年肉蛋奶总产量 314.69 万吨，同比下降 3.2%。肉类总产量 256.06 万吨，同比下降 3.3%。其中，猪肉产量 113.12 万吨，同比下降 11.9%；禽肉产量 136.76 万吨，同比增长 4.5%；牛肉产量 1.94 万吨，同比增长 12.3%；羊肉产量 2.04 万吨，同比增长 5.6%。年末生猪存栏 799.9 万头，同比下降 13.2%；生猪出栏 1421.34 万头，同比下降 11.5%。牛奶产量 13.82 万吨，同比增长 5.4%。

全年水产品产量 782.12 万吨，同比增长 5.0%。其中，淡水产品产量 87.08 万吨，同比增长 6.0%；海洋捕捞 216.22 万吨，同比下降 0.4%；海水养殖 478.83 万吨，同比增长 7.5%。

全年新增、恢复有效灌溉面积 19.76 万亩，新增节水灌溉面积 75.08 万亩。

二、生产结构

从福建省全省的农林牧渔生产结构来看，历年来农业占比最高，渔业次之，再者是牧业，最后是林业。从 2000 ~ 2018 年的数据来看，农业的产值占农林牧渔业总产值的 40% 左右，占比一直比较稳定。福建省农业用地特别是耕地比重小，仅占总土地面积的 10.7%，而且沿海地区耕地甚缺，后备资源有限，宜农荒地和滩涂可开垦为耕地的潜力也不大，使农业生产发展受到一定限制。同时，耕地中平原地少，梯田坡地多。土壤除河流沿岸、下游平原和沿海为冲积土、潮土与滨海盐土外，绝大部分是红壤、黄壤，一般肥力较低，有机质含量少，普遍缺磷、缺钾、偏酸。由于福建省属于沿海地区，渔业的发展一直都属于重要的行业，渔业产值占农林牧渔业总产值的 30% 左右。2000 ~ 2011 年，福建省渔业产值占比有所下降，由 31.4% 降到 28.7%，随后逐渐回升，2018 年渔业产值占比为 31.2%。总体来说，渔业产值占农林牧渔业总产值的比例较高并且较稳定。

2016 年，福建省培育超千亿水产产业集群，全年九大特色品种产量 312 万吨，同比增长 7.1%；全产业链产值 800 亿元，增长 10%，其中鲍鱼、鳗钟、紫菜、南美白对虾全产业链产值均突破百亿元，分别达到 152 亿元、116 亿元、121 亿元、112 亿元。福建省发展渔港经济区，在全国率先提出渔港经济区建设模式，被列为全国渔港经济区建设唯一试点省份；制定《全省渔港经济区布局总体规划》，培育霞浦三沙、连江黄岐、石狮祥芝、晋江深沪、东山大澳、惠安崇武、泉港诚峰、石狮东埔 8 个渔港经济区。

福建省畜牧业占比由 2000 年的 20.1% 下降到 2018 年的 16.99%，一直处于下降趋势，在农林牧渔业中林业占据较小的比重，近年来比重缓慢上升，由 2000 年的 7.9% 上升到 2018 年的 9.2%。农林牧渔服务业在总产值中所占的比重则很小，2006 年以来有所增加，但总体上占比仍然较小（见图 6 - 2）。

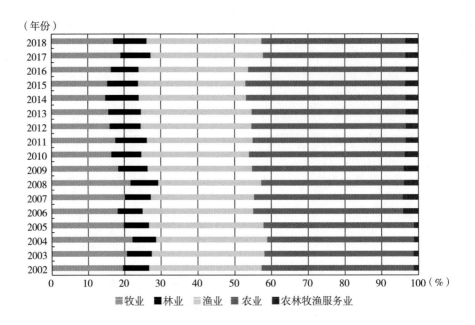

图 6 - 2　福建省农林牧渔及服务业产值结构

资料来源：《福建统计年鉴》（2019）。

福建省是全国南方重点集体林区，也是我国南方地区重要的生态屏障。山多林多是福建的一大特色和优势。2002 年，福建省在全国率先开展了以"明晰产权、放活经营权、落实处置权、确保收益权"为主要内容的集体林权制度改革。2006 年，福建省又率先推进综合配套改革，有效调动了广大林农和社会各界参与林业建设的积极性，增强了林业发展活力，初步实现了"山定权、树定根、人定心"和"国家得绿、林农得利"的目标，成为全国林改的一面旗帜。2018 年，福建省探索开展了重点生态区位商品林赎买、普惠林业金融服务等一批新的改革试点，通过赎买、置换、租赁、改造提升等多种方式完成赎买等改革面积 27.2 万亩，建立林权收储机构 47 家，为林农发放"福林贷""惠林卡"等普惠林业金融贷款 16 亿元。总之，福建林业发展态势良好，在农林牧渔中所占的比重越来越高并保持相对稳定的状态。

从福建省各市的产值空间布局来看，福州市农林牧渔总产值占全省农林牧渔总产值的比重最高，2018年漳州市农林牧渔总产值占全省农林牧渔总产值的比重最高，占比为27.95%。福州、南平和莆田的农林牧渔占比紧随其后，分别为18.95%、11.79%、11.35%。

福建省共有6个城市濒临东海，与宝岛台湾隔海相望，这6个城市的渔业产值占农林牧渔业总产值的比重较高，除厦门市外，基本都超过了30%，其中，福州市的渔业产值比重高达55.30%，莆田市、宁德市、泉州市、漳州市的渔业比重分别为53.38%、46.88%、37.19%、34.12%。随着城市化发展，厦门市海域渔业资源发生严重衰退，渔业占总产值的比重较低，只有17.02%。从2003年开始，厦门海域已连续14年开展渔业资源保护增殖放流工作，多年不见的长毛对虾、大黄鱼等海捕水产品在市场上经常可以买到。在厦门湾近岸也发现一定数量的长毛对虾野生苗，在厦门、东山和金门等海域，能捕获小群体的大黄鱼等，这说明渔业资源得到一定程度的恢复。

从农业方面来看，2018年，在福建省的9个地级市中除了莆田市的农业产值占比较低，为23.47%之外，三明市的农业产值占比较高，超过了50%，达到56.20%；厦门市和漳州市次之，分别为47.84%和43.09%；宁德市、泉州市、南平市、龙岩市和福州市的占比为30%~40%。与之相比，畜牧业的产值占比普遍要低一点，福州市、宁德市的产值占比在10%以下，多山地区的龙岩市产值占比最高，达到44.78%，南平市和厦门市次之，分别为33.90%和23.46%，其他地区的产值占比为10%~20%。在林业方面，三明市产值占比最高，为25.20%，南平市、龙岩市的林业产值占比为10%~20%，其他地区林业产值占比都在10%以下。这与福建的地貌特征有关，三明市、南平市、龙岩市这些地区多山，非常适合林业的发展，因此林业发展相对于其他地区要好一些，厦门市林业产值占比最低，仅为0.60%。泉州市和莆田地区的林业产值占比较小，分别只有1.62%和2.81%（见表6-1）。

表6-1 福建省各市2018年农林牧渔业产值占比 单位:%

地区	农业产值占比	林业产值占比	牧业产值占比	渔业产值占比	农林牧渔服务业产值占比	农林牧渔业总产值占全省产值比重
福州市	30.81	3.47	7.17	55.30	3.25	18.95
厦门市	47.84	0.60	23.46	17.02	11.08	3.48
莆田市	23.47	2.81	12.48	53.38	7.86	11.35
三明市	56.20	25.20	11.25	4.97	2.38	7.29

续表

地区	农业产值占比	林业产值占比	牧业产值占比	渔业产值占比	农林牧渔服务业产值占比	农林牧渔业总产值占全省产值比重
泉州市	39.20	1.62	19.47	37.19	2.52	6.09
漳州市	43.09	4.51	13.05	34.12	5.24	27.95
南平市	38.25	20.49	33.90	3.90	3.45	11.79
龙岩市	36.74	13.69	44.78	2.52	2.28	6.38
宁德市	40.12	5.91	5.16	46.88	1.93	6.76

资料来源：根据《福建统计年鉴》（2019）、福建省各市统计年鉴（2019）数据进行计算获得。

三、生产条件

福建省的农业生产条件不断改善，2018年全省拥有农业机械总动力1228.27万千瓦。然而，与全国其他省份进行横向比较，农业机械总动力最高的是山东省，达到10415.2万千瓦，福建省处于相对较低水平，在全国排名第24位。纵向来看，农业机械总动力随着时间推移不断地增长，2015年达到峰值，而后缓慢下降。其中，2018年大中型拖拉机的拥有量达到5300台，较2000年的1897台增长了1.79倍，联合收割机的拥有量达到10122台，较2000年的577台增长了16.54倍，相对于2017年，大中型拖拉机数量保持相对稳定，但是其配套农具拥有量略有下降，小型拖拉机数量下降。

2018年，福建省农村电力和农田水利建设状况比较好，乡村办水电站6168个，比2017年下降5.43%，位居全国第二，仅次于广东省。装机容量为739.1万千瓦，较2017年略有下降，位居全国第四，发电量在全国同样处于领先水平，仅次于四川与云南两省。随着福建省乡村经济飞速发展，农村用电量也在不断增加，2000～2018年农村用电量从72.43亿千瓦时增长到403.87亿千瓦时，增长了4.58倍。

福建省农用化肥施用量增幅不大，2000年福建省施用农用化肥123.3万吨，2018年施用农用化肥110.74万吨，农用化肥施用量比较稳定。2000～2018年，福建省农用塑料薄膜使用量不断增加，从2.12万吨增加到6万吨，增长了1.83倍。

第二节　粮食作物

一、粮食生产概况

2018年，福建省层层落实粮食生产责任制，指导性计划全面到乡到村；推广绿色优质高效技术 1000 万亩，发展优质稻 630 万亩；完成水稻生产功能区 800 万亩划定任务，建设高标准农田 185 万亩，促进稳产增效。在粮食主产县整建制推进粮食绿色高产高效创建，推广增产增效关键技术 3000 万亩（次）以上，粮食耕种收综合机械化水平提高到 61%。推广优质稻 562 万亩，扩大专用甘薯、马铃薯品种覆盖面，粮食品种结构进一步优化，粮食播种面积和总产保持稳定。

从粮食总量来看，1952 年福建省粮食总产量为 372 万吨，2018 年粮食总产量达到 498.58 万吨，总体上升，但是经历了较大幅度的波动。从粮食单产来看，伴随着农业生产技术条件的改进，粮食单产基本稳定增加，2018 年达到了 399 公斤/亩（见表 6-2）。

表 6-2　1952~2018 年福建省粮食总产量及单产

年份	粮食总产量（万吨）	粮食单产（公斤/亩）	年份	粮食总产量（万吨）	粮食单产（公斤/亩）	年份	粮食总产量（万吨）	粮食单产（公斤/亩）
1952	372	128	1992	897.08	287	2006	632.9	344
1957	444	138	1993	869	295	2007	615.66	354
1962	358.5	126	1994	887.4	296	2008	612.97	362
1965	455.5	176	1995	919.93	304	2009	607.61	365
1970	566.5	189	1996	952.2	312	2010	584.65	363
1975	640.5	186	1997	961.78	314	2011	576.13	372
1978	744.9	219	1998	958.11	315	2012	547.33	374
1980	801.9	246	1999	942.17	313	2013	534.68	378
1986	751.49	264	2000	854.68	312	2014	520.43	382
1987	839.26	285	2001	817.28	316	2015	500.05	381
1988	837.43	278	2002	763.23	312	2016	477.28	382
1989	884.57	288	2003	695.04	322	2017	487.15	390
1990	879.64	282	2004	699.5	328	2018	498.58	399
1991	889.65	284	2005	662.04	326			

资料来源：《福建统计年鉴》（2019）。

近 20 年来，受到粮食总播种面积减少等因素的影响，粮食总产量持续减少，产量由 2000 年的 854.68 万吨下降到 2016 年的 477.28 万吨，2017 年及 2018 年略有回升（见图 6-3）。

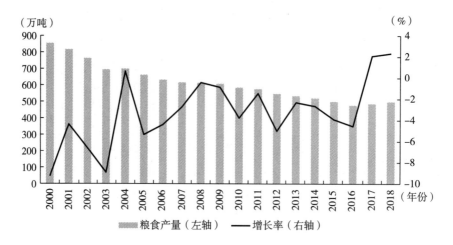

图 6 - 3 2000 ~ 2018 年福建省粮食总产量

资料来源：《福建统计年鉴》（2019）。

二、粮食作物的生产与布局

（一）稻谷

稻谷属于稳产高产作物，在我国南方属于重要的主食作物之一。福建省是我国较为重要的稻谷产地，全省 9 个地市均种植有水稻，水稻分布较广泛，2018 年稻谷产量为 398.31 万吨。福建省的稻谷种植有早稻、中稻、晚稻之分，产量分别为 67.06 万吨、171.98 万吨、159.27 万吨。稻谷总种植面积为 619.61 千公顷，稻谷种植比较多的是南平、三明、龙岩三市，种植面积分别为 157.76 千公顷、121.26 千公顷、114.80 千公顷，占总产量的比重非常高，分别为 26.27%、19.65%、18.89%。进而南平、三明、龙岩三市的稻谷产量也比较多，分别为 104.64 万吨、78.28 万吨、75.25 万吨，其他 6 个地市稻谷产量均远低于 40 万吨，其中厦门地区的水稻产量最少，仅有 1.1 万吨，其次是莆田地区，水稻产量为 12.19 万吨。泉州、漳州、宁德三市 2018 年水稻产量均为 30 万 ~ 40 万吨（见图 6 - 4）。

（二）小麦

我国北方地区盛产小麦，南方地区多种植水稻，小麦种植较少。福建省地处东南沿海地区，小麦在其农作物生产构成中所占的比重非常小，2018 年福建省小麦产量为 500 吨，远远低于稻谷等其他农作物。同时，福建省小麦种植面积逐年递减，2000 年全省小麦种植面积为 38.68 千公顷，2018 年种植面积减少至 0.19 千公顷，进而导致小麦产量也呈现递减趋势。小麦的种植具有很强的区

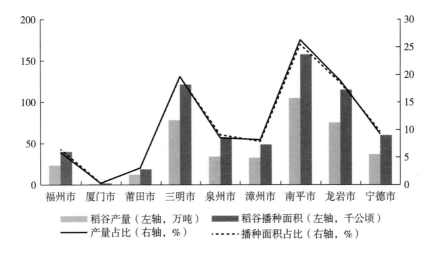

图6-4 2018年福建省各市稻谷产量、播种面积及占比

资料来源：《福建统计年鉴》（2019）。

域特色，2018年龙岩、三明、厦门、福州、南平、宁德及漳州未种植或者少量种植小麦，泉州、莆田小麦种植规模不大，产量很低。其中，莆田地区的小麦产量最大，为240吨，占全省小麦总量的一半左右；其次是泉州，小麦产量为173吨，占全省小麦总量的34.6%（见图6-5）。总体来说，福建省小麦的种植分布不均匀且数量较少。

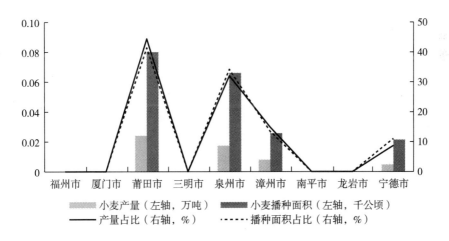

图6-5 2018年福建省各市小麦产量、播种面积及占比

资料来源：《福建统计年鉴》（2019）。

（三）薯类

从 2018 年的农作物生产情况来看，福建省薯类作物的产量仅次于稻谷，其产量为 75.08 万吨。薯类作物又称根茎类作物，主要包括甘薯、马铃薯、山药、芋类等，既可以用于人类食用又可以用于喂养牲畜。随着经济社会不断向前发展，人们越来越注重饮食搭配，薯类作物也越来越受到大家的欢迎。福建省薯类作物主要为马铃薯和甘薯，其中甘薯的播种面积较大，少量地区种植木薯，如莆田。2018 年，福建省甘薯种植面积为 95.48 千公顷，马铃薯种植面积为 46.89 千公顷。2000 ～ 2018 年，甘薯种植面积多数为马铃薯种植面积的 2 倍以上，但近年来马铃薯和甘薯的种植面积波动较为明显，导致产量也随之相应变动。2000 ～ 2007 年，甘薯产量从 136.81 万吨下降到 82.24 万吨，2008 ～ 2011 年又有所上升，达到 91.02 万吨，2012 年甘薯产量骤减为 84.74 万吨，2015 年甘薯产量回升为 94.93 万吨，2018 年下降到 55.39 万吨。2000 ～ 2006 年，马铃薯产量从 29.04 万吨下降到 21.6 万吨，2015 年上升到 33.46 万吨，2016 年以后逐年下降，2018 年马铃薯产量为 19.69 万吨。甘薯和马铃薯产量的变动与种植面积的变动是一致的。福建省的薯类种植较广泛，9 个地级市均有种植薯类。其中，福州种植薯类最多，2018 年产量为 20.13 万吨，其次是泉州地区，为 13.35 万吨，龙岩、南平、三明、宁德地区的薯类产量均为 5 万～10 万吨，厦门市薯类产量最低。在薯类产量中，除厦门外，各个地区的甘薯产量都占到了薯类总产量的 60% 或以上（见表 6 - 3）。

表 6 - 3　2018 年福建各市薯类作物产量及播种面积

地区	甘薯产量（万吨）	马铃薯产量（万吨）	薯类产量（万吨）	甘薯播种面积（千公顷）	马铃薯播种面积（千公顷）	薯类播种面积（千公顷）
福州市	15.00	5.13	20.13	24.30	11.51	35.81
厦门市	0.56	0.48	1.04	0.89	0.82	1.71
莆田市	4.50	0.20	4.70	7.35	0.41	7.76
三明市	6.18	2.75	8.92	11.01	6.60	17.61
泉州市	10.77	2.59	13.35	19.92	6.52	26.44
漳州市	4.36	1.39	5.75	5.92	2.01	7.93
南平市	4.76	2.38	7.15	8.01	4.51	12.52
龙岩市	4.16	1.25	5.41	6.56	2.63	9.19
宁德市	5.11	3.52	8.64	11.52	11.88	23.40
福建省	55.39	19.69	75.08	95.48	46.89	142.37

资料来源：《福建统计年鉴》（2019）。

（四）玉米和豆类

玉米和豆类不是福建省的主要粮食作物，因此播种面积不广，种植面积分别为28.8千公顷和37.92千公顷。玉米和豆类的产量相差不大，2018年产量分别为12.6万吨和10.83万吨。玉米在福建省内种植较少且地区分布不均匀，主要集中在南平市，产量为5.26万吨。豆类在全省分布较广泛但产量较小，主要有大豆和杂豆两种，其中大豆占据较大比重。南平市豆类产量最高，为2.62万吨，其次是三明市，为2.33万吨，漳州市豆类产量为1.23万吨，仅次于南平市和三明市，厦门市豆类产量最低，仅有0.025万吨；各个地区大豆的产量占豆类总产量的比重均在60%以上。

三、存在问题与发展趋势

福建省人口多、耕地少，是仅次于广东、浙江的第三大缺粮大省。2018年，福建省粮食播种总面积为833.51千公顷，而农作物总播种面积为1621.42千公顷，粮食播种总面积为农作物总播种面积的51.4%，粮食播种面积较少。2018年，福建省粮食作物单产399公斤/亩，高于全国粮食作物单产（375公斤/亩），然而全省粮食产量仍然紧缺。随着近年来耕地的减少，粮食产量仍在不断地减少。

造成这种情况的原因主要有以下两个方面：一方面，由于福建省农业用地特别是耕地比重较小，仅占总土地面积的10.7%，而且沿海地区耕地甚缺，同时耕地中平原地少，梯田坡地多，后备资源有限，宜农荒地和滩涂可开垦为耕地的潜力也不大，农业生产发展受到一定限制。土地资源的缺乏导致福建省粮食紧缺，远远不能满足全省人民的生活需要。另一方面，福建省地处我国东南沿海，属于海洋性季风气候，其气温的波动、雨季的起止、降水量的多少等变化都不稳定，尤其是近年来生态环境的破坏日益严重，干旱、台风、洪涝、冰雹、冻害等气象灾害频繁发生，严重影响了粮食作物的稳定生产，加之粮食作物病虫害的频繁发生，导致粮食作物连年减产。目前福建省农业资源环境已近极限，农业面源污染、耕地质量下降等问题日益凸显，原有的发展方式难以为继。

为此，必须大力推进农业绿色发展，创新体制机制，统筹农业生产保供给、保收入、保生态的功能，不断提高农业可持续发展水平。

第一，应该保护好全省现有的耕地，加大农业科技投入，积极研发农耕播种等先进科技。同时，要培育优良的粮食品种，提高粮食单产，确保全省粮食基本需求。大力推广优质水稻、专用马铃薯、甘薯品种，优化粮食品种品质结构，依靠提质增效益。攻单产上，持续推进粮食绿色高产高效创建，大力推广应用优质、高产、抗病品种及配套技术，辐射带动大面积均衡增产。抓好粮食产能区、抛荒山垅田复垦改造等重点项目建设，着力提高粮食综合生产能力。此外，需要加强对台风、洪涝等自然灾害的防护措施，政府加大农业投入，帮助农民应对自然灾害，减少农民的损失。积极研发治理大规模病虫害的相关药物，防止粮食作物受到大规模的损害。

第二，应积极发展生态农业与智慧农业，要充分利用福建省生态资源优势，取长补短，拓展农业多种功能，大力发展休闲农业，创建一批省级休闲农业示范点，打造一批最美休闲乡村。大力推进"互联网＋现代农业"，加快信息技术在农业生产、流通、服务、管理全领域的广泛运用。进一步推进生产智能化，围绕大田种植、设施园艺、畜禽养殖、农产品加工等领域，实施农业物联网基础配置补贴政策，推广农业生产环境智能监测监控、移动终端远程管理等物联网应用，改造升级省级农业物联网应用服务平台，力争建成多个特色现代农业智慧园、多个省级农业物联网应用示范点。

第三节　经济作物

一、经济作物概况

经济作物又称技术作物、工业原料作物，指具有某种特定经济用途的农作物。广义的经济作物还包括蔬菜、瓜果、花卉、果品等园艺作物。经济作物具有地域性强、经济价值高、技术要求高、商品率高等特点，宜于集中进行专门化生产。福建省的经济作物种类很多，有以花生和油菜籽为主的油料作物、烤烟为主的烟叶作物、糖类作物以及茶叶、蔬菜、水果等园艺作物。

2018年，福建省经济作物播种面积为787.91千公顷。福建省油料产量基本比较稳定，具体来看，2000～2005年油料产量不断上升，2005～2018年油料产量呈现出先下降后缓慢上升的"U"形特征。其中，2005～2016年油料产量从27.42万吨下降到19.41万吨，2017～2018年油料产量从19.55万吨上升到21.24万吨。

与油料种植面积的变动不同，福建省油料种植面积呈现稳定的下降趋势，2000年福建省油料种植面积为125.04千公顷，2010年下降为91.74千公顷，2018年下降为75.42千公顷，表明油料作物的单位亩产得到有效提高。福建省油料的主要种类是花生，2000～2018年，花生产量占油料总产量的比重都在90%以上。

油菜籽和芝麻也属于油料作物，油菜籽在福建省油料作物中的比重仅次于花生。2000～2018 年，油菜籽的产量波动较多，由 2000 年的 1.84 万吨下降为 2010 年的 0.99 万吨，而后又上升为 2015 年的 1.88 万吨，2018 年产量下降为 0.86 万吨。油菜籽的播种面积也呈现类似趋势，由 2000 年的 17.40 千公顷下降到 2010 年的 7.63 千公顷，之后播种面积经历波动，2018 年播种面积为 5.29 千公顷。芝麻的种植比重比较小，2000～2015 年，芝麻的产量不断上升，由 2000 年的 0.11 万吨逐年上升到 2015 年的 0.17 万吨，2016 年芝麻产量开始大幅度下降，2018 年下降为 0.032 万吨。芝麻的播种面积从 2000 年的 1.41 千公顷一直下降为 2018 年的 0.24 千公顷。

　　福建省烟叶的产量呈现逐年上升趋势。2000 年烟叶产量为 9.14 万吨，2018 年产量上升到 10.68 万吨，中间年份产量有些许波动，但总体上呈上升趋势。福建省烟叶种植以烤烟为主，2000 年以来烤烟播种面积占全省烟叶种植面积的 95% 以上，种植面积出现连续波动，从 2000 年的 53.72 千公顷经历波动后下降到 2018 年的 48.43 千公顷。

　　2018 年，福建省积极优化茶叶、水果、蔬菜等优势特色园艺作物区域布局和品种结构，加大优新技术推广。茶叶产业持续增长，2018 年产量达到 41.83 万吨，同比增长 5.93%；水果产量 639.82 万吨，同比增长 6.43%；蔬菜产量 1366.70 万吨，同比增长 5.77%；食用菌产量 126.28 万吨，同比增长 2.53%。

　　从主要经济作物的构成来看，水果和糖类作物即甘蔗占据主要经济作物较大的比重。由表 6－4 可以看出，水果产量占经济作物的比重较高，2000～2018 年，水果产量不断上升，总体呈现出较为明显的递增趋势。水果产量占比在 2000～2007 年一直处于上升状态，2007～2013 年，占比基本不变，2013～2018 年占比又开始上升。糖类作物甘蔗的产量占比 2000～2007 年逐年递减，2007～2013 年基本不变，2013～2018 年开始下降，但总体上下降幅度比较平缓（见图 6－6）。

表 6－4　1952～2018 年福建省主要经济作物产量　　　　单位：万吨

年份	油料	甘蔗	烤烟	茶叶	水果
1952	9.89	71.26	0.10	0.49	6.01
1970	11.14	125.48	0.45	1.05	11.04
1980	13.48	351.21	1.30	2.58	12.66
1990	17.66	344.28	4.26	5.82	75.78
1995	23.28	248.6	5.72	9.45	239.33
2000	25.79	82.71	9.14	12.60	356.44

续表

年份	油料	甘蔗	烤烟	茶叶	水果
2001	26.08	95.54	9.87	13.39	401.19
2002	25.86	117.91	10.72	14.33	424.93
2003	26.03	118.12	10.13	15.02	441.68
2004	27.82	101.57	11.31	16.44	468.90
2005	27.42	93.33	11.51	18.48	479.36
2006	23.63	58.10	12.20	20.01	495.40
2007	22.23	54.96	12.17	22.09	500.59
2008	23.12	67.45	13.32	24.07	518.21
2009	22.82	61.09	13.64	25.51	511.19
2010	22.08	55.69	11.52	25.83	495.03
2011	21.72	49.39	12.90	27.67	514.22
2012	21.18	48.60	13.09	29.60	540.83
2013	20.75	49.21	14.08	31.57	557.68
2014	20.49	43.49	13.16	33.40	481.35
2015	20.10	34.79	12.04	35.63	554.30
2016	19.41	28.83	11.80	37.29	548.51
2017	19.55	26.37	11.62	39.49	601.14
2018	21.24	26.13	10.68	41.83	639.82

资料来源:《福建统计年鉴》(2019)。

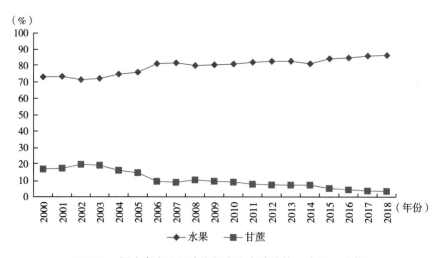

图6-6 福建省主要经济作物占比变动趋势(水果、甘蔗)

资料来源:《福建统计年鉴》(2019)。

烟叶、油料和茶叶的占比差距不大，集中在1%～6%，其中烟叶产量占比最小，波动较平缓。茶叶的占比一直处于上升趋势，从2000年的2.59%一直增加到2018年的5.65%。油料的占比变动较大，2000～2013年油料占比发生了巨大的变动，从5.3%迅速降到3.08%，之后在波动中缓慢下降（见图6-7）。

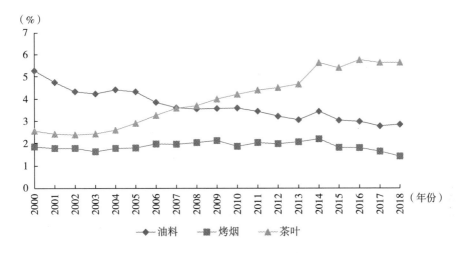

图6-7　福建省主要经济作物占比变动趋势（油料、烤烟、茶叶）

资料来源：《福建统计年鉴》（2019）。

二、经济作物的生产与布局

福建省地处东南沿海，有着独特的地理特色，省内各地地域差别很大，因此，经济作物的分布也有着很大的差异。2015年，福建省推进橄榄、李梅、龙眼、荔枝等优势品种更新换代，实施现代果业项目，在闽清、永泰、罗源等县实施果树地方种质资源保护、新品种引进示范项目4个，在连江、闽清、永泰等县实施标准化果园建设6项。调整优化布局，推进冬种蔬菜和高山反季节蔬菜生产，闽侯重点发展大白菜、小白菜、甘蓝等叶菜类生产和333公顷反季节空心菜设施栽培；长乐市种植蚕豌豆666公顷，白萝卜、西芹等冬菜4000公顷；福清重点发展甘蓝、西芹、芋头等出口创汇蔬菜4000公顷，推广蔬菜微喷灌技术2000公顷；连江县重点发展蚕豆、莴苣、西兰花等2333公顷，推广蚕豆秸秆回田技术，培肥地力。

（一）油料作物

油料作物在福建省的分布是较为普遍的，主要包含花生和油菜籽两种，其中花生是福建省主要的油料作物，除南平外，各地区的花生产量占到了油料产量的90%以上，油菜籽产量相对较少，芝麻产量非常少。2018年，福建省油料产量为21.24万吨，其中花生产量20.32万吨，油菜籽产量仅有0.86万吨，芝麻产量仅0.032万吨。福州、泉州、莆田等地的油料产量较多，分别为4.99万吨、4.47万吨、3.87万吨，其次是漳州，油料产量为3.12万吨，这四个地区油料产量总量占全省产量的比重超过75%。厦门和宁德的油料产量比较小，产量都在1万吨以下，占全省油料产量的比重非常小，只有1.79%和2.74%，其他地区的油料产量都为1万~2万吨（见图6-8）。

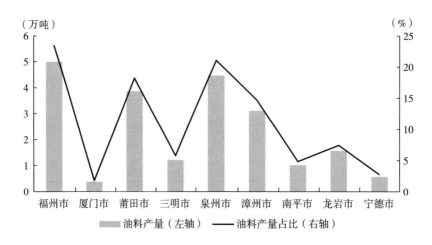

图6-8　2018年福建省各市油料产量及占比

资料来源：《福建统计年鉴》（2019）。

（二）烟叶

福建是我国最早引入烟叶种植的省份之一，已有400多年的烟叶种植历史，是全国优质烟叶重点产区。福建省烟叶的产量不断上升，但烟叶在全省的生产分布不均匀，主要集中在三明、龙岩和南平等地区，这些地区生产的烟叶主要种类是烤烟，2018年其烤烟产量分别为5.17万吨、2.97万吨、2.53万吨，达到福建烤烟产量的99.8%。其他地区如宁德、漳州、泉州有少量生产，占比为0.2%左右（见图6-9）。

（三）糖类作物

甘蔗是我国制糖的主要原料，在食糖总产量中，蔗糖占到80%以上。福建省的糖类作物主要是甘蔗，其中以宁德市为最。2018年，宁德市甘蔗产量为4.74万吨，其次是三明、南平、龙岩和福州，甘蔗产量分别为4.55万吨、4.46万吨、4.24万吨和3.43万吨，其他地区甘蔗产量则比较小，其中，厦门甘蔗产量最少，仅为0.16万吨。

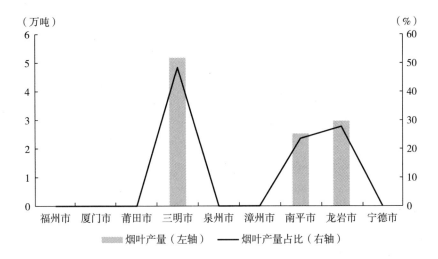

图 6 - 9　2018 年福建省各市烟叶产量及占比

资料来源:《福建统计年鉴》(2019)。

(四) 园艺作物

设施园艺是设施农业的主要内容。设施农业是指具有一定设施,能在局部范围改善或创造环境气象因素,为植物生长提供良好的环境条件而进行有效生产的农业,其中以智能温室为代表的现代设施农业是一种高新技术产业,是当今世界最具活力的产业之一。一般认为,设施农业大体分为设施园艺和设施养殖业两大类,以蔬菜、花卉等园艺作物作为主要种植作物的设施种植业被称为设施园艺。园艺作物通常包括果树、蔬菜、各种观赏植物、香料植物及药用植物等,主要分为果树、蔬菜和观赏植物三大类。福建省主要园艺类作物包括水果、食用菌、茶叶和蔬菜等。

1. 水果

福建省水果种类较多,2000 ~ 2018 年水果产量一直在快速上升,2000 年为356.44 万吨,2018 年上升到 639.82 万吨,是 2000 年的 1.80 倍。福建省主要的水果是柑橘、香蕉、龙眼等,2018 年福建省水果产量占全国水果总产量的2.49%,居全国第 16 位。

柑橘是福建省的主要水果之一,2018 年福建省柑橘产量为 339.22 万吨,占总园林水果产量的 53.02%,比重超过一半。2000 ~ 2018 年,水果产量中柑橘的产量一直是最多的,2000 年柑橘产量为 130.60 万吨,2010 年增加为 272.30 万吨,是 2000 年的 2.07 倍,2018 年上升为 339.22 万吨。福建省柑橘主要是福橘和芦柑,福橘是福建省的传统水果,历史悠久,福建柑橘主要分布在闽江、九龙江下游和沿海的平原丘陵地区,福州市和漳州市为两大主产区,福州市以栽培福橘、雪柑为主，漳州市以栽培椪柑（芦柑）、蕉柑、柳橙为主，其他地区少量分布。2018年，漳州的柑橘类产量远远高于其他地区，仅蜜柚产量就达到了198.23万吨。其次是三明和南平地区，柑橘产量为41.80万吨和27.05万吨。福州作为柑橘的主要产地之一，柑橘产量逐年递增，2005年柑橘产量为8.7万吨，2018年柑橘产量增加为19.80万吨。厦门柑橘产量最小，产量为1.34万吨。

福建省的香蕉产量也占全省水果产量的较大比重，仅次于柑橘，产量呈现出先上升后下降的趋势。2000年福建省香蕉产量为74.65万吨，2010年上升为95.01万吨，增长了27.3%，2018年产量为42.08万吨。福建省种植香蕉的范围较广泛，全省多地都有种植香蕉，其中漳州的香蕉产量最多，达到36.87万吨，占全省香蕉产量的87.62%，其他地区香蕉种植较少。

龙眼也是福建省的主要水果之一，2018年产量达到25.61万吨，龙眼种植分布于漳州、泉州、厦门、福州、莆田、宁德等地，其中漳州产量最高，为11.07万吨，占全省总产量的43.23%。

福建省水果产量种类很多，其他主要的水果还有荔枝、枇杷、桃、李、葡萄、梨、杨梅和柿子等，2018年，这些水果的产量都达到了10万吨以上，分别为14.27万吨、30.49万吨、14.25万吨、30.80万吨、20.84万吨、17.47万吨、16.15万吨和10.31万吨。福建省由于独特的地理位置和气候特征，对于水果的生产非常有优势，除了这些产量较高的水果，福建省还产有橄榄、苹果、菠萝等水果。

按水果产量进行地区排序，漳州居首位，该地主要生产蜜柚、香蕉、荔枝、龙眼、枇杷。2018年漳州水果产量为327.56万吨，占全省水果产量的51.2%。其次是三明和福州地区，水果产量分别为78.06万吨、77.53万吨，占全省产量的12.20%和12.12%。其他地区的水果产量占全省产量的比重都在10%以下，厦门市水果产量最少，仅有7.32万吨（见图6－10）。

2. 食用菌

福建省的食用菌主要有蘑菇、香菇和木耳等，木耳分为白木耳和黑木耳。其中蘑菇产量一直在不断上升，从2000年的27.2万吨上升到2018年的38.33万吨；香菇的产量仅次于蘑菇，2018年产量为12.95万吨。福州、三明、宁德、南平、漳州、泉州、龙岩几个地区都种植黑木耳和白木耳，其中，泉州和龙岩种植了金针菇、凤尾菇、草菇等多种食用菌，但产量普遍较小。食用菌产量主要集中在漳州、福州和宁德，其中以漳州居多，漳州食用菌产量达到了38.28万吨，占全省总产量的30.31%，福州和宁德的食用菌产量均超过15万吨，占全省总量都超过15%，这三个地区的食用菌产量总和占全省总产量的比重超过

60%。厦门、泉州、龙岩和莆田的食用菌产量比较小，比重都在10%以下，分别为2.28%、6.90%、3.70%和3.11%（见图6－11）。

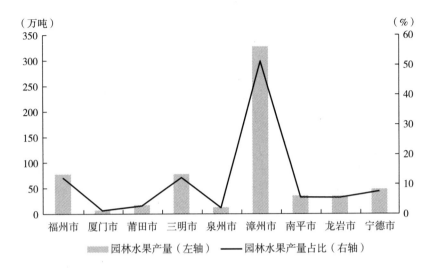

图6－10　2018年福建省各市园林水果产量及占比

资料来源：《福建统计年鉴》（2019）。

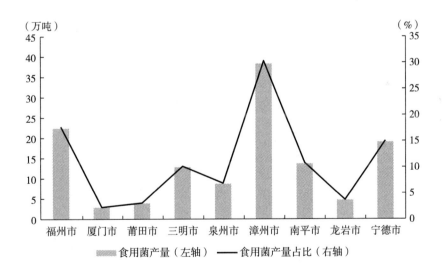

图6－11　2018年福建省各市食用菌产量及占比

资料来源：《福建统计年鉴》（2019）。

3. 茶叶

福建省是多茶类产区，茶文化发达，是乌龙茶、青茶、红茶、白茶的发源地，也是乌龙茶之乡、白茶之乡；武夷岩茶、大红袍、铁观音、白毫银针、工夫红茶扬名中外，福建茶叶在世界上占有极为重要的地位。据历史文献记载，福建地区已生产茶叶 1600 多年。除绿茶外，乌龙茶、红茶、白茶等茶叶的生产技术均起源于福建。2018 年福建省茶叶产量为 41.83 万吨，占全国茶叶总量的15.99%。宁德地处丘陵地带，依山傍海，既有沿海平原，也有千米高峰，山高谷深，境内水道纵横，海岸线绵长曲折，被誉为"海上茶叶之路"的起点。其茶叶产量居福建省首位，2018 年其茶叶产量达到 9.98 万吨，占全省总产量的23.86%。宁德的茶叶种类主要为绿毛茶和红毛茶，绿毛茶产量为 5.31 万吨，红毛茶产量为 2.24 万吨，其他茶叶比重较小，包括坦洋工夫、福鼎白茶、白毫银针等。

泉州、南平、漳州和三明茶叶产量占比较高，均超过了 10%，分别为19.98%、17.32%、12.29% 和 10.29%，宁德、泉州、南平、漳州茶叶总产量占据全省茶叶总产量的 73.45%。其中泉州的茶叶产量为 8.36 万吨，种植主要分布在安溪，安溪的铁观音与乌龙茶等久负盛名。南平的茶叶产量次之，为 7.24万吨，茶叶种类主要为乌龙茶、绿毛茶和红毛茶，产量分别为 3.48 万吨、1.90 万吨和 1.39 万吨。莆田和厦门的茶叶产量较小，分别为 0.42 万吨和 0.15 万吨，在福建省茶叶总产量中所占的比重分别为 1.01% 和 0.35%（见图6－12）。

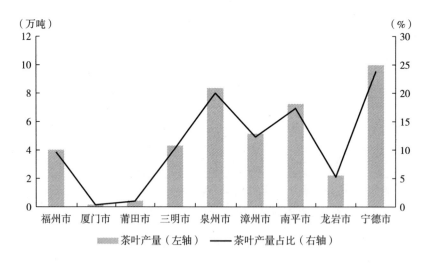

图6－12　2018 年福建省各市茶叶产量及占比

资料来源：《福建统计年鉴》（2019）。

4. 蔬菜

福建省得天独厚的自然条件有利于蔬菜的种植，2005～2018 年，全省蔬菜产量在波动中呈缓慢上升趋势，2018 年上升为 1366.70 万吨，比上年增长5.77%。2000～2009 年，蔬菜产值逐步提高，而后在波动中上升，达到 2016 年的 578.70 亿元，2017～2018 年又有所回落。蔬菜类作物占农林牧渔总产值的比重波动较大，最终呈下降趋势，2009 年的比重是 17.83%，2018 年下降为11.32%（见表 6-5）。

表 6-5　2000～2018 年福建省蔬菜产量、产值及占比变动

年份	蔬菜产量（万吨）	蔬菜产值（亿元）	占农林牧渔业比重（%）	占农业比重（%）
2000	1161.11	110.95	10.70	26.36
2001	1099.96	116.97	11.02	27.00
2002	1233.77	119.94	10.66	26.61
2003	1289.23	182.90	15.63	39.61
2004	1317.83	195.48	14.86	37.99
2005	1346.66	223.14	16.25	40.37
2006	1358.16	250.18	17.26	41.56
2007	1325.10	285.36	17.06	42.53
2008	1306.64	321.48	16.65	43.94
2009	1294.07	349.00	17.83	44.96
2010	1278.82	310.88	13.96	34.57
2011	1276.20	336.19	12.86	32.80
2012	1264.56	384.29	13.51	34.33
2013	1254.22	413.19	13.51	34.53
2014	1254.65	448.38	13.81	34.29
2015	1274.50	484.96	14.27	35.70
2016	1256.78	578.70	15.29	39.25
2017	1292.18	444.19	11.25	29.09
2018	1366.70	478.93	11.32	28.97

资料来源：历年《福建统计年鉴》。

福建省的蔬菜生产分布较为广泛，各个地区的蔬菜种植产量各有差异。其中，2018 年福州市的蔬菜产量最高，达 390.36 万吨，占全省蔬菜总产量的28.56%；其次是漳州、三明、龙岩和南平，2018 年蔬菜产量均为 100 万～200

万吨，占比分别为 16.27%、13.10%、10.34% 和 10.13%；其他地区蔬菜产量
也普遍较高，2018 年蔬菜产量达到 80 万吨的有泉州和宁德，而莆田和厦门的蔬
菜产量分别为 59.55 万吨和 51.45 万吨，居福建省蔬菜产量排名最后两名。

福建省各市的蔬菜产量与它们各自的蔬菜种植面积相关，2018 年福州、漳
州、三明和南平地区蔬菜种植面积分别为 134.58 千公顷、83.54 千公顷、72.70
千公顷和 72.13 千公顷，占总种植面积比重分别为 24.10%、14.96%、13.02%
和 12.92%。龙岩的蔬菜种植面积为 54.69 千公顷，占全省蔬菜种植面积的
9.80%，厦门的蔬菜种植面积最低，只有 15.08 千公顷，占全省蔬菜种植面积的
2.70%（见图 6 – 13）。

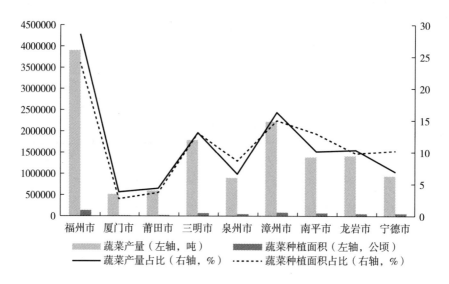

图 6 – 13　福建省各市蔬菜产量、蔬菜种植面积及占比

资料来源：《福建统计年鉴》（2019）。

三、存在问题及发展趋势

近年来，福建省部分经济作物产量出现大比例的增长，茶叶、蔬菜、水果
等产量都有所增长，然而福建省经济作物的生产存在规模小、成本高的问题，
总体来看，经济作物的产量在全国所占的比重较低，生产缺乏规模性。更重要
的是，生产技术不够先进，农业创新方面投入不够，这直接导致经济作物的产
量无法大规模提升，进而也无法获得规模效应。

一方面，应大力提升"一区两园"建设水平，建立现代茶叶产业园，重点
支持茶叶深加工，建设茶庄园，发展茶文化。对于现代蔬果产业园，优先扶持

智能温室、无土基质栽培、水肥一体化等设施栽培，力争每个产业园核心区达到 2000 亩以上，辐射带动 5000 亩以上。

另一方面，应坚持科技强农，着力推进农业科技创新推广，要深入实施种业创新工程。通过组织开展联合育种攻关，选育推广一批优质、专用、特色新品种，支持建设一批优质特色良种扩繁基地，推动主要农产品新一轮品种更新换代。不断强化农业技术集成推广，大力推广农业"五新"，集成组装推广一批高产高效、资源节约、生态环保的新技术新模式，促进产业加快转型升级。进一步加强现代农业产业技术体系建设，围绕水稻、茶叶、水果、食用菌、蔬菜、畜禽等重点产业，组织开展新技术的熟化、集成配套和示范推广，强化科技对产业发展的有力支撑。此外，大力发展数字农业，推进"互联网＋"应用，为现代农业插上互联网的翅膀。

第四节 林业

福建省地处亚热带，气候条件优越，雨量充沛，光照充足，年平均气温 17 ~ 21℃、年平均降雨量 1400 ~ 2000 毫米，十分适合林木生长，自然气候条件得天独厚，特别是拥有世界同纬度带最典型、面积最大、保存最完整的亚热带原生性森林生态系统，以"世界生物之窗"闻名于世的"双世遗"武夷山。

根据 1978 年森林资源清查资料，福建省拥有林地 7200 万亩，森林覆盖率为 39.5%，森林蓄积量 4.3 亿立方米，其中用材林 2.8 亿立方米，历年人工造林保存面积 2456 万亩，封山育林成林面积 3000 多万亩。这些森林资源覆盖八闽大地，对保护国土、涵养水源、防风固沙、发展农业生产和改善人民生活环境起到了良好作用，也为国家的经济建设提供了大量的木材和林副产品。改革开放 40 多年来，随着对林业发展的日益重视，福建省森林覆盖率逐年提高。根据第九次全国森林资源清查通报，福建省森林面积达 1.21 亿亩，森林覆盖率达 66.80%，居全国首位；森林蓄积量 7.29 亿立方米，居全国第七位。全省共有木本植物 1943 种、脊椎动物 1693 种，均占全国的 1/3，是我国生物多样性最为丰富的省份之一。

一、林业发展与构成

福建省现有林业自然保护区 96 处（国家级 17 处、省级 23 处、市县级 56 处）、保护小区 3300 多处，保护面积 1360 万亩；省级以上森林公园 157 处（国家级 30 处、省级 127 处），总面积约 264.89 万亩；创建国家森林城市 7 个、省级森林城市（县城）62 个。全省生态环境质量评比连续多年居全国前列，是全国生态环境、水、空气质量均为优的省份。福建森林覆盖率较高的城市有南平、龙岩、宁德等，而厦门、漳州、泉州因濒临东海，森林覆盖率相对较低。

从林业发展的总体情况来看，2018 年三明、南平及龙岩的林业产值占据全省前三位，分别达到 116.02 亿元、105.35 亿元和 57.70 亿元，占比分别为 29.83%、27.08% 和 14.83%（见图 6 – 14）。

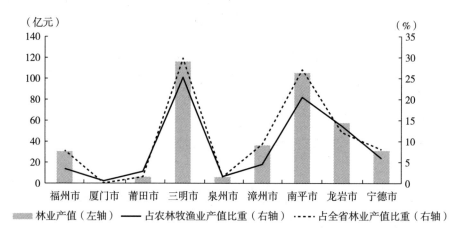

图 6 – 14 2018 年福建省各市林业产值及占比

资料来源：《福建统计年鉴》（2019）。

2018 年，福建省人工林面积达 5784 万亩，商品材产量 573.65 万立方米；竹林面积 1709 万亩（其中毛竹 1619 万亩），毛竹产量 6.01 亿根。木（竹）材、花卉苗木、人造板、木质活性炭、木制家具等主要林产品产量均居全国前列。省级林业产业化龙头企业 152 家、境内外上市林业企业 33 家。2018 年，福建省林业总产值达 5924 亿元，同比增长 18.4%。重点林区涉林收入已成为当地农民脱贫致富的重要途径之一。

2005~2018 年，福建省用材林所占比重最高，用材林造林面积不断变动。2005~2007 年，用材林造林面积从 15.2 千公顷增加到 27.62 千公顷；2007~2010 年，造林面积下降为 15.34 千公顷；2011 年，造林面积骤然增至 140.02 千公顷，之后一直有所波动，2015 年用材林造林面积为 45.81 千公顷，2018 年造林面积骤降为 3.24 千公顷。而薪炭林的造林面积非常小，2014 年以前，薪炭林造林面积都在 1 千公顷以下，2014 年和 2015 年造林面积骤增，2015 年达 1.58 千公顷，占总造林面积的 1.8%，2018 年造林面积仅为 0.37 千公顷。2014 年以前，防护林造林面积与经济林面积相差不大但略大于经济林，2014 年以后经济林造林面积大规模增加，大于防护林，2015 年达 32.47 千公顷，是防护林的 4.5 倍，但 2018 年经济林造林面积骤降为 1.28 千公顷（见图 6 – 15）。

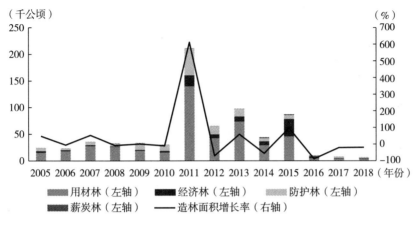

图 6 – 15　2005 ~ 2018 年福建省分类型造林面积及增长率

资料来源：历年《福建统计年鉴》。

从木材产量来看，2018 年福建省木材产量达到 1423.78 万立方米，居前三位的是三明、南平和龙岩，木材产量分别为 363.01 万立方米、292.36 万立方米和 280.42 万立方米，占比分别为 25.50%、20.53% 和 19.69%；其次是漳州市，木材产量为 208.71 万立方米，占比为 14.66%（见图 6 – 16）。以上四市的累计木材产量占比达到 80%，表明福建省林业存在一定的集聚发展特征。

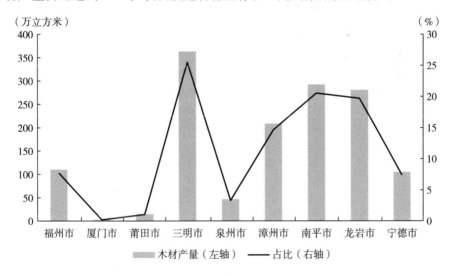

图 6 – 16　2018 年福建省各市木材产量及占比

资料来源：福建省各市统计年鉴（2019）。

二、福建林权制度的改革探索与政策支持

福建的林业发展与林权制度的改革探索密不可分。中华人民共和国成立之后，福建省的林权所有制经历了几次大的变动。从1951年到1958年初，经历了山林改革、林木入社和林权调整三次大的变革，期间由于国家、集体、社员的山林界限被彻底打破，出现"大炼钢铁、大砍其树"，福建省森林资源遭到了第一次的大破坏。1961年，中央下达林业"十八条"，福建省开始处理林权的工作，由于工作进展迟缓，因此福建省委于1965年再次发出处理好山林权的指示，而后出于历史原因，森林资源遭到了第二次破坏。虽然党中央、国务院在保护、发展森林的问题时，总是把稳定山林所有权列为首要问题，但是，这一问题始终未得到很好的解决。因为山林所有权无法得到保障，挫伤了群众保护森林、发展林业的积极性。1981年3月，党中央、国务院颁布林业"二十五条决定"，把稳定山权林权、划定自留山和确定林业生产责任制，作为林业建设的首要任务，自此，福建林业迎来了发展的重要时期。

福建省是全国林改的一面旗帜，已进入集体林权制度改革、国有林场改革、生态文明体制改革和扩大开放等全面推进阶段。从2002年开始，福建省率先在全国开展集体林权制度改革，其主要内容为"明晰产权、放活经营权、落实处置权、确保收益权"，在制度层面促进林业稳固发展。2003年，福建省人民政府发布《关于推进集体林权制度改革的意见》，强调以邓小平理论和"三个代表"重要思想为指导，进一步明晰集体林木所有权和林地使用权，放活经营权，落实处置权，确保收益权，依法维护林业经营者的合法权益，最大限度地调动广大林农以及社会各方面造林、育林、护林的积极性，解放林业生产力，发展林区经济，增加林农收入，促进林业可持续发展的指导思想，提出用3年的时间，基本完成集体林权制度改革任务，实现"山有其主、主有其权、权有其责、责有其利"的目标，建立经营主体多元化，权、责、利相统一的集体林经营管理新机制；对福建省集体林权制度的主要任务、改革范围、基本原则、基本方法和配套措施等做出了规定。在主体改革到位后，2006年福建又先行推进综合配套改革，林权规范有序流转，大量林业专业合作社、家庭林场、股份林场等新型经营主体纷纷创建，实现了资源变资产、资金变股金、林农变股东，使广大林农参与林业发展建设的积极性得到有效调动，给福建林业经济发展注入活力，也为全国其他地区的林业发展提供了宝贵的经验。在"十二五"期间，福建省坚持把深化林改作为加快林业发展的内生动力。持续深化林权配套改革，抵押贷款、森林综合保险、林木收储、森林资源资产评估、林业合作组织建设等改革取得新突破。2017年5月，习近平总书记对福建林改工作作出重要指示。同

年7月，全国深化集体林权改革现场经验交流会议在福建省武平县召开，将福建深化林改经验推广到全国。

此外，近年来，为挖掘福建林业发展潜力，福建省出台了支持林业发展政策意见，2011年，发布了《福建省林业产业振兴实施方案》，提出了一系列林业产业振兴的政策措施，以此推进福建林业跨越发展，发挥林业在农村产业结构调整、促进农民就业增收中的作用。2012年，福建省人民政府发布《关于进一步加快林业发展的若干意见》，从转变林业生产方式、加强森林资源培育，完善生态补偿机制、强化重点区位生态保护，加快转型升级、提升传统林产加工业，拓展林业新兴领域、大力发展非木质利用产业，加强基层林业建设、夯实林业发展基础五个方面提出意见。这些政策的颁布与实施有力地促进了福建省林业产业的持续、健康发展。

三、林业发展存在问题及发展趋势

福建素有"八山一水一分田"之称，具有山多、林多的优势，近年来，福建省林业产业发展迅速，但仍存在林业结构较单一、科技含量不高、产业链不长、产业聚集度不高、特色不够鲜明等问题和困难。

目前，福建省林业构成中占比最高的是用材林，其次是防护林，防护林的占比比较稳定，近年来，经济林的面积有所增加。经济林是以生产除木材以外的果品、食用油料、工业原料和药材等林产品为主要目的的森林，经济林的增加意味着福建省加大了水果、油料等经济作物的生产，农业的发展更加趋于多元化。

为推动福建林业发展，应增加其他林木的种植，在闽北、闽西这些多山地区大规模种植多种类林木，大力推动林业产业规模化、系统化，引进先进的技术，对林木进行深加工，优化林业产品的质量。此外，要保护好已有的森林资源与环境，应出台一系列相关政策防止乱砍滥伐，促进林业的健康可持续发展。

福建省林业发展牢固树立五大发展理念，认真贯彻党中央、国务院和福建省委、省政府的各项决策部署，落实习近平总书记对林业和福建工作的一系列重要指示精神，按照"三保、两推进、两提升"的总体工作思路，即保发展、保覆盖率、保民生林业，推进依法治林、推进深化林改，提升林业生态文明水平、提升森林质量和综合保护能力，加快福建林业的改革与发展，不断开创福建林业发展的新局面。同时，以全国生态文明试验区建设为契机，全面贯彻习近平生态文明思想，深入践行"绿水青山就是金山银山"理念，为"机制活、产业优、百姓富、生态美"的新福建建设作出了积极贡献。

第五节 畜牧业

一、发展概况

福建省自然条件复杂多样，生物种类繁多。全省植物种类有 3000 种以上，仅陆地森林生态系统就有用材树种 400 多种，药用植物 600 多种，野生木本淀粉和糖料植物 40 多种，油料植物 30 多种。然而由于福建省山区面积大，森林覆盖率高，草地面积较小，因此不具备发展畜牧业的有利条件。畜牧业方面形成了南平奶业、新罗和福清的养猪业、光泽鸡业、莆田禽苗业等带状或块状布局。

2018 年，福建省畜牧业产值为 718.42 亿元，占全国畜牧业产值的 2.50%，占比较小。福建省的畜牧品种较少，小畜牧主要有羊和猪，大畜牧主要是牛，大畜牧的数量为 30.92 万头，仅占全国大畜牧总量的 0.35%，小畜牧的数量为 895.22 万头，占全国小畜牧总量的 1.23%。2005～2018 年福建省畜牧数量总体呈现下降趋势（见图 6－17）。

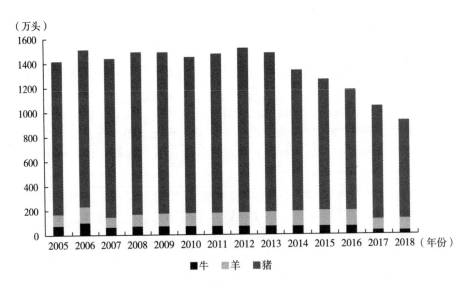

图 6－17 2005～2018 年福建省畜牧饲养数量

资料来源：历年《福建统计年鉴》。

二、畜牧业的生产与布局

（一）生猪生产

在畜牧业中，小畜牧的生产占据着重要的地位，其中，生猪又在小畜牧中占据较大的比重，它不仅能够为人们提供肉食，而且可以为工业生产提供各种原料。2018 年，福建省生猪总头数为 799.90 万头，占小畜牧总数的 89.35%，占比非常大，占全国生猪总头数的 1.87%，居于全国第 19 位。2005～2018 年，虽然生猪的数量波动不大，但总体上处于下降的趋势。2005 年福建省生猪数量为 1249.83 万头，2018 年下降到了 799.90 万头，期间 2013 年以前生猪的数量是上升的，2013～2018 年生猪数量骤降，这可能与生猪的价格波动有关。生猪养殖主要集中在龙岩、漳州、三明、福州、泉州，其中龙岩的生猪存栏数最多，达 233.30 万头；其次是漳州和三明，生猪年末存栏数分别为 103.42 万头和 93.80 万头；再次是福州，生猪存栏数为 91.55 万头，泉州市生猪存栏数为 83.87 万头，莆田市生猪存栏数只有 38.58 万头，厦门市生猪存栏数最少，为 14.77 万头（见图 6-18）。

（二）牛类生产

在生产力不够发达的年代，牛主要用于农耕，较少用于食用。如今，随着生产力的不断提高，农业生产机械化，只有极少数的山区农业生产仍然采用牛耕的方式，大部分地区牛主要用于食用，还通过饲养奶牛来生产牛奶。由于福建省内多山少平原草地，奶牛饲养量不足，奶牛产量占全国比重较小。2018 年，福建省牛奶产量仅有 13.82 万吨，仅占全国牛奶产量的 0.45%。

纵向来看，福建省牛的饲养量自 2006 年以后一直处于递减的趋势，2006 年饲养量为 100.21 万头，此后就开始呈现下降的趋势，到 2018 年，牛的饲养量只有 30.92 万头，比 2006 年下降了 69.14%。2000～2005 年，福建省内牛奶产量大幅度增加，2000 年牛奶产量为 9.6 万吨，2005 年增加到 18.77 万吨，增长了 95.52%。此后，因为福建省的奶牛饲养量减少，牛奶产量从 2005 年的 18.77 万吨下降到 2018 年的 13.82 万吨。龙岩、泉州、福州三市的年末牛存栏数较多，分别为 6.27 万头、5.63 万头和 4.95 万头，宁德、厦门和莆田地区牛存栏数较少，分别为 0.97 万头、0.70 万头和 0.68 万头（见图 6-18）。

（三）羊类生产

由于地势特征，福建省羊的饲养量很少，2018 年羊肉产量仅有 2.04 万吨，占全国羊肉总量的 0.43%，羊饲养量为 95.32 万只，占全国羊饲养总量的 0.32%，居于全国第 26 位，羊饲养量处于较低的水平，且波动幅度不太显著。福州、三明和龙岩羊的养殖量较多，2018 年分别为 23.30 万只、17.29 万只和

13.29 万只，其次是泉州市和南平市，羊的年末存栏数分别为 13.02 万只和 9.90 万只，厦门市羊年末存栏数最低，为 0.57 万只（见图 6-18）。

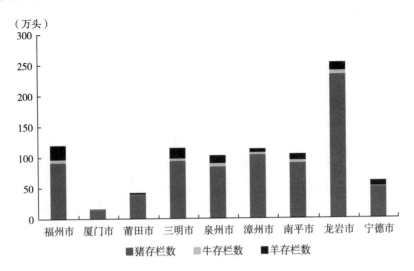

图 6-18 2018 年福建省各市畜牧存栏数量

资料来源：福建省各市统计年鉴（2019）。

三、畜牧业发展趋势

福建省四季常青、气候温和，森林覆盖率高，草山、草坡资源丰富，东南面与海洋自然隔离，西北面内陆有武夷山脉、戴云山脉等与相邻省份隔离的天然屏障，具有较好的动物疫病隔离的自然条件，发展畜牧业具有得天独厚的优良环境。此外，由于福建具有丰富的地方优良畜禽品种资源，为开发利用优质畜产品和选育新品系提供了丰富的遗传素材。福建省应该充分利用自身优势，有选择地发展福建省的特色畜牧业，发挥其独特优势。厦门、漳州、泉州等沿海城市可以生猪为主要养殖对象，闽北多山地区可以借助自然条件优势多畜牧山羊。

福建属全国畜禽遗传资源比较丰富的省份之一，应进一步强化品种改良，提高畜禽良种化水平，充分发挥优势。福建省应该大力养殖优质生猪，一方面供应省内人民的需要，另一方面可以大量出口高质量猪肉，进而提高畜牧业的产值。为此，可以加强原种场建设，提高原种的自给率；扶持国家级核心种猪场、种公猪站建设，鼓励国家级核心种猪场开展配套系选育；生猪良种补贴重点向原种猪场和省级种公猪站倾斜，提高优秀种公猪的利用率和生猪生产性能。

此外，要重点抓好重大动植物疫病防控，全面落实强制免疫计划，扩大规模养殖场"先打后补"试点，推进动物疫病净化。要加强应急管理，强化重大动物疫病监测预警，抓好动植物防疫检疫，健全应急处置机制，严防发生重大动物疫情。与此同时，要统筹抓好农机、农药、饲料兽药、沼气、屠宰等的安全生产，加快推进屠宰行业审核清理和屠宰场标准化建设，做到安全生产，严防重大安全生产事故发生。

第六节　渔业

由于福建省海域面积比较大，具有悠久的渔业发展历史，自古以来有"海为田园，渔为衣食"之说，海洋资源是福建的一大优势。改革开放以来，福建省委、省政府十分重视海洋与渔业发展，先后作出"大念山海经""开发海上田园""培育水产支柱产业""建设海洋经济强省"等一系列发展战略，促进了海洋与渔业经济的全面发展。福建渔业产品量大质优，外向型特征非常突出，连续多年福建省渔业出口量均居全国首位。"十三五"期间，福建省提出着力创新驱动和供给侧结构性改革，实现各设区市渔业的重点功能、主攻方向差异化发展，重点打造大黄鱼、石斑鱼、鳗鲡、对虾、牡蛎、鲍鱼、海带、紫菜、海参、河鲀十大特色品种，十大特色品种全产业链产值全部超过 100 亿元。

一、渔业发展概况

福建省沿海有广阔的海涂、浅海和海洋渔场，鱼、虾、贝、藻种类繁多，经济鱼和对虾、扇贝、西施舌等海珍品资源丰富。10 米等深线内的浅海约有 41 万公顷，有利于发展海水养殖和近内海捕捞。此外，福建省的池塘、水库、湖泊、河沟等内陆淡水面积达 4.7 万公顷。

福建省自然条件复杂多样，生物种类繁多。海洋鱼类 750 种，甲壳类和头足类如蛤、蛏、泥蚶等有数十种、淡水鱼类 160 多种。2018 年，福建省淡水产品产量为 87.08 万吨，比上年增长 6.04%，其中淡水鱼类占据较大的比重，产量达到 71.91 万吨，主要有淡水鳗、鲢鱼、鲤鱼、草鱼、罗非鱼等，虾蟹类和贝类的产量分别为 8.41 万吨和 4.76 万吨。海水产品产量为 695.04 万吨，比上年增长 4.92%，其中鱼类占据较大的比重，产量为 200.47 万吨，主要有大黄鱼、带鱼、鲐鱼、鳗鱼、墨鱼、鲷鱼等，贝类比重超过鱼类，产量达到 306.84 万吨，虾蟹类和藻类的产量分别为 50.71 万吨和 112.04 万吨。虾类主要有对虾、毛虾等，蟹类主要是梭子蟹，贝类主要有蛤、蚶、牡蛎等，藻类主要有海带和紫菜。

二、渔业发展的优势与条件

福建是我国的渔业大省，拥有得天独厚的渔业发展优势与条件。

首先，福建省渔业发展的自然优势非常突出。福建海域面积为13.6万平方千米，大于陆域面积；海岸线蜿蜒漫长，总长3752千米，居全国第二位，曲折率1:7，居全国第一位；海岛2214个，居全国第二位，其中面积大于500平方米的海岛1321个，沿海有大小港湾125个，深水岸线居全国第一位；渔业资源丰富，近海生物种类3000多种，可作业的渔场面积达12.5万平方千米；占全国海洋渔场面积的4.5%；潮间带滩涂面积19.88万公顷。沿岸海域浮游生物种类多，密度高，数量大，分布广，海洋生物种类2000多种，其中经济鱼类200多种，贝、藻、鱼、虾种类数量居全国前列，水产品总量居全国第二位；有闽东、闽中、闽南、闽外和台湾浅滩五大渔场，海洋生态环境良好，全省有15个海洋保护区和27个海洋特别保护区，保护类型涉及红树林、典型海岸带湿地、典型无居民海岛、渔业资源、地质遗迹以及濒危物种等。这些得天独厚的资源禀赋，使福建具备了建设现代海洋渔业的巨大潜力。

其次，福建省渔业发展的从业人员数量庞大，技术条件优异。福建有一支庞大的海洋渔业大军，2018年渔业人口近170万，仅次于广东，居全国第二位，渔业从业人员数超过92万，占全国渔业从业人数的6.96%。福建省拥有数量繁多的水产养殖研究机构和教育机构，为渔业发展提供了强有力的人员与技术支撑。此外，福建和台湾以台湾海峡相连，自然条件与台湾最为接近，拥有明显的闽台合作优势，易于引进台湾先进的养殖、育苗技术等。福建的这些优势不仅可在数量上提升福建的海洋渔业，还有利于培育和养殖食品安全性好、营养价值高、口感好、市场竞争力强的水产品，辅之以规范科学的生产指导、严格的食品安全管理制度，创建国内外知名的福建海洋渔业品牌。

最后，福建渔业发展拥有强有力的政策支持。"一五"时期，福建沿海区县就相继成立了水产行政、科学研究、生产安全、海防保卫、供销企业等机构。党的十一届三中全会之后，渔业成为福建省发展一大优势，被列为8个基地建设之一。此后，福建省相继出台扶持渔业基础设施建设、浅海和淡水大中型水面开发、远洋渔业、水产品加工业的一系列政策措施。例如早期发布了《福建省政府关于发展淡水渔业若干政策规定》等，"十二五"期间发布了《福建省"十二五"渔业发展规划》；同时，2012年9月，国务院正式批准《福建海峡蓝色经济试验区发展规划》，福建成为全国四个海洋经济发展试点省份之一。此外，还发布了《福建省人民政府关于促进海洋渔业持续健康发展十二条措施的通知》《福建省海外渔业发展规划（2014—2020年）》《福建省人民政府关于加快远洋渔业发展六条措施的通知》《福建省"十三五"渔业发展专项规划》《福建省"十三五"海洋经济发展专项规划》《福建省远洋渔业补助资金管理办法》，2018年10月出台了《关于进一步加快建设海洋强省的意见》，之后又发布了《福建省人民政府关于进一步加快渔港建设的若干意见》。福建省致力于渔业发展的政策之多,出台之密集,彰显了渔业在福建产业经济中的重要地位,福建渔业在这些强有力的政策支持下实现了日新月异的发展。

三、渔业的生产与布局

福建渔业发展的早期布局跟群众的生产习惯有关,大致可分为闽东、闽中、闽南、闽外、台湾浅滩五个渔场,之后的渔业生产布局大体延续早期的布局状况,逐步形成了闽东优质水产品养殖与加工区、闽中优质水产品养殖加工与远洋渔业物流区、闽南渔业科技创新与优质水产品生产加工出口区、内陆地区健康水产品生产区等重点功能、主攻方向差异化发展的布局模式。

在全国范围内,福建省水产品产量占比较大,2018 年福建省水产品产量为783.89 万吨,占全国水产品总量的 12.14%,仅次于山东、广东,居全国第三位。福建省水产业由淡水产业与海水产业构成,海水产品产量远高于淡水产品产量,2018 年海水产品产量为695.04 万吨,占全国海水产品总产量的 21.05%。福建主要的水产品是鱼类,全省海水产品中的鱼类比例为 28.84%,淡水产品中的鱼类比例为82.58%。

受益于海洋渔业得天独厚的条件,福州、漳州、泉州、宁德、莆田的水产业比较发达,它们的水产品产量占全省水产品产量的比重较大,比重分别为32.87%、24.54%、13.79%、12.37%、12.00%。

海洋水产业主要分布在福州、漳州、泉州、莆田、宁德,其中福州的海产品产量最高,2018 年海产品产量为234.19 万吨,其次是漳州和泉州,两者的海产品产量都超过了 100 万吨,2018 年海产品产量分别为 165.25 万吨和 106.34万吨,莆田和宁德的海产品产量分别为 91.14 万吨和 92.06 万吨。这与各个市的地理位置有很大的关系,福州、漳州、泉州等地海域面积很大,因此海水产业较发达,海产品品种较多,相对来说南平、三明、龙岩等地多山又不靠海,主要以淡水产品为主。厦门市虽然靠海,但是海产品产量并不高,只有 6.06 万吨,这与厦门海域退养,主导海洋旅游业有关(见图 6-19)。

淡水产业在福建省的分布相对来说较为广泛且均匀,其中漳州和福州淡水产业发展最好,两者占全省淡水产量的比重加起来超过 50%,三明淡水产品产量次之,产量为 10.68 万吨,厦门的淡水产品产量最少,仅为 0.99 万吨。

以县域为单位来分析,福建省渔业发展优势地区同样主要集中在沿海地区。严小燕等(2017)根据渔业发展竞争力水平将福建省各县域划分为竞争优势核心区、竞争优势扩展区、竞争优势潜力区和不具备竞争优势区四种类型。其中,竞争优势核心区包括连江县和东山县,是福建省渔业最具竞争力的两个区域。

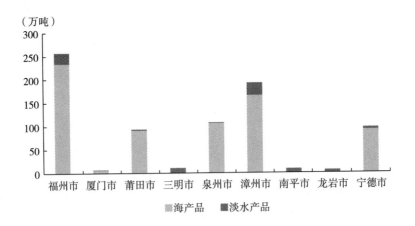

图 6-19 2018 年福建省各市水产品产量

资料来源：福建省各市统计年鉴（2019）。

连江县是全国渔业大县，海域面积 31.12 万平方千米，是陆地面积的 2.7 倍，其境内著名的"三湾三口"（黄岐湾、罗源湾、定海湾，闽江口、敖江口、可门口）是福建省重要的渔业生产区，拥有得天独厚的水产资源，水产总量连续 20 多年名列全省第一位、全国县级第二位，正在建设的福建省海峡现代渔业经济区将打造成为福建省最大的传统渔业向智能养殖转型的现代渔业基地。东山县是福建第二大岛，面积 2.44 万平方千米，被评为"国家级外贸转型升级示范基地""国家级出口海捕水产品安全示范区"，渔业是当地最重要的支柱产业。2015 年，东山县水产出口总额 17.5 亿美元，约占全省的 1/3，居全国县级首位。2016 年，东山县钢质渔船数量 968 艘，连续 6 年稳居全省县级第一位。竞争优势扩展区包括霞浦县、龙海市、福清市、莆田市辖区、福鼎市和漳浦县 6 个县（区、市），这些地区的渔业经济实力在全省占据举足轻重的地位，有些地区在某些水产品种或品牌方面甚至超过核心区，如霞浦的海参、海带和紫菜，莆田的花蛤，福鼎的大黄鱼，漳州的石斑鱼等。竞争优势潜力区包括蕉城区、石狮市、诏安县、平潭县、长乐市、福州市辖区、罗源县、泉州市辖区、晋江市、惠安县、厦门市、云霄县、福安市和长泰县 14 个县（区、市）。其余的 45 个县（区、市）为不具备竞争优势区，这些地区在渔业发展综合实力上相对较差。

四、渔业发展存在问题及发展趋势

（一）存在问题

福建省属于海洋产业大省，渔业生产进入蓬勃发展阶段，养殖规模和养殖产量呈逐年上升趋势，养殖方式向多样化和集约化方向发展。然而，由于受长期投入不足、产业基础薄弱、生态环境日趋恶化、渔业资源严重衰退、病害频繁发生、生产效益逐渐下降等诸多方面的影响，渔业增长速度趋缓，严重地制约了渔业经济可持续健康发展。

1. 沿海地区

福建省渔业发展历史久远，存在过度捕捞问题，海洋生态环境遭到了极大破坏。为此，福建省应继续加大渔业投入，尤其是在海洋环境保护方面，改善海洋环境，进一步对渔业资源实施保护政策，促进福建省渔业的可持续健康发展。近年来，福建省海洋旅游业蓬勃发展，然而随之而来的海洋污染问题也日渐严重。因此，应对海洋旅游的游客人数进行一定的限流，在一定程度上保护海洋生物的安全，一方面有利于海洋旅游业的持续健康发展，另一方面有助于渔业资源的持续更迭与再生。

2. 山区

山区休闲渔业是福建渔业结构调整过程中快速发展的新兴产业，经过几年的努力，福建省已建成 100 家优势较突出、设施完备、环境优良，产业融合度高、资源整合程度好，经济、社会和生态效益明显，较好地满足人们休闲需求的"水乡渔村"。然而，目前福建省尚未出台休闲渔业总体规划意见，各地的休闲渔业各自为战，缺乏规划，布局结构不尽合理。此外，由于休闲渔业的服务设施、经营范围及内容缺乏统一标准，在一定程度上也制约了休闲渔业的健康发展。为此，南平、三明等多山地区可以此入手，通过解决休闲渔业发展中存在的各种问题，寻求休闲渔业的发展之路，实现错位发展，充分发挥乡村风情优势，强化渔业、旅游业的产业融合。

（二）发展趋势

1. 品牌渔业发展及新业态不断呈现

福建省通过实施品牌战略，推进区域特色品牌渔业发展，打造带动力强的全国性水产特色品牌。水产龙头企业以自主创新和品牌建设为核心，实行全方位、多层次的自主品牌建设，争创中国驰名商标、国家地理标志、福建省著名商标、福建省名牌产品等品牌。休闲渔业企业通过发展努力创建全国休闲渔业示范基地和 A 级旅游景区，积极申报全国特色渔业之乡，从而打造福建渔业发展的品牌特色。此外，福建省渔业新业态不断呈现，包括渔港经济区、渔区特色小镇、渔业综合体等。

（1）渔港经济区。渔港经济区建设应结合福建省渔港的资源条件、辐射范围、建设基础等，从规划引导、加大投入、资本参与、要素保障、金融服务、组织实施等方面，统筹建设以渔港为龙头、城镇为依托、渔业产业为基础，集渔船停泊、避风、补给及水产品集散和加工、休闲渔业、滨海旅游、城镇建设功能为一体的渔港经济区，以此推进配套设施及陆域开发。同时，可依托霞浦三沙、连江黄岐等渔港经济区，建设若干以中心、一级和二级渔港为基地的渔人码头。

（2）渔区特色小镇。渔区特色小镇是以渔村为依托，以渔业产业为基础，通过深入挖掘渔业文化内涵、渔村人文风情，突出休闲渔业主题，加强渔村环境整治和服务设施配套建设而成。在现有条件下，可重点依托东山海洋运动小镇、诏安四都渔乡休闲小镇、湄洲妈祖文化小镇、蕉城三都澳大黄鱼小镇等，创建集海洋与渔业文化、旅游观光、休闲养生为一体的特色小镇。

（3）渔业综合体。渔业综合体建设是现代渔业产业的升级版，通过建设宁德大黄鱼渔业综合体、厦门石斑鱼渔业综合体和福州渔业生态文化体验馆等进行试点，再逐步推广。

专栏 6 - 1

福建省渔港经济区建设

宁德市：重点依托霞浦三沙中心渔港、霞浦西洋一级渔港、霞浦大京二级渔港、福鼎嵛山马祖一级渔港，通过打造滨海旅游观光带、海岛旅游、台湾水产品交易市场等，扩大渔港经济区辐射范围，形成四个各具特色的渔港经济主题区。

福州市：重点依托连江黄岐中心渔港、连江奇达二级渔港，结合黄岐半岛的历史古城墙资源、战地风光和渔村特色文化，打造半岛乡村风情观光旅游带，促进渔港经济区发展。结合当前国务院批复的福州新区建设，加快沿海渔港经济区产业布局。

莆田市：重点依托湄洲岛一级渔港、南日岛浮叶一级渔港，结合妈祖文化、海岛旅游，形成宗教民俗文化、海岛旅游观光与渔港经济区相结合的各具特色的渔港经济主题区。

泉州市：重点依托祥芝中心渔港、晋江深沪中心渔港的渔业产业资源，配套上下游产业，形成区域性海洋渔业支柱产业带，打造渔港经济区。依托崇武中心渔港及崇武古城打造渔业产业＋滨海旅游综合经济区。依托泉州诚峰一级渔港的古城文化旅游节，打造美丽滨海乡村旅游。建设丰泽蟳埔渔人码头打造渔船＋滨江休闲观光景区。

漳州市：重点依托东山大澳中心渔港、东山澳角一级渔港、东山宫前一级渔港，提升当地渔业文化，开发滨海旅游。依托诏安赤石湾中心渔港、诏安田厝一级渔港，带动当地小城镇（新农村）建设。依托龙海港尾一级渔港，重点开发后方陆域，尽快形成滨海旅游、上下游配套产业。

平潭综合实验区：重点依托平潭东澳中心渔港，结合滨海观光旅游、台轮停泊，打造渔港风情观光旅游。

资料来源：福建省海洋与渔业厅.关于印发福建省"十三五"渔业发展专项规划的通知［EB/OL］.［2017 - 04 - 06］. http：//hyyyj. fujian. gov. cn/zfxxgkzl/zfxxgkml/ghjh_ 314/ghgy/201704/t20170406_ 1879304. htm.

2. 智慧渔业与生态渔业发展

随着5G时代的到来，互联网、大数据、云计算、AI和物联网等信息技术，正让渔业发展也变得更加智慧。智慧渔业是以物联网、人工智能等现代信息技术为基础，以数据为核心，以智能检测与感知控制的先进传感设施设备为载体，以精准化养殖、可视化管理、智能化决策为手段，以智能化、自动化、集约化、可持续发展为目标的现代渔业综合生态体系，是推进渔业供给侧结构性改革、加速渔业转型升级的重要手段和有效途径，也是未来渔业发展的重要方向。福建省智慧渔业建设将通过建立渔业智能化养殖与服务体系、实施智慧船联网管理、发展渔业新兴产业融合云平台等具体举措实现。

生态渔业是指根据鱼类与其他生物间的共生互补原理，利用水陆物质循环系统，通过采取相应的技术和管理措施，实现保持生态平衡，提高养殖效益的一种养殖模式。当前，我国经济进入新常态，渔业发展也面临着更加严峻的资源与环境双重约束，这一模式是我国建设社会主义生态文明，贯彻新发展观念的必然选择，也是当前破除渔业发展资源与环境约束的正确抉择。福建省渔业发展历来注重生态环境的保护、可持续发展的理念，尤其是近几年，福建省在扎实推进渔业转型升级方面做出了较多的努力，特别是2019年以来，福建省认真落实农业农村部等10部委《关于加快推进水产养殖绿色发展的若干意见》精神，印发了《关于加快水产养殖业绿色发展十三条措施的通知》，加快推进水产养殖业绿色发展，推动福建渔业在生态渔业的发展轨道上实现优化转型，迈上高质量发展新台阶。

专栏 6 - 2

福建省智慧渔业发展规划

智慧渔业工程：加快传统渔业向物联网与云计算、大数据、智能设施渔业转型升级，开发转化一批在线渔业环境监测探测传感器和关键仪器设备，突破组网技术和通信技术，进一步推动渔业与信息技术的深度融合。逐步实现从手工操作向智能自动化操作转变，从粗放型、资源消耗型、数量型向精准型、资源节约型、质量型发展方向转变。

水产养殖物联网工程：利用信息技术对水产养殖生产的各个要素进行数字化设计、设施智能化控制、精准化运行及科学化管理，力求能减少渔业消耗，降低生产成本，提高产业效益。加快水产养殖技术、装备技术和信息技术的高度融合，建设一批水产养殖物联网示范基地，在大数据分析基础上进行科学决策，实现精准化、自动化和智能化。

渔业数字化智能管理系统：系统集水质在线监测、自动报警、智能调控等功能于一体；实时记录苗种、饲料投入、鱼药使用和产品销售等情况，并建立起水产品质量安全溯源系统，为每批次水产品建立电子档案，确保其生产、流通过程的信息化管理和质量的追溯管理。

智慧渔业船联网：充分利用物联网与渔业船舶在生产、管理等方面的融合，实现全省渔船渔需物资交易、渔业保险、渔货交易、船岸互动等网络智能细分服务，并提升安全应急管理效率效果，实现渔船作业实时监控、水上安全呼救应答、禁渔期禁捕、防范和打击非法捕捞的远程监管。

物联网：通过射频识别、红外感应器、全球定位系统、激光扫描器等信息传感设备，按约定的协议，把物体与互联网相连接，进行信息交换和通信，以实现对物体的智能化识别、定位、跟踪、监控和管理。渔业物联网技术目前已延伸到渔业行业的各个环节，如水产养殖管理、水产品质量溯源、水产品供应链、水产品加工、海洋渔业资源监控、海洋环境监测、渔港监管、渔船活动信息收集、渔具辅助设备等。

福建省海洋与渔业应急指挥决策支持系统：在原有"海上渔业安全应急指挥辅助系统"的基础上，综合利用大数据、云计算等技术开发"福建省海洋与渔业应急指挥决策支持系统"，为应对海上各类突发事件的应急处置提供决策支持。同时为船主、渔民、渔民家属等船舶相关方提供船舶位置、运行监控、海况信息预报等远端智能信息产品等信息服务。

东盟国家渔产品贸易合作平台：依托中国—东盟海产品交易所平台，加强东盟各国渔业政策、生产、贸易、金融等交易资源情况的数据整合，建立数据平台，提供便捷跨境交易环境与服务，积极为企业提供渔业政策、生产情况、贸易数据等信息服务，推动东盟各国水产品贸易。

资料来源：福建省海洋与渔业厅. 关于印发福建省"十三五"渔业发展专项规划的通知［EB/OL］. ［2017 - 04 - 06］. http：//hyyyj. fujian. gov. cn/zfxxgkzl/zfxxgkml/ghjh_314/ghgy/201704/t20170406_ 1879304. htm.

参考文献

［1］福建省自然资源厅.2017年福建省国土资源年报［EB/OL］.［2018-11-06］.ht-tp：//zrzyt. fujian. gov. cn/xxgk/tjxx_19834/zhywtj/201901/t2019010 9_4740600. htm.

［2］2018年福建省国民经济和社会发展统计公报［EB/OL］.［2019-02-28］.ht-tp：//tjj. fujian. gov. cn/xxgk/tjgb/201902/t20190228_4774952. htm? tdsourcetag = s_ pcqq_ ai-omsg.

［3］福建省农业农村厅.福建农业概况［EB/OL］.［2008-01-11］. http：//nynct. fu-jian. gov. cn/zjnyt/fjny/200801/t20080111_2741351. htm.

［4］福建省林业厅.福建省林业概况［EB/OL］.［2009-06-05］. http：//lyt. fujian. gov. cn/gkxx/201906/t20190605_4893517. htm.

［5］福建省农业农村厅.2019年福建省农业农村厅工作报告［EB/OL］.［2019-02-28］.ht-tp：//nynct. fujian. gov. cn/zjnyt/gzbg/201902/t20190228_4775348. htm.

［6］方青.福建省粮食作物生产状况及对策研究［J］.吉林农业,2014（19）：10-12.

［7］福建省农业农村厅.2017年福建省农业厅工作报告［EB/OL］.［2017-01-06］.ht-tp：//nynct. fujian. gov. cn/zjnyt/gzbg/201701/t20170106_2541186. htm.

［8］福建省统计局.福建省及各市统计年鉴［M］.北京：中国统计出版社,2019.

［9］福建省统计局.福建省各市国民经济和社会发展统计公报2015.

［10］福建省农业农村厅.2018年福建省农业厅工作报告［EB/OL］.［2018-03-02］. http：//nynct. fujian. gov. cn/zjnyt/gzbg/201803/t20180302_3 344206. htm.

［11］李侃.福建省设施园艺发展现状及对策分析［J］.福建农业科技,2014（8）：82-84.

［12］周开隆,叶荫民.中国果树志·柑橘卷［M］.北京：中国林业出版社,2010.

［13］福建茶叶［EB/OL］.［2018-07-23］. http：//www. 1mag. cn/5312. htm.

［14］福建省国民经济和社会发展统计公报2018［EB/OL］.［2019-02-28］. http：//www. fujian. gov. cn/zc/tjxx/tjgb/201902/t20190228_4775098. htm.

［15］路湘云,陈开信.福建林业三十年的回顾和认识［J］.林业经济问题,1984（2）：7-12.

［16］福建省人民政府关于推进集体林权制度改革的意见［EB/OL］.［2003-04-04］.ht-tp：//www. fujian. gov. cn/zc/zfxxgkl/gkml/jgzz/nlsyzcwj/200804/t20080 430_1476261. htm.

［17］福建省"十三五"林业发展专项规划［EB/OL］.［2016-04-29］. http：//www. fujian. gov. cn/zc/zfxxgkl/gkml/jgzz/nlsyzcwj/201605/t20160503_147 7081. htm.

［18］福建省六部门联合出台《林业产业振兴实施方案》［EB/OL］.［2011-01-12］.ht-tp：//www. forestry. gov. cn/portal/main/s/102/content-458668. html.

［19］福建省人民政府关于进一步加快林业发展的若干意见［EB/OL］.［2012-09-19］. http：//www. fujian. gov. cn/zc/zfxxgkl/gkml/jgzz/nlsyzcwj/201210/t20121009_1476750. htm.

［20］黄培锋.福建林业竞争力影响因素研究——基于双钻石模型［J］.福建工程学院学报,2017,15（1）：81-87.

［21］李鹏源.福建省林业产业可持续发展［J］.北京农业,2013（27）：64-65.

［22］国家统计局. 中国统计年鉴［M］. 北京：中国统计出版社，2019.

［23］林其伟，陈玉明. 优势互补，携手合作，共创闽台畜牧业更加美好的明天［J］. 福建畜牧兽医，2005（6）：3－5.

［24］任播杨. 福建省现代畜牧业发展思路［J］. 中国畜牧业，2014（5）：43－45.

［25］中国自然资源部. 福建海洋简介［EB/OL］.［2014－05－29］. http：// test. mlr. gov. cn/zt/hy/fjhy/hygk/201506/t20150626_ 2112920. html.

［26］赵冬梅，高爱国. 统筹兼顾、构建福建海洋渔业优势产业［J］. 海洋经济，2014，4（1）：29－35.

［27］农业农村部渔业渔政管理局，全国水产技术推广总站，中国水产学会. 中国渔业统计年鉴2018［M］. 北京：中国农业出版社，2018.

［28］杨瑞堂. 福建海洋渔业简史［M］. 北京：海洋出版社，1996.

［29］福建省海洋与渔业厅. 关于印发福建省"十三五"渔业发展专项规划的通知［EB/OL］.［2017－04－06］. http：//hyyyj. fujian. gov. cn/zfxxgkzl/zfxxgkml/ghjh_ 314/ghgy/ 201704/t20170406_ 1879304. htm.

［30］严小燕，等. 供给侧改革下的福建优势特色渔业竞争力评价与空间布局优化［J］. 中国农业资源与区划，2017，38（12）：205－215.

［31］游玉. 福建省现代渔业的发展现状和对策研究［J］. 中国渔业经济，2016，34（2）：43－48.

［32］邱嘉强. 福建山区休闲渔业发展分析与建议［J］. 中国水产，2014（6）：24－25.

［33］刘鹰. 首届中国智慧渔业发展论坛演讲发言摘要［EB/OL］.［2019－07－01］. http：//www. china－cfa. org/xwzx/xydt/2019/0701/156. html.

［34］郑永利，等. 生态渔业与新农村建设发展关系的调查与研究［J］. 河南水产，2013（4）：35－37.

［35］厦门市海洋发展局. 厦门渔业管理［EB/OL］.［2017－06－20］. http：//hyj. xm. gov. cn/gzcy/zxft/wqft/xmdlfzhyjj_76237/ftsl/201711/t20171128_18 27771. htm.

第三篇

区域与城乡

第七章　区域经济差异与协同发展

第一节　区域经济发展差异

一、区域经济发展分化较为明显

福建省的区域经济呈现明显的分化格局（见图7-1）。2018年，泉州、福州的GDP在全省处于绝对领先地位，福州的GDP超过7000亿元，泉州的GDP超过8000亿元；厦门的GDP超过4000亿元，漳州接近4000亿元。其余几个地级市，即莆田、三明、南平、龙岩、宁德的经济规模相对较小，GDP均未超过2500亿元。

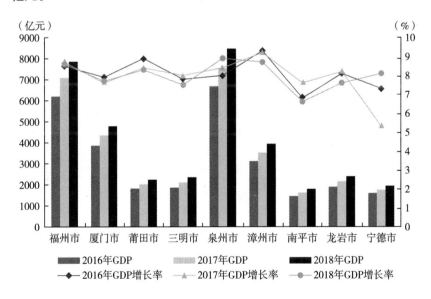

图7-1　2016~2018年福建省各地市GDP和增长率

资料来源：根据历年《福建统计年鉴》整理。

从经济增速上看，2016～2018 年福建省 9 个地级市的经济发展增速均有不同程度的下滑，但漳州、莆田仍然保持了较快的增速，其经济增长始终处于全省前两位。

2018 年福建省人均 GDP 为 9.12 万元，其中厦门、福州、泉州对其拉动作用明显，人均 GDP 分别为 11.80 万元、10.20 万元和 9.76 万元。此外，处于山区的三明 GDP 总量虽然偏低，但人口基数小，人均 GDP 接近于全省平均水平，为 9.14 万元。其他各市的人均 GDP 在全省平均值以下，南平和宁德的人均 GDP 分别为 6.68 万元和 6.69 万元，名列最后两位（见图 7-2）。

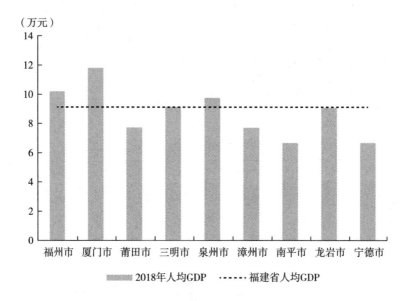

图 7-2　2018 年福建省各地市人均 GDP 和福建省人均 GDP
资料来源：根据《福建统计年鉴》（2019）整理。

从经济增长结构来看，福建省各地区投资增长仍是拉动经济增长的第一动力，投资对经济增值的贡献率持续增长，消费对经济增长的贡献率次之，出口对经济增长的贡献减弱。从结构上看，全年投资增长高于消费和出口增长，投资对经济的拉动作用继续增强。

固定投资方面，近年来福建省各市的固定投资规模持续增长，在拉动积极增长方面占有主导地位。2018 年福州市固定资产投资总额完成 6505 亿元，超全省固投总额的 1/5，大幅领先于排名第二、第三位的泉州、漳州。漳州和南平的固投总额增速相比上一年降缓趋势明显。消费方面，2018 年福州市社会消费品零售总额达到 4666 亿元，占全省比重超过 1/3，远高于排名第二、第三的泉州、厦门。进出口方面，厦门的进出口额以 910 亿元大幅领先于排名第二位的福州（374 亿元）和第三位的泉州。一般公共预算收入方面，各地区差异较大。厦门、福州、泉州经济发展水平较高，一般公共预算收入大幅领先于其他各市，2018 年其一般公共预算收入分别为 754.53 亿元、680.38 亿元和 474.16 亿元，其余地区一般公共预算收入规模较小，除漳州达到 218.75 亿元外均不足 200 亿元，其中南平未过百亿元，排名最末（见图 7-3）。

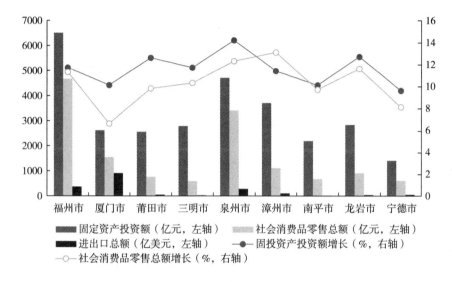

图 7-3　2018 年福建省各地市固投、消费、外贸规模与增速

资料来源：根据福建省各地市统计年鉴（2019），以及《福建统计年鉴》（2019）整理。

总体而言，福建省各市经济发展不平衡不充分。首先，福州、厦门和泉州三市与其他地市发展水平差距明显。近年来，受宏观经济下行压力影响，福建省各市经济虽保持较快增长，除宁德市外大部分地区 GDP 增速均呈下行趋势。其次，除福州、厦门和泉州三市外，其余地区经济基础均相对较为薄弱，总量不大，质量不高。但即便是厦门、福州、泉州也同样面临着经济发展和转型的压力。

二、"山海"发展差异显著

福建素有"八山一水一分田"之称，省内山地、丘陵占土地总面积的 90%，闽东南的福州、莆田、泉州、漳州等小平原，其范围内也是低丘错综，所以福建山区是相对性的山区，它与沿海之间没有确切的边界。根据福建自然地理的这一特征，本书以是否直接临海作为沿海和内陆的划分依据，对福建省九个地市进行地理划分。

　　福建省基本呈现从沿海向内陆发达程度递减的区域经济格局。沿海地区包括直接临海的福州、厦门、泉州、漳州、莆田和宁德6市，该区域产业基础相对良好，经济发展水平相对较高；山区则包括南平、三明和龙岩3市，产业基础相对较弱（见表7-1）。

表7-1　福建省沿海地区和山区主要经济发展指标

项目	2015年		2016年		2017年		2018年	
	沿海	山区	沿海	山区	沿海	山区	沿海	山区
地区生产总值（亿元）	21226	4791	23293	5214	26295	5876	29249	6540
一般公共预算收入（亿元）	1954	304	2075	309	2224	327	2389	353
固定资产投资额（亿元）	15777	5621	17117	6024	19219	7008	21516	7821
社会消费品零售总额（亿元）	8918	1588	9782	1766	10917	1962	12103	2171
进出口总额（亿美元）	1621	72	1491	71	1629	76	1781	86

资料来源：根据福建各地市历年统计年鉴以及历年《福建统计年鉴》整理。

　　从经济总量来看，2018年福建省沿海地区生产总值为29249亿元，以全省44.58%的面积贡献了81.7%的地区生产总值；山区生产总值为6540亿元，仅占全省的18.3%。从地均产值来看，沿海地区与山区地均产值分别为5342元/平方千米和957元/平方千米，沿海是山区的5.5倍。从人均地区产值看，沿海地区和山区人均地区生产总值分别为92853.97元和82680.15元，两者相差10173.82元。

　　从产业结构来看，沿海地区和山区的第二产业占比均在50%左右，均是以第二产业为主导，但一三产业的结构有较大差异。近年来，沿海地区第三产业占比维持在40%以上，基本形成了二三产业并进的态势，产业结构持续优化。山区第一产业所占比重较大，尽管近年来二三产业比重有所上升，但第一产业仍维持在15%以上的比重。合理的区域分工是区域经济协调发展的基础，沿山沿海地区不同的产业结构特征，既可以充分发挥各地优势，促进区域的关联性和互补性，也是贯彻主体功能区战略的重要体现。

　　从一般公共预算收入来看，2018年，沿海地区的一般公共预算收入达到了2389亿元，山区一般公共预算收入为353亿元，相差近7倍。

第二节 区域经济空间格局演化

一、经济总量集聚度降低

地区生产总值是衡量区域经济发展水平的一个重要标志，地区生产总值的集聚状态可以反映区域经济空间的结构特征。集中指数是表明某项经济活动在地域上集中程度的指标，可以构建如下的福建省经济集中指数：

$$C = (1 - H/T) \times 100\%$$

$$H = t_1 + t_2 + \cdots + t_n \tag{7-1}$$

其中，C 为福建省集中指数，T 为福建省总人口，t_i 为福建省各县、县级市、市辖区的人口。n 的确定原则如下：将福建省各县、县级市、市辖区的经济总量由高到低排列，记为 P_1、P_2、$\cdots$、P_n，福建省的经济总量为 P，当 $P_1 + P_2 + \cdots + P_n = 1/2P$ 时，n 即为所求。

利用福建省 2003 年、2008 年、2013 年和 2018 年的县域地区生产总值和常住人口数据进行计算。首先，对各县、县级市、市辖区的 GDP 进行排序；其次，按 GDP 由高到低顺序累计相加，抽取累加值约占全省 GDP 总量 50% 的地区；再次，计算所抽取地区的人口数及占全省总人口的比重；最后，根据式（7-1）算出福建省四个年份经济总量的集中指数。由于行政区划调整，会造成人口和地区生产总值的排序变化。本节直接以 2018 年的福建省各县、县级市、市辖区为基准，对所有数据进行如下处理：将莆田市莆田县数据并入莆田市辖区，将龙岩市永定县数据并入龙岩市辖区，将南平市建阳市数据并入南平市辖区，将福州市长乐市数据并入福州市辖区。

通过计算可以发现，21 世纪以来，虽然福建省 GDP 集中指数显示出持续下降的趋势，但由于 GDP 前 50% 的地区数量并没有太大变化，所以并不能认为福建省的经济分布情况均衡。福建省的人口不断向经济发达地区聚集，GDP 占前 50% 的地区吸纳人口数不断提升，从 2003 年的 31.18% 上升到 2018 年的 41.08%（见表 7-2、图 7-4）。

表 7-2 2003~2018 年福建省 GDP 集中指数变动

年份	GDP 前 50% 的地区数（个）	GDP 比重（%）	人口比重（%）	GDP 集中指数
2003	7	50.96	31.18	0.6882
2008	7	50.64	35.92	0.6408

续表

年份	GDP 前50%的地区数（个）	GDP 比重（%）	人口比重（%）	GDP 集中指数
2013	7	49.99	41.06	0.5894
2018	7	50.05	41.08	0.5892

资料来源：根据《福建统计年鉴》（2004、2009、2014、2019）整理。

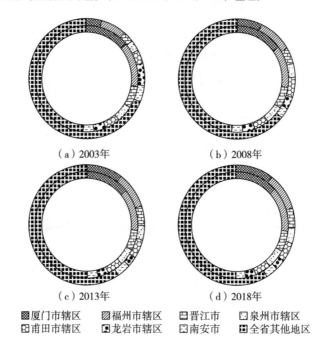

（a）2003年　　　　　　　（b）2008年

（c）2013年　　　　　　　（d）2018年

▨厦门市辖区　　▧福州市辖区　　▥晋江市　　▦泉州市辖区
▣莆田市辖区　　▰龙岩市辖区　　▤南安市　　▨全省其他地区

图7-4　2003~2018年福建省GDP前50%地区GDP（内环）和人口（外环）占比
资料来源：根据《福建统计年鉴》（2004、2009、2014、2019）整理。

二、经济重心迁移方向变化

经济重心指的是在区域经济空间中，各个方向上的经济力量能够保持均衡的一点。经济重心模型是从物理重心演变来的一个概念，在经济地理学领域应用较为广泛，可以研究区域空间上的多种社会、经济和自然资源的分布和区域经济均衡发展问题。

对于省级的行政区域，计算经济重心通常更多地借用次级，即地级市的经济社会指标和地理坐标构建起公式，在空间方向和距离上反映区域经济的演化。对于福建省的区域经济重心分析，我们采用各地级市的生产总值和地理坐标构建起如下公式：

$$X_j = \frac{\sum M_{ij} \times X_i}{\sum M_{ij}}$$

$$Y_j = \frac{\sum M_{ij} \times Y_i}{\sum M_{ij}} \qquad (7-2)$$

其中，X_j、Y_j 分别表示第 j 年的福建省经济重心所在地理位置的经度值和纬度值；X_i、Y_i 分别表示第 i 个地级市的经度值和纬度值，通常用地级市市政府所在地的经纬值来表示；M_{ij} 表示第 i 个地级市在第 j 年的地区生产总值。

地球表面的点位置由坐标表示，不同点之间的位置关系可以以其中的一个点为参照，然后从重心移动的方向和距离两个方面来分析重心的位置。空间距离的计算模型如下：

$$d_{n-m} = C \times \sqrt{(X_n - X_m)^2 + (Y_n - Y_m)^2} \qquad (7-3)$$

其中，d 表示两个不同年际间经济重心的移动距离，m、n 分别表示两个不同年份，(X_n, Y_n)、(X_m, Y_m) 表示 m 年和 n 年的经济重心所在地的地理坐标（经度值和纬度值）；C 为常数，是把地理坐标单位度转化为平面距离千米的系数，通常取 111.111；$C \times (X_n - X_m)$、$C \times (Y_n - Y_m)$ 分别表示经济重心从 m 年到 n 年在经度和纬度上移动的实际距离。

自 2000 年以来，福建省经济中心经历了西南—西—东北—西南方向的移动，位置从莆田市西部转移至泉州市北部（见表 7-3）。

表 7-3 经济重心位置与迁移情况

年份	经度	纬度	移动方向	移动距离（千米）
2000	118.507	25.401	—	—
2005	118.481	25.366	西南	4.84
2010	118.464	25.370	西	1.94
2015	118.472	25.385	东北	1.89
2018	118.470	25.381	西南	0.5

三、经济发展相对率南北分化

发展相对率（Nich）可以反映地区相对增长量的差异，用来分析各县域的经济速度和水平。其公式如下：

$$Nich = \frac{Y_{2i} - Y_{1i}}{Y_2 - Y_1} \qquad (7-4)$$

式（7-4）中，Y_{1i}和Y_{2i}分别代表第i区域在时间1和时间2的人均GDP，Y_1和Y_2分别代表全省在时间1和时间2的人均GDP。本书以2013年和2018年各县域的人均GDP数据反映各地$Nich$值，$Nich$值越大，代表该地区的初始发展水平越高且发展速度越快。

福建省经济地位较高并且经济发展速度较快的地区为沿海的部分市辖区、县、市和西南部分市辖区、县、市；福建省经济地位较低并且经济发展速度较慢的地区主要在东北部分县、市。$Nich$值较大的几个地区为福州市辖区、漳州市辖区、宁德市辖区、泉州市辖区、漳州市长泰县，$Nich$值都达到了1.5以上。同时，漳州市龙海市、东山县、华安县、南靖县，龙岩市漳平市、上杭县，三明市永安市，泉州市晋江市和惠安县的$Nich$值都达到了1.2以上。

$Nich$值较小的几个地区为福州市平潭县、泉州市安溪县、三明市宁化县、漳州市平和县、南平市政和县，$Nich$值都在0.5以下。

在所有地级市中，相对发展率差异最大的是漳州市和宁德市。漳州市的陇海市、东山县、华安县、南靖县的$Nich$值都居全省前列，而漳浦县、平和县的$Nich$值位列全省倒数。宁德市辖区的$Nich$值位于全省前列，而古田县、寿宁县、屏南县、柘荣县、周宁县的$Nich$值处于全省倒数，且均未超过0.5。

第三节　区域合作与协同发展

一、山海协作

"山海协作"是福建省沿海发达地区和欠发达地区之间区域经济协作的形象化提法，是推进两地协调发展的一项重大举措。福建省从20世纪90年代开始积极推动山海协作工程，山海两地合作领域不断扩大，合作实效不断提高。2012年，福建省委、省政府出台《关于深化山海协作的八条意见》，确定23个扶贫重点县作为福建农村扶贫开发工作的主战场，明确每个扶贫重点县由1个沿海较发达县（市、区）结对对口帮扶，开启了福建省山海协作和协调发展的新阶段。

福建省积极将"山"边的资源、劳动力、生态等优势，与"海"边的资金、技术、人才等优势有机结合起来，实现山地城市从"输血"到"造血"的改变，实现区域协调发展。

一是打通了交通网络布局。在城镇化加快的背景下，福建省"2+3"的交通格局已经形成，即沿海综合通道、南三龙山区综合通道，以及福州到南平、泉州到三明、厦门到龙岩这三条山海协作通道。交通网络的布局能在更大范围内，通过提升资源配置效率实现高质量发展。

二是大海洋经济。在工业化进程中，福建省形成了山区和沿海两条工业走廊，即福诏工业走廊和南三龙工业走廊。通过两个协作区山海合作协同发展，使得海洋国土开发能够取得规模效应，港口经济与腹地经济能够更好地协同发展，由此带动海洋经济发展，推动建设"21世纪海上丝绸之路核心区"。

三是山海协作的平台建设。福建把加快推进扶贫重点县与沿海发达县共建产业园区作为深化山海协作的重要抓手，23个扶贫重点县都要在本县或对口的沿海发达县建成1个以上共建产业园区，并在项目招商、技术帮扶、产业链延伸、资金落实和用工帮困等方面实现共建，以此来增强扶贫重点县的"造血"能力，形成了一批产业集群。截至2018年初，福建共认定了32个山海协作共建产业园区，其中23个省级扶贫开发工作重点县都与对口帮扶的沿海较发达县共建了产业园区。

四是加强人力资源合作。教育部门通过建立对口帮扶薄弱地区基础教育发展的机制，实施职业教育协作计划和急需紧缺人才培养能力提升援助计划等，为推进协同发展区的高质量发展提供人才支撑和智力支持。同时，通过建立人才流动平台和提供创新创业机会，引导高素质人才向山区、基层流动。

福建省的山海协作要不断创新合作方式，扩大合作领域，注重从"输血"的资金扶助向"造血"的产业扶持转变，并且要深化人才培养和人文交流等"软合作"；要不断完善和丰富具有特色的山海协作模式，走新时代的协调发展之路；要优化区域发展格局，对接"一带一路"建设，适应国家及国际发展新形势。

二、闽东北、闽西南协同发展区

(一) 从经济协作区到协同发展区

闽东北和闽西南的经济协作起源于20世纪80年代，2018年福建将经济协作区提升为协同发展区，赋予新时代福建区域发展新的内涵。闽东北协同发展区包括福州、莆田、宁德、南平、平潭四市一区；闽西南协同发展区包括厦门、漳州、泉州、龙岩、三明五市。多年来，闽东北和闽西南协同发展区开展了多层次、多形式的区域合作，在交通设施建设、经济融合发展、社会文化交流等方面取得了显著成效，可以归纳为以下几个阶段：

(1) 起步阶段 (1986～1991年)：自20世纪80年代始，福建就积极推动闽东北、闽西南两大区域的经济协作。1986年起，两区域城市就本着优势互补、互利互惠的原则,逐渐开展了企业合作、行业联合、资金融通、科技联合等方面的探索。

(2)初步发展阶段(1992~2005年):随着市场经济体制改革目标的确立,福建各地加快区域经济发展、优化资源配置。闽东北区域提出以福州中心城市为依托,促进经济合理布局。1995年,时任福州市委书记的习近平同志指出,闽东北城市已经"初步形成'山海联合、优势互补、相互辐射、共同腾飞'的发展格局"。1995年,福建省六次党代会提出以厦门经济特区为龙头加快闽西南腹地发展。厦门和泉州加速发展,积极提升了区域经济辐射能力。

(3)拓展提升阶段(2006~2012年):2006年,福建省"十一五"规划纲要进一步指出要以福州、莆田、南平、宁德等城市的发展来壮大闽东北一翼,闽东北区域逐步实现了由内联为主向外引内联相结合的方向发展。闽西南区域则提出"交通同网、产业同布、市场同体、旅游同线、环境同治"的"五同"发展要求,编制《厦漳泉都市区同城化发展规划》等,实现了区域资源配置能力的有效提升。

(4)深化融合阶段(2013年至今):党的十八大以来,福建省牢固树立"一盘棋"思想,站在更高站位上谋划推动全省区域发展战略布局。近年来,国家确立福建为生态文明建设试验区、全国第二批自贸试验区试点、21世纪海上丝绸之路核心区等,为闽东北、闽西南的区域合作、共同发展创造了有利条件。2018年4月,福建省提出要以福州都市区和厦漳泉都市区建设为引擎,进一步带动闽东北、闽西南两个经济协作区加快发展;9月,福建省委十届六次全会提出,着眼加强区域经济、社会、民生、生态等方面的协同发展,把"经济协作区"上升为"协同发展区",这意味着要从更高层面统筹闽东北、闽西南两大协同发展区融合发展,构建高质量发展新格局。闽东北、闽西南两大协同发展区勾勒了"两极两带六湾区"的发展空间布局:"两极"即福州都市区和厦漳泉都市区,这是两大协同发展区的龙头和引擎;"两带"即沿海城镇发展带和山区绿色发展带,要分别成为人口和产业的聚集区、创新要素集聚的科技走廊和绿色发展的新载体;"六湾区"即三都澳、闽江口、湄洲湾、泉州湾、厦门湾、东山湾六个湾区,要统筹产业群、城市群、港口群发展,着力做好湾区经济文章。

(二)闽东北协同发展区

2018年,闽东北协同发展区常住人口1624万人,占全省的41.2%;城镇化率为64.0%,GDP 13850亿元,占全省的38.7%;人均GDP 8.8万元,研究与试验发展(R&D)经费投入强度为1.7,三次产业结构为8∶44∶47,处于工业化、城镇化的加快发展阶段和产业转型的攻坚阶段。

闽东北协同发展区各市着眼加强经济、社会、民生、生态等各方面协同发展，区域发展走向更深、更广、更紧密的融合。

产业方面，闽东北协同发展区各市在旅游、现代农业、环保、物流等领域相互取长补短，相互协同。例如，宁德市围绕锂电新能源、新能源汽车、不锈钢新材料、铜材料产业四大主导产业，在闽东北五市（区）更大范围内拓展上下游产业链。在落地了时代新能源、上汽等项目后，福州市罗源县发挥与宁德市相邻的区位优势，以新能源及汽车配件相关产业为突破口，加快导入汽车产业链条。

交通方面，闽东北协同发展区各市积极推动一批重大交通设施、铁路、公路项目建设。例如，莆田市精选一批带动性强的区域协作项目纳入"两个协同发展区"重大项目库，规划建设莆田至长乐机场城际铁路、江（阴）涵（江）大桥、沈海高速扩容等一批重大交通项目，进一步强化区域协作。各地整合成立福州港，初步实现福州、宁德、平潭三地港口统一管理，形成"1小时经济圈"。

山海协作方面，福州发挥引领、辐射带动和服务作用，继续深化与宁德、南平的协作，全面落实帮扶资金。总部位于福州的福建仙芝楼生物科技集团与南平、宁德等闽东北地区携手合作，福州省会总部主攻科研，浦城等山区基地搞种植，已建立7000多亩灵芝种植基地，直接带动3650户农民增收。

民生方面，重点依托福州软硬件资源和大都市圈信息化、大数据等方面优势，加强教育、医疗、旅游、就业等资源共享，携手打造公共服务平台。由福州儿童医院牵头的闽东北儿科联盟成立，福州、莆田、宁德、三明、南平、平潭等市（区）的76家医疗机构加入。

生态方面，各地构建生态保护"一张网"。破解"九龙治水"的治理困境，各地建立环境应急联动、信息互通共享、联合执法监督等边界污染治理合作机制，探索区域间碳排放权、排污权、水权等交易试点工作。南平与福州、宁德、三明申报国家山水林田湖草保护修复试点获批。各市共同推进闽江和敖江生态保护，促进闽江流域山水林田湖草生态保护修复工作，全面推动环罗源湾—三都澳区域大气污染联防联控联治工作。

未来，闽东北协同发展区各市将围绕基础设施互联互通、产业配套协作、公共服务资源共享、生态环境协同保护等协作重点，继续推进协同发展区走向深入。

（三）闽西南协同发展区

2018年，闽西南协同发展区常住人口2317万人，占全省的58.8%；城镇化率67.1%，GDP 21954亿元，占全省的61.3%；人均GDP 9.5万元，研究与试验发展经费投入强度1.7，三次产业结构为6∶51∶44，处于产业转型升级关键阶段和城镇化快速发展阶段。

闽西南协同发展区围绕优化协同发展空间格局、健全互联互通的设施网络、构建协同创新网络和现代产业体系、推进公共服务共建共享、构建全面开放新格局、共建互认互惠区域市场、推动生态共建环境共治、建立有效的协同发展机制等方面深化发展。

空间格局层面，坚持陆海统筹、山海联动、城乡融合，推进港口群、产业群、城镇群联动提升，着力构建"一核三湾两带两轴"的协同发展新格局，拓展与周边地区联动空间。

"一核引擎"：以厦漳泉同城化为引擎，充分发挥厦漳泉都市区在改革开放和探索海峡两岸融合发展新路中的重要作用，通过优化开发、功能提升和制度创新，加快发展湾区经济，实施港产城联动。"湾区先行"：推动各湾区发挥优势、差异化发展，强化联动互动，加快建设高端临海产业带、创新要素集聚区、先进海空枢纽港。"两带支撑"：协调城镇发展方向和空间布局，合理规划岸线开发利用和港口建设，推进临港产业和战略性新兴产业发展，建成人口与产业集聚、创新要素集聚的沿海城镇发展带。发挥山地绿色生态资源优势，统筹开发利用红色旅游与生态旅游资源，协同提升特色产业发展水平，打造山区绿色发展带。"两轴纽带"：包括厦漳龙发展轴、厦泉三发展轴。依托厦龙铁路、厦蓉高速公路等骨干交通建设厦门漳州龙岩发展轴，依托兴泉铁路、厦沙高速、泉南高速等建设厦门—泉州—三明发展轴，打造贯通山海、连接中西部的重要通道。

基础设施层面，高起点建设快速、便捷、高效、安全的综合立体交通网络，打造陆海空一体化信息网络设施。构筑衔接顺畅的区域轨道网络，加快推进福厦客专、浦梅铁路建宁至冠豸山段、兴泉铁路等建设，形成闽西南内部及与闽东北之间的重要交通纽带。优化提升区域道路网络布局。以厦漳泉快速公路运输网络为核心，加快完善闽西南高速公路网络。提升互联互通水平，加强高速公路与沿海港口、重要城镇、经济开发区、产业园区、城市新区、物流场站和城市交通主要干道的连接。加强能源、水利等重大项目规划建设对接，推动基础设施与产业布局、城镇结构的高度协同，促进产城、区域之间的高效融合，增强区域协同发展承载力。

产业体系层面，优化区域创新发展格局。依托福厦泉国家自主创新示范区厦门、泉州片区，叠加自贸试验区、21世纪海上丝绸之路核心区的创新发展效应，加快建设厦门区域科技创新中心，探索建设厦门翔安—泉州南翼科技创新走廊，带动漳州、三明、龙岩围绕特色产业加强创新平台建设，构建以产业需求为导向、以平台建设为基础、以成果转化为目的的闽西南协同创新体系，打造开放型区域协同发展共同体。

公共服务层面，围绕产业链协同建设人才支撑链，选拔引进高层次人才队伍。建立健全人才交流共享机制，建立关系不转、身份不变、双向选择、能进能出的柔性人才流动机制。建立完善发达地区对口帮扶薄弱地区基础教育发展机制，推动基础教育校际交流与帮扶共建常态化。推进厦门大学世界一流大学建设，指导帮扶闽西南高校发展。依托厦漳泉主要三甲医院建设南部区域医疗中心，共同推进闽南文化、客家文化、海上丝绸之路文化、红色文化、朱子文化等优秀传统文化传承发展。

生态共治层面，优化生态安全格局，强化生态保护与修复，建立跨界污染联防联控机制，共同维护区域生态环境安全。依托武夷山—玳瑁山脉、戴云山—博平岭山脉、九龙江、晋江、汀江、沙溪、金溪、尤溪以及滨海重要生态功能区、东海海域等打造背山面海的内陆山区绿色"森林"生态屏障和沿海蓝色"海洋"生态屏障。依托闽江、九龙江、晋江、洛阳江、汀江、沙溪、金溪、尤溪等主要水系，建立水环境整治利益协调机制，推进流域重点供水工程，加强水资源保护和合理调配。

参考文献

［1］福建省人民政府发展研究中心课题组，黄端，林坚强，陈俊艺，陈素颖，吴金平．以21世纪海丝核心区建设为主线加快福建各市开放型经济错位发展、协调发展［J］．发展研究，2017（4）：21-29.

［2］俞建雄，何福平．福建改革开放40年经济社会发展成就及对策研究［J］．龙岩学院学报，2018（6）：65-73.

［3］林丽娟．福建打造21世纪海上丝绸之路核心区的战略思考［J］．福州党校学报，2018（2）：43-47.

［4］福建省人民政府发展研究中心课题组，黄端，刘林思．用好用足用活多区叠加的先行先试政策 进一步加快福建经济社会发展［J］．发展研究，2019（10）：19-29.

［5］徐国良，黄贤金，李丽，吴常艳．1991-2011年南海周边国家及地区经济重心及经济发展重心演变分析［J］．资源科学，2014，36（4）：682-690.

［6］张明发，王强．2000年以来福建省区域经济差异时空演化［J］．福建师范大学学报（自然科学版），2016，32（3）：124-133.

［7］福建省统计局．福建省及各地市统计年鉴［M］．北京：中国统计出版社，2004-2019.

［8］福建省发展改革委．闽西南协同发展区发展规划［EB/OL］．［2019-05-27］．http://fgw.fujian.gov.cn/zfxxgkzl/zfxxgkml/yzdgkdqtxx/201905/t20190527_ 4885874.htm.

［9］福州市鼓楼区人民政府．福建省"十三五"综合交通运输发展专项规划［EB/OL］．［2016-11-11］．http://www.gl.gov.cn/xjwz/zwgkml/ghjh/fzgh/201611/t20161111_ 1863610.htm.

第八章　城镇化与城乡统筹

第一节　城镇化进程

改革开放后，尤其是进入 21 世纪以来，地处东南沿海、在海峡西岸经济区中居主体地位的福建省城乡面貌发生巨大变化，城镇化水平和质量显著提高，基本形成以沿海城市带为主轴的城镇体系空间发展格局。但同时，福建省在城镇化进程中也存在区域发展和城乡发展不平衡、资源环境制约凸显、城市总体规模偏小等问题，城镇化发展仍然滞后，没有突出优势，对经济的拉动作用不明显。因此迫切需要探索具有自身特色的城镇化发展道路，加快推进城镇化进程。

一、发展阶段

（一）缓慢增长时期（1949～1978 年）

改革开放以前，计划经济体制背景下行政手段的干预使福建省城镇化进程受到抑制。中华人民共和国成立初期，社会主义工业化建设曾一度引起快速城镇化现象，但很快由于国民经济调整的影响，工业发展停滞，政府大力精简城市人口而使人口流动严重受阻。同时，农村处在单一的经济结构状况下，商品经济极不发达，农村工业化水平极低，农村劳动力被束缚在农业上，禁锢在种植业中，人口流动困难，非农劳动力难以形成，城镇人口增长十分缓慢，福建省只有福州、厦门两个城市和 167 个集镇，规模小且基础设施落后。此外，国家对地处海峡西岸的福建投资甚少，闽东南沿海一线的城镇建设基本停滞不前，仅有鹰厦铁路沿线的三明、永安、南平、邵武等闽西北工业城镇在 20 世纪 70 年代的"小三线"建设中得到缓慢发展。1950～1978 年，福建省的城镇化水平一直徘徊在 13% 左右。1978 年，福建省城镇人口为 336.11 万人，占全省总人口的13.7%，仅比 1950 年增加 154 万人，年均递增 2.2%。同期，城镇人口年均只增加 5.5 万人。

（二）过渡时期（1978～1981 年）

1978 年，中共中央召开十一届三中全会，宣布实施改革开放。从 1978 年起，福建省开始跟随中央的步伐，纠正历次政治运动造成的错误，落实各项政策，使得各类下放农村的人员大规模返城。这一时期，福建省城镇化率由 1978 年的 13.7% 增长到 1982 年的 14.9%，城镇净增人口 45 万余人。这一时期，福建省城市人口增长大多是由于落实知青返城政策，并非城市人口自然增长的结果。因此，这一时期是迈向正常时期前的过渡时期。

这一时期，福建省新增城镇数量极少。1980 年，中共中央将厦门市设为改革开放的四大经济特区之一，用来吸引以台资为主的外来投资，发展厦门经济。但由于这一时期福建和台湾往来的渠道尚未正式打通，所以这一时期厦门虽有经济特区之名，但经济发展和城市建设并无太大起色，仅为后面的飞速发展打下了政治基础。除厦门外，1981 年福建省撤销了龙岩县，设立了龙岩市（县级市）。可见这一时期福建省城市建设发展不大，城市数量增加很少，总体处于过渡阶段。

（三）乡村城镇化时期（1982～1991 年）

1981 年，福建省新一轮的城镇化再度兴起。主要由这一时期的农村体制改革推动，尤其是包产到户政策和乡镇企业的兴起。1982～1991 年，福建省的城镇化率从 15.06% 增加到 16.79%，年均增长率为 0.17%，呈现严重的低度城镇化现象。

早在 1978 年，安徽小岗村就秘密推行包产到户。1980 年，邓小平同志肯定了包产到户的形式，1981 年 3 月，福建省已有 94.5% 的生产队确定了各种形式的生产责任制，而且包产到户、包干到户占了大部分。包产到户制度，对多山少田的福建省尤其重要，极大提高了农业生产力，粮食大幅增产。此外，它解决了人民公社中的大锅饭制度中的出工不出力问题，使得农民的生产积极性大大提高，大大减少了农业劳动力的使用，使农业有大量的劳动力可向非农业生产转移。在包产到户制度的前提下，城镇化发展的两大前提——足够的剩余粮食和剩余劳动力都得以实现。

为了安排包产到户后出现的大量农业剩余劳动力，中央发文推动小城镇建设，以安置剩余农业劳动力。1984 年，中央一号文件及以后的文件制定了"允许务工、经商、办服务业的农民自理口粮到集镇落户"的政策，把农民限制在县城以下的集镇。同年，公布了新的设镇标准，凡达到一定标准的乡就可实行撤乡设镇。这一新标准降低了设镇标准，使得福建省内小城镇数量得以迅速的增长，推动了福建省城镇化进程。

新的设镇标准，虽然迈出了打破城乡二元结构的第一步，但福建省乡镇企业（包含挂名的民营企业）的兴起，才是吸纳农业剩余人口的关键一步。这一时期，福建省人民政府将农村产业结构调整战略的重点放在乡镇企业上。截至1985年，福建省兴办乡镇企业25万多个，在乡镇企业劳动的农民达203.6万人，而同期福建省城镇总人口才为447.2万人。截至1990年，福建省乡镇企业产值达266.16亿元，占全省农村社会总产值比重由1985年的37.6%上升到58.8%。可见，这一时期，乡镇企业的异军突起，为吸纳福建省剩余农业劳动力，推动城镇发展，起到巨大作用。

这一时期，撤县设市、撤乡设镇，成为增加福建省城镇数量、提高行政级别的重要手段。1985年，福建省撤销晋江地区，改成泉州市；撤销龙溪地区，改为漳州市。1987年，设立石狮市。1988年，设立宁德市。1989年，设立武夷山市。1990年，设立福清市、漳平市。至此，福建省合计有16个建制市，其中地级市6个，县级市10个。这一时期，除了地级市之外，副省级城市的厦门于1987年增设了湖里区，作为台资投资重要聚集地。同时，台湾当局开始放松对两岸贸易的管制，使得这一时期，厦门市的城市规模和城市建设都有了基础性发展。

尽管这一时期无论是城镇经济还是城镇数目都取得了飞速增长，但福建省城镇化率仅增长了1.73%，年均增长率仅为0.17%，呈现严重的低度城镇化现象，城镇化水平严重落后于经济发展水平和工业化水平。究其原因，本质上是城乡二元结构造成的。从城市方面来看，福建省这段时期实行的是严格控制"农转非"的政策，极大地限制了农村人口转变为城市人口。进入乡镇企业的农民虽然职业上发生了变化，但工作和生活场所被限定在农村，人不属于非农业人口，不列入城镇人口的统计中，于是，统计上的福建省城镇化水平上升极为缓慢，这是产生"低度城镇化"现象的重要原因。

（四）大中城市快速发展时期（1992～2008年）

1992年，党中央宣布了建设社会主义市场经济的重大决定。此后，城乡集市贸易发展更加开放和迅速，大量农民进入城市和小城镇，出现大量的城镇暂住人口。一大批乡镇企业的崛起，以及厦门、福州等大中城市的工业园区、科技园区建设，进一步推动了城镇化的发展，成为这一时期福建城镇化发展的重要推动力。1992～2008年，福建省城镇化率从17.14%提高到49.90%，年均增长率为1.93%（其中2000年第五次人口普查调查放开城镇人口统计口径，造成算出城镇化年均增长率偏高，实际增长速度要稍慢一些）。整体看来，这一时期福建省城镇化进程飞速发展，并且由小城镇的飞速发展转入福州、厦门等大中城市的快速发展。

1996 年，中共福建省第六次党代会明确指出，"搞好城镇规划、建设与管理，提高城镇现代化水平"。由此，城镇化成为福建社会经济发展的重大战略选择，福建在城镇化的路径选择、发展速度、动力机制、产业布局、城镇经营、发展定位等各方面进行摸索，并走出了具有福建特色的城镇化道路。为配合实施城镇化战略，福建取消了进城控制指标和"农转非"计划指标，率先打破人口户籍二元化管理制度，取消了农业和非农业户口的限制。同时，实行土地流转和粮食购销市场化改革，逐步建立了覆盖农村的社会保障体系等措施，长期困扰城镇化发展的政策、体制、机制障碍得到根本性突破，户籍、土地、住房、就业、教育、医疗、保险、社会保障等配套措施逐步完善。

2001 年，中国加入 WTO。由于传统乡镇企业在政策、观念、技术、人才等方面的劣势，使得曾经占据中国经济半壁江山的乡镇企业，在全国经济占比中越走越低。同时，福建省的城镇化进程发生了新的变化，人口、土地、资本进一步向大中城市集中，大中城市的人口、土地规模、经济总量显著增大，开始凸显中心城市在福建省社会经济中的主导地位。这一时期，还需要提出的重要一点是 1998 年中国房地产市场实行改革，从此房地产业成为中国城市经济的一个重要支柱产业。2000 年以来，尤其是 2003 年以后，房地产行业在福州、厦门、泉州等大中城市飞速发展，不断扩大了这些大中城市的空间规模，成为推动福建城镇化进程的又一个重要力量，也是进一步加强福州、泉州、厦门等大中城市在城市体系中作用的重要力量。

这一时期，福建省城镇体系呈现出以下几个特点：首先，城镇的规模不断扩大，数量迅速增多。截至 2007 年，福建有城市建成区人口 100 万人以上的特大城市 4 个，分别是福州市、厦门市、泉州市、莆田市；50 万 ~ 100 万人的大城市 2 个，分别是漳州市、龙岩市；20 万 ~ 50 万人的中等城市 5 个；20 万人以下的小城市 12 个。其次，大中城市的中心作用、辐射作用日渐凸显。2007 年，闽江口的中心城市福州市、厦门湾的中心城市厦门市和泉州湾的中心城市泉州市城镇人口总量高达 950 万人，占全省城镇人口的 54.5%，城镇化水平分别达到 55.9%、81.2% 和 48.5%；它们的地区生产总值也分别居全省前三位，中心城市在促进福建社会经济发展中发挥了骨干作用，大中城市已成为全省社会经济、科技文化、交通发展的主要空间载体。最后，城镇体系开始凸显，城市间分工和等级开始明确，形成省域中心城市（福州、厦门、泉州）—次区域中心城市（莆田、漳州等）—县级市—建制镇的城镇体系等级规模结构。其中，福州和厦门、泉州、莆田跃升为特大城市，四级城镇区域的分工有序、功能互补、结构协调，构建了有较强集聚和辐射功能的福建城镇体系。

（五）城市联盟与城市群时代（2009 年至今）

2009 年，国务院发布了《关于支持福建省加快海峡西岸经济区的若干意见》。同年，建设部正式批复《海峡西岸城市群协调发展规划》。2010年，福建省委八届九次会议提出，全面实施海峡西岸城市群发展规划，推动城市联盟，构建福州大都市区和厦漳泉大都市区引领发展的格局。2011年7月29日，厦漳泉大都市区同城化第一次党政联席会议在厦门召开，会议敲定了首批18个同城化重大项目，同城化进程的大幕正式拉开。2012年，福州、莆田、宁德三市市长在福州共同签署了《构建福州大都市区、推进福莆宁同城化发展框架协议》。这一系列举措表明，从2009年起，福建省城市的发展已经从早期单打独斗、注重自我发展进入城市联盟和城市群联合发展的合作时代。

这一时期，福建省的城镇化率从2009年的51.4%增长到2018年的65.8%，年均增长率达1.6%，增长速度极为迅速。2009年，福建省城镇化率首次超过50%，说明福建省正式步入城镇化时代。2010~2018年，福州市的城镇人口从441万增长到544万，城镇化率从61.95%增长到70.30%，年均增长率达1.04%。同期，厦门城镇人口从320万增加到366万，城镇化率从88.33%增长到89.10%，年均增长率达0.10%。可见这一时期，福建省的大城市城镇化进程已经步入城镇化阶段的稳定阶段，增长率速度低于同期全省的城镇化年均增长率。虽然从速率来看，福州、厦门等大城市远不及龙岩、三明等中小城市，但是大城市人口增量的绝对数目仍更大。这一时期，福州、厦门等大城市的城市规模进一步扩大。例如，福州扩建了新的福州新区，厦门也在积极建设翔安新城、马銮湾新城等，城市规模飞速扩张。所以，从人口规模、城市规模和GDP总量规模这三个方面来衡量，厦门、福州、泉州的中心作用都进一步凸显，辐射作用也越来越强。

从城镇体系的角度来看，福建省确立了以海峡都市带为主轴，推进福州、厦漳泉两个大都市区建设，大力发展福州、厦门、泉州三大省域中心城市和省域次中心城市，积极发展中小城市和小城镇的城镇化空间格局思路，形成了由省域中心城市、省域次中心城市、地方性中心城市（或都市区副中心城市）、县域中心城市、中心镇、一般镇组成的六级城镇等级体系。其中，福州大都市区指的是包括福州、宁德、莆田三市，以福州为中心，推动福莆宁同城化连片繁荣发展，提升参与国内外竞争和两岸合作能力的大都市区；厦漳泉大都市区指的是包括厦门、漳州、泉州三市，推动厦漳泉同城化，成为中国对外开放的重要国际门户之一，成为亚太地区具有高度活力和竞争力的国际性大都市区。虽然目前在轨道建设等基础设施、医疗公交等公共服务设施建设方面推动两大都市区各自的同城化，但由于大都市区内部城市利益诉求不一致，城市间协调机制不完善，所以同城化的效果暂时并不明显。

可见，这一时期，自 2009 年起福建省城镇化率超过 50%，步入了城市时代。此外，这一时期海峡经济区、海西城市群、福州大都市区和厦漳泉大都市区相继正式批复、实施，福建省城市格局步入城市联盟、城市群时代，市与市的合作竞争以及跨省之间的区域协调日渐凸显。但由于在行政机制和利益分配等方面存在不足，城市联盟和城市群还较为松散，同城化的进程速度缓慢。

二、福建省城镇化发展的主要问题

（一）中心城市规模小，辐射带动作用不强

2018 年，福建省 21 个城市中，市区常住人口 300 万～500 万的 I 型大城市有两个，即福州和厦门；常住人口 100 万～300 万的 II 型大城市有三个，即泉州、莆田和龙岩。而邻近的广东省市区常住人口超 1000 万的超大城市就有两个，即广州和深圳；市区常住人口超过 100 万的大城市则更多。2018 年，中国城市主城区人口排名上，福州居第 31 位，厦门居第 24 位；在全国主要城市建成区排名中，厦门居第 26 位，福州居第 34 位。这都说明福建省大城市数量不多，中心城市的城市规模小。

从中心城市辐射带动作用来看，福建省中心城市与其他省份的中心城市也存在差距。2018 年，厦门市 GDP 为 4791 亿元，居全国 15 个副省级城市末位，排名最高的深圳和广州 GDP 达到 2.42 万亿元和 2.29 万亿元。福州作为省会城市，经济规模和聚集能力也不具有优势，2018 年福州 GDP 为 7857 亿元，在全国 26 个省会城市（不包含拉萨、台北）中排第 9 位，为广州的 34%，成都的 51%，武汉的 53%。

以厦漳泉大都市区发展为例，厦门面临"小"制约，发展空间有限；泉州深受"散"掣肘；漳州存在"弱"不足，发展基础薄弱。同时，区域内体制机制协调不顺畅，行政壁垒明显，缺乏利益协调的平衡机制，中心城市资源配置功能不强，低水平同质竞争严重，城市功能分工不清，缺乏整体谋划与整合，给厦漳泉大都市区同城化发展带来严峻挑战；城市第三产业的发展受到城市规模小的制约，城市功能难以强化，辐射和带动作用难以增强。

此外，中小城市集聚效应亦不明显，小城镇数量多，但规模小、服务功能弱，聚集人口和产业不足。规划层次不高且实施管理难以落到实处，违法占地和违章建筑现象较为突出。从发展质量看，近年来由于征地拆迁和用地成本等方面制约，新城新区和产业园区选址分布零散、无法大面积开发、发展规模有限。除城镇建设用地无序增长外，农村也呈现多点、分散的非农业开发，城乡整体发展较为混杂无序，城乡建设难以形成整体风貌。

（二）市民化进程滞后，流动人口融入城镇难度大

第六次全国人口普查数据显示，福建省流入人口约 1024 万人，其中跨省流

入 431 万人，居全国第六位。首先，福建省中小城市和小城镇落户条件并未完全放开，所有城镇落户政策中都包含"有合法稳定住所"，合法稳定住所被限定为自有商品房、廉租住房、公共租赁住房、经济适用住房、自建住房、集资住房等，并不包含租赁住房，仅这一项就已将绝大部分农业转移人口排除在外。作为农业转移人口主要集聚地和落户意愿高的福州、厦门等大中城市，限制条件更多、落户门槛更高。其次，农业转移人口基本公共服务享有程度低。由于进城落户门槛高，农民工及其随迁家属落户难，而教育、医疗卫生、社会保障、保障性住房等公共服务和社会福利又直接与户籍挂钩，造成被纳入城镇人口统计的 1000 余万农业转移人口，未能享受到与城镇户籍居民同等的基本公共服务，还处于"半市民化"状态。突出表现在：一是农民工随迁子女难以享受优质教育资源。除义务教育阶段外，流动人口进入当地优质学校的难度较大。二是农业转移人口社保参与率低。选择性参保问题、灵活就业人员、农民工和被征地农民的社会保障问题依然比较突出，城乡居民社会保障水平总体偏低。三是农业转移人口住房保障缺位。福建省 70.8% 的流动人口租住单位雇主或私房。最后，农业转移人口难以有效参与城市公共事务管理。由于农业转移人口文化素质较低、就业流动性较大，更由于城市管理机制中缺乏农业转移人口参与的制度性安排，农业转移人口几乎没有参加任何有益的社会组织，长期游离于城市政治生活之外，很难参与社会管理和治理。

（三）城市基础设施落后，城市管理欠科学

从城市基础设施来看，首先，横向联系松散，城市各组团之间联系不紧密，城市之间的交通联系也有待提高。以厦门市为例，虽然修建了岛内连接外部的翔安隧道、海沧大桥、杏林大桥，但岛内与翔安、同安、马銮湾等地的交通联系仍不便捷。而厦门与漳州的交通，尤其是轨道交通联系，还处在立项中。其次，基础设施投资渠道单一，资金投入不够，造成厦门、福州的地铁建设严重滞后，城际轻轨也刚刚起步。最后，城市基础设施建设水平不尽如人意，厦门、福州等城市交通拥堵严重，地下网管建设滞后，一下暴雨就发生严重内涝。

在城市公共管理方面，管理运行网络化智能化水平低，城市管理欠科学，特别是城市棚户区、城中村和城市周边"脏、乱、差"情况严重。受城乡分割体制阻碍，城镇基本公共服务品质、均等化水平仍较低。农民工及其家属享受教育、文化、医疗、社会保障、保障性住房等方面公共服务还不均衡，制约了城镇化对扩大内需的推动作用。

三、解决思路

福建省城镇化发展目前面临三大问题：中心城市数量少、规模小、辐射能

力不强；市民化进程滞后，外来农业转移人口难以融入城市社会；城市基础设施较为落后、城市管理欠科学。这无不是早期城镇化过程中重经济发展、重城市规模，而不重视转移农民的市民化、不重视城市基础设施建设和环境保护所遗留下来的问题。为了解决这些问题，需要从破除阻碍进城务工农民市民化的体制机制障碍，同时为福建省城镇化的继续推进和质量升级需找新的动力和方法。

（一）协调各类城镇发展，构建和完善城镇体系

着力构建以福莆宁、厦漳泉大都市区为中心，以快速铁路、高速公路、主要港口为依托，以多区域协调发展的都市区，打造海峡西岸城镇发展的核心区和沿海地区重要经济增长极，并在此基础上进一步构建多层次的城镇体系，强化都市区的稳定性，增强辐射和带动能力。

沿海中心城市依托港口、产业、城市联动，建成滨海都市带，构建宁德—漳州滨海都市带，辐射带动南平、三明、龙岩等地城市发展；县城、小城镇协调发展，县城是连接中心城市和小城镇的节点，要把县城建设成为次中心城市，要研究如何分类指导沿海县城、山区县城发展；43个试点小城镇，除现有鼓励发展政策外，要研究推动各种类型小城镇综合改革发展措施。从省情分析，要从城乡一体化、城乡统筹发展、"大城关"建设等方面，推进不同层面、不同类型、不同模式的城镇化建设，提升县城、重点镇对乡村的带动能力，探索推动城镇化发展的新模式，包括推进以石狮市为代表的全域城镇化发展模式；推进以晋江为代表的城乡一体化发展模式；推进以永安、邵武为代表的城乡统筹发展模式；推进以德化、柘荣为代表的"大城关"发展模式等，促进人口、产业向城镇集聚。各城镇要动态审视产业基础、发展现状、要素支持、区位特征，发掘比较优势，围绕市场需要，考虑与周边区域的联动衔接，大力发展特色产业，吸引人口、资源、信息不断聚集，促进城镇区域的生产方式、生活方式转型升级，不断形成、完善和巩固其独特性，并使其成为核心竞争力，推动城镇可持续发展。

（二）有序引导人口双向流动，促进基本公共服务均等化

为解决福建省农业转移人口的市民化问题，使流动人口能够享受城镇基本公共服务，首先，应该全面实行以居民合法稳定职业、合法稳定住所（含租赁）为基本依据的户口迁移政策，排除限制农业转移人口落户的政策障碍，基本满足农业转移人口特别是新生代农业转移人口落户城镇的合理预期。其次，福州市辖区、厦门市、平潭综合实验区可适度放宽落户限制，其他城镇全面放开落户限制，让有合法稳定住所、与居住地用人单位依法签订劳动（聘用）合同（或依法持有工商营业执照）的人员及其父母、配偶、未成年子女，均可将户口迁入居住地。最后，推进农业转移人口享有城镇基本公共服务。保障随迁子女平等享有受教育权利，义务教育阶段的农业转移人口随迁子女，按照相对就近入学原则，通过电脑派位等方式统筹安排在公办学校就学。

在公共服务方面，应逐步实现基本公共服务由户籍人口向常住人口覆盖，逐步实现城乡基本公共服务均等化。一方面，扩大社会保障覆盖面。扩大参保缴费覆盖面，依法将农业转移人口纳入城镇职工基本医疗保险，允许灵活就业人员参加当地城镇居民基本医疗保险或新农合。完善社会保险关系转移接续政策，在农村参加的养老保险和医疗保险规范接入城镇社保体系。另一方面，拓宽住房保障渠道。通过廉租房、公租房、租赁补贴等多种形式改善农业转移人口居住条件，逐步把进城落户农民完全纳入城镇住房保障体系。农业转移人口集中的开发区和工业园区可集中建设住宅类或宿舍类公共租赁住房。

（三）加快城市基础设施建设，完善科学管理体系

加强城镇基础设施和生态环境建设是增强可持续发展能力的重要方面。在城镇发展过程中，应进一步深化城镇基础设施建设投资体制改革，形成多元化的投资主体和多渠道资金筹措机制，增加基础设施建设的投入，加快城镇道路交通系统、给排水系统、能源供应系统、通信网络系统等基础设施建设。尤其要重视生态环境建设，加快垃圾收集、转运、处理系统和污水集中处理、回收设施的建设，严格保护城镇绿地，挖掘潜力增加城区绿地面积，以塑造良好的城镇生态环境。同时，还应加强城市基础设施和乡村地域生态环境建设，保证城乡经济联系密切性，保持城乡生态环境和整体协调，从而实现城乡协调发展。构建科学的城市管理体系，实现网络化、智能化管理是当今城市快速发展的迫切需求。福建省多地在这一方面仍有许多不足，建议加大力度开发和应用智能服务系统，如市政网络办公、构建电子交通系统等。针对城市棚户区、城中村等片区，应深入考察，对于有发展潜力的片区，应予以保留并鼓励其创新发展，如厦门曾厝垵置入新型业态吸引年轻人群；对妨碍市容市貌且发展潜力有限的片区，应制定合理的管理方法予以拆除并合理安置其中的住户。

第二节　城镇空间扩展

福建人多地少，山地丘陵多，平地少，且临海城市发展活跃，城市空间增长具有一定的独特性。本节从规模、要素、形态方面的特征来初步总结福建省城镇空间增长的总体特征。规模包括城市空间增长的总体变化，包括人口、建成区面积、建设用地面积等指标。要素主要反映空间增长要素的构成变化。形态反映了空间增长的表现形式，本节选用圆形率和蛙跳指数来衡量。

一、规模特点

下文从城市数量、建设用地、人口情况讨论福建省城镇空间增长的规模。

福建省的城市数量从改革开放初期的 6 个增长到 2018 年的 21 个，且常住人口在 300 万～500 万的 I 型大城市有福州和厦门两个，厦漳泉都市圈和福州都市圈已经逐渐成为海西地区重要的经济增长极。

1990 年，福建省非农业建设用地（包括居民点及工矿用地、交通用地与水利设施用地）面积为 48.48 万公顷。2014 年，福建省建设用地（包括城镇工矿用地、农村居民点用地、交通水利及其他建设用地）面积为 80.14 万公顷，其中城镇工矿用地面积为 24.66 万公顷，建设用地拓展迅速。2018 年，福建省 21 个城市的城市建设用地面积 1478.4 平方千米，建成区面积 1587.5 平方千米。在建设用地增长为城市经济社会发展和第二、第三产业发展奠基的同时，耕地保护和生态环境保护的压力也越加增大。福建省国土资源"十三五"规划提出有效控制建设用地总量，图 8 - 1 为福建省国土资源变化情况。

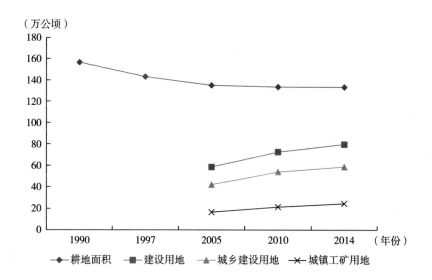

图 8 - 1　1990～2014 年福建省国土资源类型与面积变化

资料来源：综合《福建省（1997—2010 年）土地利用总体规划》《福建省"十一五"土地开发利用专项规划》《福建省土地利用总体规划大纲（2006—2020 年）》《福建省"十二五"土地开发利用专项规划》《福建省"十三五"国土资源开发利用专项规划》整理。

从人口情况上看，1978～2018 年，福建省城镇常住人口数从 336 万人增加到 2593 万人，城镇化率从 13.7% 提高到 65.8%。城市人口密度从 2000 年的

1281 人/平方千米增长到 2017 年的 2854 人/平方千米。表 8 - 1 为福建省城市规
模变化，表 8 - 2 为福建省城市建成区面积变化。

表 8 - 1　1978 ~ 2018 年福建省城市规模变化

人口规模	1978 年	2000 年	2018 年
300 万 ~ 500 万	0	0	2
100 万 ~ 300 万	0	5	6
50 万 ~ 100 万	1	7	6
20 万 ~ 50 万	1	11	7
10 万 ~ 20 万	4	0	0
城市总数（个）	6	23	21

资料来源：综合《福建新型城镇化规划（2014—2020 年）》和历年《福建统计年鉴》整理。

表 8 - 2　2000 ~ 2017 年福建省城市建成区面积变化

年份	城市建成区面积（平方千米）	城市人口密度（人/平方千米）
2000	449.06	1281
2005	672.60	1000.2
2010	1059.00	2290
2017	1516.88	2854

资料来源：综合历年《中国统计年鉴》和历年《福建统计年鉴》整理。

二、要素特点

从要素上看，居住空间、产业空间和大型交通设施空间等都会对城市的发
展形态和结构产生影响，这是城镇化、工业化、市场化、全球化、生态化以及
区域竞争和区域合作耦合下的结果。福建是中国最早对外开放的省份，也是较
早受到全球化影响的省份，同时，福建省生态文明建设也赋予了城市发展新的
内涵。

居住空间的扩张适应于福建省城镇人口的持续涌入。福建省的城镇化水平
从改革开放至今经历了一个起点低、速度快的发展过程，城镇化率从 1978 年的
13.7% 提高到 2016 年的 64.8%，高于全国平均水平 7 个百分点，年均提高 1.34
个百分点。各类型的居住用地承载了市民居住空间。随着福建省城镇化水平的
逐渐提高，城镇化的重点也正在从"人进城、建好城"向"管好城"转型，配
合居住用地的各项城市公共服务设施以及高品质的城市生态环境正在越来越受
到重视。

产业空间包括第二产业和第三产业对城市用地的影响。

第二产业方面，1998~2018年，福建省规模以上工业企业个数从6106家增长至17347家，工业总产值从2037.52亿元增长至57732.35亿元；为福建省创造的税收从1998年的100亿元提高到2018年的突破1600亿元，近两年在减税政策的影响下创税额度略微收缓。

在城市郊区的开发区建设是工业发展的重要载体。2018年，福建省共有30家国家级开发区和67家省级开发区以及大量的市级开发区。国家级开发区面积已经达到3.4万公顷，省级开发区的面积同样达到了3.4万公顷。除武夷山和湄洲岛2个开发区外，其他全部开发区都是以第二产业为主导产业。可以说，福建省城市开发区和工业用地建设是改革开放以来城市发展的成功实践，对引领城市产业集聚和促进城市对外开放发挥了重要作用。

工业用地和开发区一般在城市的郊区位置，这样可以最大化减少工业发展对城市生活的影响，从而体现出城市用地的"跳跃式"发展。但是随着城市用地的拓展，城市的生活空间边界逐渐会靠近工业选址，比如福州经济技术开发区、厦门海沧台商投资区、福州高新、厦门火炬等福建最早设立的几个产业区，最开始的选址都距城市生活区较远，但现在已经基本与城市生活区接壤甚至被包含在城市生活区当中。在这种情况下，伴随着福建省经济发展提质转型和构建现代化经济体系以及生态文明建设的需要，原有的工业用地发展的可能方向有以下三种：一是保留工业用地，主导产业转向处于价值链上游的研发等，且对城市生活区影响较小的产业。二是迁走原有的工业企业，原先的用地变更为居住、商业商务或公共服务设施用地，适应城市生活区的需要。三是腾让工业用地为非建设用地，为城市留下生态空间。

第三产业方面，以批发和零售业为例，福建省社会消费品零售总额在1986年突破100亿元，1998年突破1000亿元，2010年突破5000亿元，2018年已经达到14317.43亿元。2005~2018年，限额以上批发和零售业企业从2499家增长到13566家，住宿和餐饮业从608家增长到2059家。城市空间的功能和结构正是伴随着大量人口涌入和居民收入提高而丰富和优化，城市用地的扩张和优化满足了居民日常生活的需求和生活水平的改善。

近年来，随着城市产业的丰富，一些新型的产业空间如中央商务区、会展区、物流区等都促进了城市功能结构的分化以及城市轴向、跳跃式的外围开发。尤其是"21世纪海上丝绸之路"核心区建设背景下福建省国际化步伐的加快和对外开放能力的提升，越来越多的新型产业空间会对城市空间产生更为显著的影响。

大型交通设施的建设也影响了城市用地发展。不同于平原建城，福建省丘陵地形明显,铁路、国道、高速公路等陆路交通对城市用地拓展的轴向影响会更为明显。另外,闽江、晋江、九龙江等连接着福建重要的出海口,码头港口的建设会带动江河腹地的发展。机场等重要枢纽的建设同样会影响城市的发展方向。以上都会体现在城市空间结构的变化上。

总之,要素特征对城市空间的直接影响体现在功能方面,而功能的变化落实在空间上就会产生组团、轴向、带状、跳跃等城市用地的发展特点。未来,在福建省发展提质增效和现代化经济体系的构建、生态文明建设、"21 世纪海上丝绸之路"核心区建设的背景下,新增、变更或腾让的城市用地功能,会继续对城市空间的结构和形态产生重要影响。

三、形态特点

形态特点反映的是空间增长的表现形式,本书选取圆形率和蛙跳指数来衡量建成区形态特征的带状特点、紧凑程度和破碎度。

圆形率公式如下:

$$CR = 4\pi A/P^2 \tag{8-1}$$

其中,CR 为圆形率,A 为区域面积,π 为圆周率,计算可取 3.14;P 为区域周长。CR 值最大为 1,CR 值越小,说明带状特征越明显或者区域离散程度越高。

蛙跳指数公式如下:

$$LI = PC/PO \tag{8-2}$$

其中,LI 为蛙跳指数,PC 指的是建成区新增区域与原区域接壤部分的周长,PO 指原区域周长。LI 值为 0 ~ 1,LI 值越小,代表新建地块与原有地块的边界联系越小;LI 值为 0 代表完全蛙跳式发展,LI 值为 1 代表同心发展。表 8-3 为福建省各地市市辖区圆形率与蛙跳指数。

表 8-3　福建省各地市辖区圆形率与蛙跳指数

测算城市	CR 值			LI 值	
	1986 年	2001 年	2016 年	1986 ~ 2001 年	2001 ~ 2016 年
福州市辖区	0.41	0.39	0.16	0.95	0.60
厦门市辖区	0.30	0.16	0.18	0.30	0.50
莆田市辖区	0.34	0.75	0.15	0.96	0.71
三明市辖区	0.43	0.45	0.24	0.67	0.40
泉州市辖区	0.77	0.77	0.09	0.57	0.57

续表

测算城市	CR 值			LI 值	
	1986 年	2001 年	2016 年	1986 - 2001 年	2001 - 2016 年
漳州市辖区	0.29	0.40	0.46	0.24	0.62
南平市辖区	0.21	0.26	0.12	0.36	0.24
龙岩市辖区	0.28	0.24	0.12	0.14	0.12
宁德市辖区	0.79	0.77	0.41	0.75	0.57

以上两项数值可以初步反映出一些城市发展的空间意向，如泉州市 2016 年的 CR 值和 2001 年的 CR 值相比，离散化发展程度非常明显。同样，1986~2001年福州市 LI 值的变化表明，福州市此阶段的城镇建设主要依托于原有城镇用地并不断拓展。再比如，2001~2016 年莆田市的 LI 值很高，但是 2016 年 CR 值很低，这说明莆田市辖区很可能出现了飞地发展。以上举例的三种结论和卫星地图的变化是基本一致的，但要指出的是，CR 值和 LI 值并不能涵盖城市空间的全部发展特征，必须结合城市特点来充分讨论。

城市空间扩展方式是非常复杂的，任何具体模式都无法全面概括，因为即使对同一个城市而言，在不同的时期，其扩展模式往往也不尽相同，常常是几种模式交替演变，所表现的正是多模式组合的城市空间扩展的基本方式。虽然整体来看福建省的城镇化水平即将达到诺瑟姆曲线第三阶段，城镇化速度趋缓，但福建省省内的城镇化发展水平并不均衡，部分城市空间扩展过程还在持续。即使部分城市已经基本结束了增量发展，在存量发展时代依然会面对土地的流转、腾让等功能更迭。

第三节　城乡统筹发展

一、城乡发展差距演变

在长期发展过程中，福建省城乡发展不平衡的情况在社会发展的各个方面均有所体现，现以城乡居民收入水平、城乡居民消费水平、城乡医疗条件、教育水平、社会保障五个方面为例，对城乡发展差距的演变及现状做出相应的解读。

（一）城乡居民收入水平

改革开放以来，福建省城乡居民人均收入都在稳步增长，与此同时，城乡人均收入差距也在不断扩大（见图8-2）。

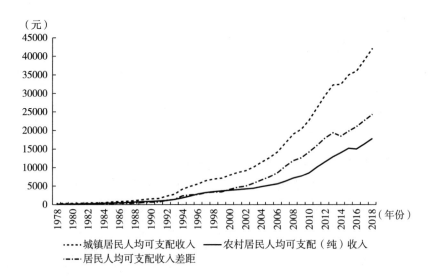

图8-2　1978~2018年福建省城乡居民人均可支配收入

资料来源：《福建统计年鉴》（2019）。

　　从城乡人均收入差额情况来看，2000年福建省城乡居民人均收入的绝对值差额为4202元，之后差距一直在扩大。2018年福建省城乡人均收入差额已达到24300元，是2000年的近6倍，说明城乡居民收入差距越来越大，并且这种差距在逐年增加。

　　目前，福建农村居民人均收入水平只接近城镇居民2008年的人均收入水平，落后了整整10年。从城乡收入比例差距来看，2001年城乡收入比超过了2.0，而到2008年这一比例达到了顶峰，达到2.66。这都反映出城乡居民人均收入差距在不断扩大（见图8-3）。

　　从收入增长率对比可以看出，虽然2011年以后农村居民人均纯收入增长率超过城镇居民人均可支配收入增长率，但两者之间有绝对上的差额，加上两者增长率的对比未考虑货币因素，所以实际上福建省城乡收入差距是进一步扩大的（见图8-4）。

（二）城乡居民消费水平

　　国际上用恩格尔系数来衡量一个家庭或国家的富裕程度，其含义为食物支出占生活消费总支出的比重。恩格尔系数越大，表示生活越贫困；反之，表示生活越富裕。根据国际经验，恩格尔系数在60%以上为贫困，50%~60%为温饱，40%~50%为小康，在30%~40%为富裕，在30%以下为最富裕。

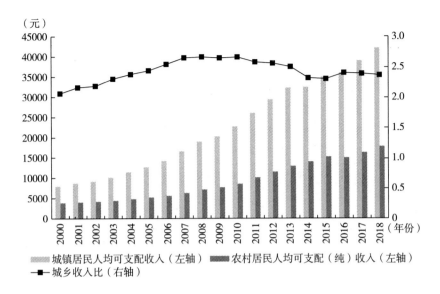

图 8 – 3 2000～2018 年福建省城乡收入与城乡收入比

注：2000～2012 年数据为老口径数据。

资料来源：《福建统计年鉴》（2019）。

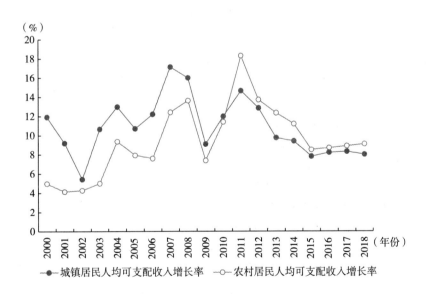

图 8 – 4 2000～2018 年福建省城乡居民收入增长率对比

通过对福建省主要年份城乡居民消费结构进行分析整理，得到了改革开放以来福建城乡恩格尔系数所示的数据（见表 8 – 4）。可以看出，在 1996 年以前，福建省的城乡恩格尔系数均在60%上下徘徊,而在2000年,福建省城乡居民恩格尔系数双双进入了50%以内的标准,生活达到了小康水平,但随后城镇居民的恩格尔系数在2006年就减小到40%以内,而农村居民的恩格尔系数在2013年才进入这一标准。从小康阶段走向富裕阶段,农村居民的整体用时是城镇居民的两倍,可见这一时期城乡居民的消费支出差距在不断扩大。

表8-4 1978~2018年福建省城乡恩格尔系数 单位:%

年份		1978	1979	1980	1981	1982	1983	1984	1985	1986	1987
恩格尔系数	城镇居民	—	—	—	62.1	60.7	63.4	62.4	54.0	55.9	58.8
	农村居民	—	—	—	—	—	—	—	62.4	60.2	60.0
年份		1988	1989	1990	1991	1992	1993	1994	1995	1996	1997
恩格尔系数	城镇居民	62.6	63.7	63.5	60.5	58.3	57.9	58.7	61.1	59.9	52.8
	农村居民	57.1	58.1	60.0	59.0	58.9	60.6	62.4	61.0	60.1	55.1
年份		1998	1999	2000	2001	2002	2003	2004	2005	2006	2007
恩格尔系数	城镇居民	51.8	51.4	44.7	44.1	43.4	42.1	41.6	40.9	39.3	38.9
	农村居民	54.4	52.0	48.7	47.5	45.9	45.1	46.7	46.1	45.2	46.1
年份		2008	2009	2010	2011	2012	2013	2014	2015	2016	2018
恩格尔系数	城镇居民	40.6	39.7	39.3	39.2	39.4	32.7	33.2	33.0	33.2	32.0
	农村居民	46.4	45.9	46.1	46.4	46.0	38.9	38.2	37.6	37.3	35.7

资料来源:《福建统计年鉴》(2019)。

从表8-5中可以看出,2000年以来福建省城镇居民和农村居民消费结构中,衣着的支出比例农村同城镇的差距逐步缩小,一定程度上反映出农村生活水平的提高,开始重视衣着的消费需要。居住的支出逐年上升,到2014年均达到24%左右,这一时期也正是国家新型城镇化和新农村建设的蓬勃时期,也从一个侧面反映出城镇和农村居民消费结构的重心由单纯的食品为主转化为衣、食、住、行等多方面追求。关于家庭设备用品及服务支出,2000年城乡消费结构中这个数据的差值为4.0%,到2014年缩小到0.1%,可见2000年以来城乡居民家庭设备用品及服务的消费支出水平趋于相同,农村地区生活水平逐步向城镇生活水平靠近。关于交通通信支出,2000年以来城乡的消费比例均有上升,伴随城乡的交通及通信设施的建设,城与城之间、村与村之间、城乡之间的人口、物质和信息流动日益加快,城乡的互动逐渐加强,城乡之间的差距趋于缩小。

表 8-5　2000～2018 年福建省城乡居民消费结构情况统计　　单位:%

项目	2000 年		2014 年		2015 年		2016 年		2017 年		2018 年	
	城镇	农村	城镇	农村	城镇	农村	城镇	农村	城镇	农村	城镇	农村
食品	44.7	48.7	33.2	38.2	33.0	37.6	33.2	37.3	32.9	36.9	32.0	35.7
衣着	8.7	4.9	6.6	5.2	6.3	5.1	5.8	4.4	5.5	4.5	5.5	4.5
居住	9.4	14.6	24.5	23.6	24.7	24.3	26.1	24.8	26.3	25.3	27.4	24.4
家庭设备用品及服务	8.6	4.6	5.9	5.8	5.7	5.2	5.6	5.3	5.7	5.2	5.4	5.1
交通通信	8.6	8.6	12.3	9.9	12.9	10.4	12.8	11.3	12.9	11.1	12.9	12.2
文教娱乐用品及服务	10.4	10.6	9.8	8.5	9.8	8.4	9.8	8.3	9.6	8.4	9.7	9.1
医疗保健	4.7	3.6	4.8	6.7	5.0	6.9	4.7	6.7	4.8	6.5	4.9	6.8
其他商品及服务	4.9	4.6	3	2.1	2.6	2.1	2.0	1.9	2.4	2.1	2.2	2.1

资料来源:《福建统计年鉴》(2019)。

(三) 城乡教育事业发展

城乡教育差距方面,由于乡村居民的教育环境、教育资源及受教育程度等与城市相差甚远,再加上教育经费投向明显倾斜于城镇居民,导致城乡教育水平出现了差距。2014 年,福建省农村小学适龄人口占全省的 69.54%,而教育经费仅占 56.53%;农村初中适龄人口占全省的 65.93%,而教育经费只占 48.96%。这相当于在其他条件相同的情况下,城镇居民平均比农村居民多接受4.5 年教育,说明福建省在新型城镇化进程中存在城乡教育不平等问题。

而从城乡居民的受教育情况来看,据第五次全国人口普查统计数据,福建省农村人口初中及以上文化程度的占 39.1%,远低于城市初中及以上文化程度人口 65.4% 的水平,城镇居民受教育情况几乎是农村地区的两倍,可见城乡之间的教育设施配置和居民受教育水平仍然存在很大的差距。

(四) 城乡医疗设施配置

在医疗设施配置方面,城乡之间的差距经历了长期的不均衡状态。据统计,1991～2003 年福建省政府农村卫生预算支出仅占政府卫生总预算支出的 33%。农村公共卫生服务资金严重不足,影响了计划免疫、妇幼保健等公共卫生服务项目的开展,还存在医疗保障体系缺乏、农民看病就医困难、医疗费用巨大等问题。

2002 年党的十六大后,随着经济的发展和政府的重视、相关政策的出台,城乡之间医疗设施配置的差距逐步缩小，并且在城镇完善社区卫生服务机构，在乡村地区完善乡镇卫生室和村卫生室两级体系。2018 年，福建省设置村级医疗点的数量达到了 18280 所，乡镇卫生院 881 所，村卫生室卫生技术人员总数达 4635 人，卫生院卫生技术人员达 31928 人。乡村地区医疗设施配置逐渐优化（见表 8－6）。

表 8－6　2018 年福建省基层医疗卫生机构情况

项目	社区卫生服务中心（站）	乡镇卫生院	门诊部	诊所、卫生所、医务室	村卫生室
机构数（所）	692	881	1021	5547	18280
卫生技术人员数（人）	12492	31928	14287	14555	4635
执业医师（人）	4210	7798	6265	6709	1383
执业助理医师（人）	871	3073	1139	1339	2809
注册护士（人）	4567	11135	5026	5028	443
药师（士）（人）	1177	3012	788	1028	—
检验人员（人）	455	1348	515	31	—

资料来源：《福建统计年鉴》（2019）。

针对城乡医疗保障水平不统一的问题，福建省于 2015 年开始推进全省城乡基本医疗保险一体化，并于 2016 年进一步深化医疗保障制度改革，统筹城乡居民基本医保政策，加快推进全省城乡基本医保一体化进程，逐步实现城镇居民基本医疗保险和新型农村合作医疗在政策层面的统一。

（五）城乡社会保障水平

1990 年，福建省开始在城镇推行最低生活保障，而直到 2003 年，农村地区才开始实行最低生活保障。此外，农村的最低生活保障标准与城镇的标准有着很大差距。农村居民享受最低生活保障标准线是 100 元，而大部分城镇居民享受最低生活保障标准线都在 2000 元以上。城镇居民享有的社会保障险多种多样，包括城镇基本养老保险、城镇基本医疗保险、失业保险等多险种，而农村地区主要是新型农村合作医疗保险，较为单一。这种城乡之间的社会保障差异不仅表现在"量"上，也反映在"质"的不平衡上。

（六）城乡基础设施

基础设施建设是城乡一体化发展的先行之师。福建省紧抓基础设施建设，在 2017 年 8 月召开的全省城乡民生基础设施建设工作会议上强调，要加强城乡道路交通系统规划，着力加快畅通城市建设；全面开展城市和县城污水管网和排放着力保障城乡供水安全；大力推进海绵城市建设，着力构建城市防洪排涝体系；加快建立分类投放、分类收集、分类运输、分类处理的垃圾处理系统，着力健全城乡生活垃圾收运处理体系；着力塑造特色景观，提升环境品质；着力配套基本公共服务设施，完善城乡管线工程；着力建设智慧城市，提高运行效益和管理水平；源头排查，着力推进水环境治理；建立从"源头到龙头"的饮用水安全保障体系。

福建省城市基础设施建设取得的成效也有目共睹。从表8-7可看出，在资源能源方面，城市用水各地区差距不大，燃气普及率南平市与各地区相差较大；在交通方面，人均道路面积随着不同城市的基础设施建设差异呈现出不同的水平，其中福安市、建瓯市、南平市最少；在园林绿化方面，2017年福建省人均公园绿地面积为14.13平方米，建成区绿化覆盖率以武夷山市和南平市最少；在城市卫生条件方面，各地生活垃圾无害化处理程度相差不大，福州市、福清市、厦门市、石狮市、南安市及建瓯市均达到100%（见表8-8）。就城市基础设施建设而言，整体建设水平稳步提升。

表8-7　福建省城市设施水平

年份	2013	2014	2015	2016	2017
城市用水普及率（%）	99.40	99.50	99.60	98.10	99.60
城市燃气普及率（%）	98.90	98.80	98.60	97.20	97.50
人均城市道路面积（平方米）	13.40	13.61	13.80	14.41	17.41
人均公园绿地面积（平方米）	12.57	12.76	12.98	13.08	14.13
生活垃圾无害化处理率（%）	98.20	97.90	99.20	98.40	99.40
建成区绿化覆盖率（%）	42.80	42.80	43.00	43.30	43.70

资料来源：根据历年《福建统计年鉴》整理。

表8-8　2018年福建省各城市基础设施水平

地区	城市用水普及率（%）	城市燃气普及率（%）	人均城市道路（平方米）	人均公园绿地（平方米）	生活垃圾无害化处理率（%）	建成区绿化覆盖率（%）
合计	99.6	97.5	17.41	14.13	99.4	43.7
福州市	99.4	98.1	12.99	14.92	100.0	44.4
福清市	99.9	99.0	17.59	14.64	100.0	46.2
厦门市	100	97.3	15.69	14.09	100.0	43.6
莆田市	99.9	94.0	17.61	14.22	98.6	44.8
三明市	99.9	100	14.74	14.81	99.0	44.2

续表

地区	城市用水普及率（%）	城市燃气普及率（%）	人均城市道路（平方米）	人均公园绿地（平方米）	生活垃圾无害化处理率（%）	建成区绿化覆盖率（%）
永安市	98.7	98.4	20.18	12.52	99.3	44.8
泉州市	98.0	97.5	26.75	14.40	98.7	43.2
石狮市	100.0	98.9	16.73	12.29	100	44.1
晋江市	99.3	97.2	35.52	12.24	98.7	44.0
南安市	100.0	98.9	15.06	12.05	100	44.9
漳州市	100.0	99.5	25.14	15.74	99.7	43.9
龙海市	100.0	98.0	19.95	15.60	99.3	43.2
南平市	100.0	88.8	12.76	14.20	94.1	39.4
邵武市	100.0	99.1	15.39	15.89	98.8	44.3
武夷山市	99.9	94.9	20.50	13.25	99.4	39.2
建瓯市	99.7	94.3	11.39	10.99	100	41.0
龙岩市	99.9	99.3	18.40	12.36	99.8	43.8
漳平市	100.0	98.9	15.00	12.66	99.0	42.6
宁德市	99.3	99.1	17.82	14.97	97.0	39.9
福安市	99.3	98.5	8.82	14.56	96.1	45.4
福鼎市	99.1	97.0	14.39	9.79	96.3	43.2

资料来源：《福建统计年鉴》（2019）。

在农村基础设施建设方面，主要存在农村公共基础设施建设投入不足的问题，农村垃圾治理收费难、分类难、保洁难和处理难，垃圾污染返潮时有发生。乡镇污水处理设施建设进度慢，村庄污水治理推动慢，市县污泥尚未全部实现无害化处理处置。究其原因，主要在于以下两个方面：

一是缺乏合理、有效的规划体制。改革开放后，我国着眼于重点发展大中小城镇，以城市发展带动整个地区的经济发展，只追求经济的快速发展，城市基础设施建设只是为经济发展服务。忽视了农作物经济价值，把它对城市经济贡献等同于零，把资金投入乡村建设的回报率远远低于其他项目。随着更多的人到城里生活，导致农村人口大量流失，农村建设一拖再拖。加上基层村官对农村的建设没有落实到位，对农村经济建设没有一个全局的把握和规划。各大中小城市的基础设施建设不到位，建设效益不高，给决策带来了极大的弊端。

农村发展缺乏动力，资金严重不足，建设经验不够。另外，政府更加重视城市的发展，投资力度倾斜于城市建设。而且投资力度更大，投资效益更大。财政资金在乡村投资方面乏力，所以要改革政府包干一切的局面，号召更多的非营利组织参与到基础设施建设上来。

二是没有建立高效的协调机制。在整个地区的基础设施建设过程中，不同部门之间的利益纠纷，一直贯穿始终。负责的主体职权界限模糊，相互推诿，加上缺乏有效的沟通，问题得不到有效解决。例如，河道污水治理、垃圾清理两个负责部门职责权限不明确，就容易导致河道清理和维护工作没有人管理，即便协商之后各自负责自己所在的区域，在一些地方也会出现没有人负责的现象。各自为政的后果就是，两个部门的权利分割了，在一些协商不来的情况下，就会导致这个问题一直得不到解决。所以需要建立一个协调机制来协调公共基础设施建设过程中遇到的难题。

（七）城乡一体化水平

城乡一体化发展作为城乡统筹所要达到的目标，要达到经济发展、社会发展、生活水平、生态环境四个方面的一体化（见表8-9）。作为城市化发展的高级阶段，福建省在各个方面都加强了发展，并不断努力寻找实现一体化的道路。

表8-9　城乡一体化发展指标体系

一级指标	二级指标	三级指标	具体指标	单位
经济发展一体化	经济发展	GDP	人均GDP	元
		城镇化率	人口城镇化率	%
	产业协调	城乡二元经济	二元对比系数	—
		农业发展	第一产业劳动生产率	万元/人
			农业综合机械化率	%
	要素配置	劳动力配置	非农产业劳动力比重	%
		资金配置	农业贷款相对强度	—
			财政支农相对程度	—
		土地配置	土地相对利用率	亿元/平方千米
社会发展一体化	教育均衡发展	农村教育人力资源水平与城乡差距	农村义务教育教师平均受教育年限	年
			城乡义务教育教师平均受教育年限比（农村/城市）	—
		农村人力资源水平与城乡差距	农村人口平均受教育年限	年
			城乡人口平均受教育年限比（农村/城市）	—

续表

一级指标	二级指标	三级指标	具体指标	单位
社会发展一体化	卫生均衡发展	农村妇女健康和保健水平	农村孕产妇死亡率（县级孕产妇死亡率）	1/10 万人
		农村医疗卫生人力资源水平与城乡差距	农村每千人口卫生技术人员	人
			城乡每千人口卫生技术人员比（城市/农村）	—
	文化均衡发展	文化传播可及性	开展互联网业务的行政村比重	%
			农村宽带入户率	%
	社会保障均衡发展	城乡基本医疗保障差异	城乡居民基本医疗保障水平比（城市/农村）	—
		城乡最低生活保障差异	城乡居民最低生活保障水平比（城市/农村）	—
生活水平一体化	收入消费水平	农村居民收入与城乡差距	农村人均可支配收入	元
			城乡居民收入比（城市/农村）	—
		城乡居民消费差距	城乡居民生活消费支出比（城市/农村）	—
	居住卫生条件	农村安全饮用水	村庄集中供水普及率	%
		农村卫生厕所	农村无害化卫生厕所普及率	%
生态环境一体化	水资源利用	农业用水效率	农田灌溉水有效利用系数	—
	污染物排放	化学需氧量排放强度	亿元 GDP 化学需氧排放量	吨
		二氧化硫排放强度	亿元 GDP 二氧化硫排放量	吨
	环境卫生治理	城市生活垃圾处理	城市生活垃圾无害化处理率	%
		农村生活垃圾处理	对生活垃圾进行处理的行政村比例	%
		农村生活污水处理	对生活污水进行处理的行政村比例	%

资料来源：《中国城乡发展一体化指数（2018）——以全面建成小康社会为目标》。

　　福建省城乡一体化指数如表 8－10 所示。可以看出福建省城乡发展一体化指数较高，2016 年为 78.75%，高于全国 14.98 个百分点。从总的趋势来看，城乡一体化指数不断上升（见图 8－5），四个一体化实现程度均超过 70%，也高于全国平均水平，其中生活一体化实现程度达到 92.28%。12 个二级指标中，经济发展和污染物排放实现程度较高，文化均衡发展和环境卫生治理实现程度也在 90% 以上。但产业协调和水资源利用实现程度低于全国平均水平，特别是产业协调实现程度与全国相差较大。

表 8 - 10   2010～2016 年福建省城乡发展一体化实现程度   单位:%

项目	2010 年	2011 年	2012 年	2013 年	2014 年	2015 年	2016 年	2016 年全国
总指数	48.61	54.67	60.54	66.69	71.31	75.49	78.75	63.77
经济发展一体化	42.90	50.63	57.42	62.58	67.44	68.96	70.67	60.03
经济发展	61.69	71.27	82.89	90.99	97.46	100	100	71.27
产业协调	19.73	26.19	29.88	31.45	32.40	32.14	33.61	57.45
要素配置	47.28	54.43	59.49	65.30	72.45	74.75	78.40	51.36
社会发展一体化	42.16	45.34	50.62	55.10	58.76	67.40	71.60	53.13
教育均衡发展	45.01	55.57	59.33	53.59	53.79	56.09	48.81	41.94
卫生均衡发展	14.00	8.06	12.38	31.35	33.49	55.94	59.19	23.44
文化均衡发展	63.30	67.28	75.58	80.61	90.74	95.60	97.35	73.23
社会保障均衡发展	46.32	50.45	55.21	54.83	57.03	61.96	81.06	73.92
生活水平一体化	61.18	67.18	72.24	82.70	89.61	91.61	92.28	66.07
收入消费水平	44.97	54.33	59.02	77.96	89.55	92.24	92.46	72.96
居住卫生条件	77.39	80.03	85.45	87.44	89.68	90.98	92.09	59.19
生态环境一体化	48.22	55.55	61.88	66.4	69.43	73.99	80.45	75.86
水资源利用	20.51	24.79	29.06	33.33	38.46	42.74	46.15	50.43
污染物排放	75.37	83.84	90.99	94.87	97.53	100	100	100
环境卫生治理	48.77	58.02	65.60	71.00	72.31	79.25	95.19	77.17

资料来源:《中国城乡发展一体化指数 (2018) ——以全面建成小康社会为目标》。

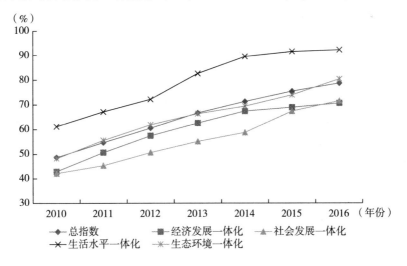

图 8 - 5   2010～2016 年福建省城乡发展一体化指数

资料来源:《中国城乡发展一体化指数 (2018) ——以全面建成小康社会为目标》。

二、城乡发展存在的问题与改进措施

在总结农村发展历程和建设成效的同时，我们也要清醒地认识到，福建农业发展与新农村建设还任重道远。资金、劳动、土地与生态环境都是农业发展与农村建设的重要因素。这些资源要素的缺乏与配置效率不高，都会使农业发展与农村建设陷入困境。一是资金问题。农业的发展过程也是农业资本不断深化的过程。资金的有效投入是农业资本深化、农业劳动生产率提高、农业现代化发展的前提。当前福建农业与农村的发展资金来源主要有三个方面：政府、正规的金融机构和农村民间自有资金。目前农村存在的正规金融机构有四大商业银行、邮政储蓄银行、农村信用社和农业发展银行。这些正规金融机构数量严重不足，金融服务水平低，农民很难从正规金融机构获得正常生产经营所需的资金，地下金融机构和私人借贷就成了多数农民主要的资金来源。农村民间资本一方面能够促进地方经济发展，解决农户个人、乡镇企业及其他资金急需，弥补金融机构的信贷不足，但另一方面由于民间借贷还未被纳入正常监督范围，其发展过程中蕴含的风险将对农村金融稳定造成一定的冲击。二是劳动力问题。农业劳动力无法随着经济发展进程有效转移，是导致规模不经济、农业劳动生产率无法提高的根本原因。农村劳动力缺乏职业技能和职业培训，劳动技能的缺乏在很大程度上影响了农村剩余劳动力外出就业的机会和就业地域的选择，剩余劳动力就业困难。三是耕地与生态环境问题。福建省人均耕地仅 0.49 亩，不到全国平均水平的 1/2，也低于联合国提出的"粮食安全警戒线"0.8 亩的水平。同时，福建省也跟全国一样，面临着土地产权不明晰，土地使用权流转、土地征用较混乱，农民土地权益被分割等问题。福建省生态环境脆弱，自然灾害比较严重，近年来，台风、寒流霜冻、暴雨洪涝、干旱等灾害几乎年年发生，尤以台风、干旱、洪涝灾害为甚，每年因各种灾害造成的经济损失高达数十亿元乃至上百亿元。

在城乡发展战略问题上，第一，福建省城乡发展战略不平等，社会发展一体化相对滞后。尤其是在教育、卫生等方面的一体化上，发展相对滞后，教育资源和卫生医疗资源过于集中，没有很好地平衡城市与乡村。因此，要加大农村公共服务投入，加强师资队伍建设和农村医疗队伍建设，健全集成医疗卫生服务网络，均衡医疗卫生服务资源布局，完善覆盖城乡的医疗保障制度体系，缩小城乡之间的差距。第二，城乡资金配置不均衡，乡村金融资金净流出情况较为严重。因此，在建设中要继续开放市场，建立竞争性、多元化、多层次的农村金融体系，完善农村金融市场的配套制度和分层监管体制。第三，居民收入和消费质量仍存在明显的二元结构特征，这主要表现在城乡居民收入比基本没有变动和城乡生活消费质量差距没有得到缩小两个方面。因此，要继续努力提高农民收入，增加农民收入来源。这就要求增加财政对农业的资金投入，保证农村基础设施建设，实现农业的产业化、机械化、自动化，提高效率。

福建的乡村在面临新的发展机遇的同时，也面临着经济增速换挡期、结构调整阵痛期和前期政策消化期"三期叠加"所带来的巨大挑战。"十三五"时期，我国城乡发展进入转型提升期，在为乡村城镇化带来发展机遇的同时，也面临着更多挑战，乡村规划的理念、任务重点与规划策略等都要进行相应转变，乡村规划的发展与变革对引导城乡统筹健康发展起着关键作用。新时期，乡村转型的特点正从以往"经济增长导向"向"离土不离乡"的城乡一体化协调发展，重视城市对边缘区乡村城镇化的辐射作用，着力解决"半城镇化"问题，实现以人为本的深度城镇化。同时，注重维护生态环境，加大农业转型的力度，合理利用乡村多元价值等，已经成为新时期乡村规划与发展的重点任务。

三、城乡统筹与乡村振兴

下文从完善城乡布局结构、推进城乡统一规划、完善城乡融合发展的政策体系来讨论新型城镇化视角下福建乡村振兴的思路，然后讨论新型城镇化推进城乡融合发展的福建实践（晋江、莆田经验）。

（一）完善城乡布局结构

以厦漳泉都市区和福莆宁都市区的城市群为主体，构建大中小城市和小城镇协调发展的城镇格局，增强城镇地区对乡村的带动能力。加快发展中小城市，完善县城综合服务功能，推动农业转移人口就地就近城镇化。因地制宜发展以茶叶、蔬菜、水果、畜禽、水产、林竹、花卉苗木为主导产业的村庄、特色小镇和小城镇，加大对食用菌产业、乡村旅游业、乡村物流业的培育力度。加强以乡镇政府驻地为中心的农民生活圈建设，以镇带村、以村促镇，推动镇村联动发展。建设生态宜居的美丽乡村，发挥多重功能，提供优质产品，传承乡村文化，留住乡愁记忆，满足人民日益增长的美好生活需要。

（二）推进城乡统一规划

坚持城乡空间统一规划，坚决守住"三区四线"（"三区"即禁建区、限建区、适建区，"四线"即绿线、蓝线、紫线、黄线），多保留功能性"空地"。通盘考虑城镇和乡村发展，统筹谋划产业发展、基础设施、公共服务、资源能源、生态环境保护等主要布局，形成田园乡村与现代城镇各具特色、交相辉映的城乡发展形态。强化县域空间规划和各类专项规划引导约束作用，科学安排县域乡村布局、资源利用、设施配置和村庄整治，推动村庄规划管理全覆盖。综合考虑村庄演变规律、集聚特点和现状分布，结合农民生产生活半径，合理确定县域村庄布局和规模，避免随意撤并村庄搞大社区、违背农民意愿大拆大建。加强乡村风貌整体管控，注重农房单体个性设计，建设立足乡土社会、富有地域特色、承载田园乡愁、体现现代文明的升级版乡村，避免千村一面，防止乡村景观城镇化。

（三）完善城乡融合发展的政策体系

顺应城乡融合发展趋势，重塑城乡关系，更好激发农村内部发展活力、优化农村外部发展环境，推动人才、土地、资本等要素双向流动，为乡村振兴注入新动能。一是加快农业转移人口市民化。健全落户制度，区分不同规模等级城市的落户政策。不断扩大城镇基本公共服务覆盖面，保障符合条件的未落户农民工在流入地平等享受城镇基本公共服务。维护进城落户农民土地承包权、宅基地使用权、集体收益分配权，引导进城落户农民依法自愿有偿转让上述权益。二是强化乡村振兴人才支撑。建立健全激励机制，鼓励城市人才投身乡村建设。三是加强乡村振兴用地保障。健全农村土地管理制度，扩大农村土地征收、集体经营性建设用地入市、宅基地制度改革试点，统筹农业农村各项土地利用活动。盘活农村存量建设用地，完善农民闲置宅基地和闲置农房政策，探索宅基地所有权、资格权、使用权"三权分置"。

（四）新型城镇化推进城乡融合发展的晋江、莆田实践

当前城镇化的两大问题是：农业转移人口不能真正融入城市、乡村居民不能平等分享城镇化成果。围绕以人为核心，推动城镇化由数量扩张向质量提升转型，福建从推进农业转移人口市民化和促进乡村居民共享城镇化发展成果双向发力，积极探索城乡融合发展的路径，形成了以晋江农业转移人口市民化为特色的由乡入城经验和以莆田"五融五化"城乡一体发展为特色的由城及乡经验。

（1）由乡入城的晋江经验。改革开放初期，晋江还是一个靠政府财政补贴过日子的贫穷农业县，但至2018年，晋江成为连续24年居福建县域经济总量第一位、连续17年跻身全国百强县市前十的中等城市。不仅创造了以民营经济为特征的工业化"晋江经验"，也创造了新型城镇化的"晋江经验"。近十年来，晋江的流动人口常年保持在100万人以上，超过本地人口。晋江在开展国家和省级新型城镇化综合改革试点中，把推进外来人口市民化作为改革的核心目标。一是创新"居住"和"落户"制度，外来人口申办居住证，赋予30项市民化待遇；实行"无房也可落户"政策。二是探索实践"同城同待遇"，不让一名外来务工人员因恶意欠薪而领不到工资、维不了权、子女上不了学。三是打造外来人口融入当地社会良好平台，300多名外来人员担任市、镇两级"两代表一委员"。

晋江经验最重要的特点是：突出以人为本、公平共享，推动基本公共服务向常住人口全覆盖，重点解决外来人口市民化本地化的问题，探索以推进外来人口市民化为重点的新型城镇化促进城乡融合发展的有效路径。

（2）由城及乡的莆田经验。莆田市是设区市，也是妈祖故里、文献名邦，人均土地少、乡村人口外出经商多、旅居海外华侨多，产业特色鲜明，民营医疗、木材市场、金银珠宝等均占国内行业的 60% 以上。2012 年，莆田市成为省级城乡一体化综合改革试点，2014 年获批为全国首批新型城镇化综合改革试点。莆田市以城乡一体化为主题，创出"五融五化"就地城镇化模式，为国家新型城镇化试点提供了"莆田经验"。一是统筹推进规划融合，逐步实现城乡"形态集约化"。率先编制"多规融合"的城乡一体化总体规划，逐步实现由城市到镇村的规划全覆盖。二是统筹推进功能融合，逐步实现农民"生活城镇化"。三是统筹推进政策融合，逐步实现城乡"福利均等化"。四是统筹推进产社融合，逐步实现农村"土地规模化"。五是统筹推进治理融合，逐步实现农民"就近市民化"。

莆田经验的特点是：以人的城镇化为核心，统筹推进"五个融合"，逐步实现"五化发展"，让城乡居民各美其美、美美与共，无论是在城市还是乡村，都能够享受等值、同质的美好生活。

参考文献

[1] 国家发展改革委，科技部，国土资源部，住房和城乡建设部，商务部，海关总署. 中国开发区审核公告目录（2018 年版）[Z]. 北京：国家发展改革委，2018.

[2] 周春山，叶昌东. 中国特大城市空间增长特征及其原因分析 [J]. 地理学报，2013，68（6）：728 – 738.

[3] 王颖，孙斌栋，乔森，周洪涛. 中国特大城市的多中心空间战略——以上海市为例 [J]. 城市规划学刊，2012（2）：17 – 23.

[4] 王盛泽. 打响改革"突破"战——福建落实家庭联产承包责任制纪实 [J]. 福建党史月刊，1998（10）：29 – 32.

[5] 陈飞天. 福建农村改革与发展的历史轨迹 [J]. 发展研究，1998（12）：15 – 18.

[6] 伍长南，徐颖. 加快福建特色新型城镇化发展建议 [J]. 福建论坛（人文社会科学版），2014（2）：38 – 41.

[7] 王金明. 试论我国的小城镇建设 [J]. 工业技术经济，1993（4）：43 – 45.

[8] 周策，黄毅敏. 福建农村卫生人力开发的问题及对策 [J]. 中国农村卫生事业管理，1991（10）：35 – 36.

[9] 朱刚，张海鹏，陈芳. 中国城乡发展一体化指数（2018）——以全面建成小康社会为目标 [M]. 北京：社会科学文献出版社，2018.

[10] 吴宏雄. 全省城乡民生基础设施建设工作会议召开 [N]. 福建日报，2017 – 08 –

06（001）.

[11] 徐国喜. 莆田市城乡公共基础设施共建共享研究 [J]. 农村经济与科技, 2017, 28（10）: 177 - 178.

[12] 林卿, 王荧. 福建农业发展与农村建设的成效、困境、机遇与政策选择 [J]. 福建论坛（人文社会科学版）, 2009（7）: 138 - 141.

[13] 周琳, 严顺龙. 大力实施乡村振兴战略 推动农业全面升级 农村全面进步 农民全面发展 [N]. 福建日报, 2018 - 01 - 24（001）.

[14] 李慧. 让乡村振兴战略落地生根 [N]. 光明日报, 2018 - 01 - 11（004）.

[15] 中共中央 国务院印发《乡村振兴战略规划（2018 - 2022 年)》[EB/OL]. ht-tp: //www. xinhuanet. com/2018 - 09/26/c1123487123. htm（2018 - 09 - 26/2019 - 02 - 05）.

[16] 中共福建省委 福建省人民政府印发《关于实施乡村振兴战略的实施意见》[EB/OL]. [2018 - 03 - 26]. http: //www. fujian. gov. cn/zc/zxwj/szfwj/201803/t20180326_ 2254176. htm.

[17] 新型城镇化推进城乡融合发展的福建探索 [EB/OL]. [2018 - 05 - 21]. http: //www. fujian. gov. cn/xw/ztzl/gjcjgxgg/px/201805/t20180521_ 2529313. htm.

[18] 杜强. 稳步推进我国美丽乡村建设的思考——以福建省为例 [J]. 福建论坛（人文社会科学版）, 2015（8）: 150 - 154.

[19] 洪志猛, 林恩文. 福建省典型"美丽乡村"发展模式 [J]. 福建林业, 2016（1）: 10 - 11.

[20] 刘丽嫒. 福建通报美丽乡村负面案例 [N]. 中国建设报, 2017 - 05 - 22（001）.

第九章　城镇空间联系与大都市区发展

第一节　城市腹地与空间联系

一、研究方法

本节以福建省 67 个县级以上城市为样本，测算城市腹地与空间的联系。城市指标数据来自《福建统计年鉴》（2019），地级市数据以所含市辖区数据计（不含所辖县、代管市）。其中建阳区与永定区不计入市辖区，作为县级单位单独计算，而金门县由于数据缺失，暂不考虑。以各级县市政府所在地为县市中心位置，福建省道路交通数据来自《中国高速公路及城乡公路网地图》，经配准、矢量化后获取。

（一）研究方法运用场强模型

假设城市对周边地区的影响遵循"距离衰减规律"，即城市对周边地区的影响力与两者之间的距离成反比。在此基础上，借用物理学中的概念，将某一城市的腹地视为该城市的影响力"力场"，影响力的大小则称之为"场强"，并依据"取大"原则划分腹地范围。计算公式如下：

$$E_{ij} = \frac{Z_i}{D_{ij}^a} \qquad\qquad (9-1)$$

式（9-1）中，E_{ij} 为 i 城市在 j 点的场强；Z_i 为城市影响力指数；D_{ij} 为 i 城市与 j 点间的欧式距离；a 为距离摩擦系数。距离摩擦系数反映城市作用场强对于距离的敏感程度，取常数。a 值越大，表示城市场强对距离越敏感，所获得的城市作用场强图主要反映低等级城市的腹地状况，反之亦反。本书将福建省 67 个县市进行分级，并通过 a 的不同取值（1.5、2、2.5、3）来反映各级城市的场强格局。考虑到传统场强模型运用单一指标和简单直线距离来测算场强大小，无法全面反映城市综合实力，并忽视空间异质性对实际交通距离的影响，因此，构建城市综合实力指标体系与最短时间距离来代替城市影响力指数与欧氏距离。

（二）城市综合实力指标构建

研究区域城市腹地空间结构必须先确定中心城市。城市腹地的大小由城市本身的综合实力决定，并受周边城市竞争力强弱与时间可达性的影响。采用主成分分析方法，提取经济发展（GDP、三次产业产值比重、固定资产投资、社会消费品零售总额、地方公共财政收入）、社会发展（人均 GDP、常住人口数、单位从业人员数、在岗职工平均工资）和基础设施规模（公路通车里程、普通高中专任教师数、卫生机构床位数）3 个方面 12 个指标来综合反映城市的发展水平。

（三）空间自相关测算

对标准化后的数据进行主成分分析，KMO 检验结果为 0.827，证明数据适合做主成分分析。根据特征值大于 1 原则提取前 3 个主成分变量，特征值分别为 7.727、1.309 和 1.052，共可解释原 12 个指标 84% 以上的信息。城市综合实力计算公式为：

$$Z_i = \sum_{k=1}^{n} \left[\sqrt{\lambda_k} \times \left(\sum_{j=1}^{m} M_{ij} \times B_{kj} \right) \right] \tag{9-2}$$

式（9-2）中，Z_i 为第 i 城市的综合实力；λ_k 为第 k 主成分的特征值；B_{kj} 为第 k 主成分中 j 指标的载荷；n 为主成分数量；m 为指标数量。

空间自相关反映的是一块区域中的某种现象与邻近区域单元上同一现象相关程度，用于发现现象之间潜在的相互依赖性。本书采用局部莫兰指数（Local Moran's I）衡量福建省城市综合实力的空间相关特征，计算公式为：

$$I_i = \frac{X_i - \overline{X}}{\sum_j (X_i - \overline{X})^2} \sum_j W_{ij}(X_i - \overline{X}) \tag{9-3}$$

式（9-3）中，I_i 为城市 i 的局部自相关值；X_i、X_j 代表城市 i、j 的规模；$(X_i - \overline{X})$ 值代表该城市 i 的综合实力与邻近区域内所有城市平均规模的差距；W_{ij} 为空间权重矩阵。对于空间权重矩阵 W_{ij}，对每一个城市 i，选取距离最近的 6 个城市，若城市 j 在内，则赋值为 1，若城市 j 不在其中，则赋值为 0。

关于最短时间距离测算，设定各等级公路的时速，借助 ArcGIS 软件，应用栅格分析法测算福建省地区间最小时间成本，得到福建省 67 个城市的最短时间距离栅格图。

二、福建省城市综合实力特征分析

（一）城市职能等级划分

依据城市综合实力大小，综合 K - 均值法与系统聚类法的聚类结果，对城市的职能等级进行分类，将四级城市的综合实力分界线确定为 1.5、1、0.5（见表

9−1）。福建省四等级城市数量依次为 2 个、3 个、19 个、43 个，厦门与福州综合实力指数都在 2 以上，是福建省一级中心城市，其中厦门综合实力最高，达到 2.3528。二级中心城市只有莆田、泉州与晋江，数量过少，城市间等级分布不合理，缺少次级中心城市。

表 9−1　福建省城市综合实力及分级

地区	综合实力	城市分级	地区	综合实力	城市分级
厦门市	2.3528	一级	平潭县	0.3959	四级
福州市	2.0063	一级	沙县	0.3956	四级
莆田市	1.4869	二级	闽清县	0.3822	四级
泉州市	1.2549	二级	罗源县	0.3798	四级
晋江市	1.1237	二级	南靖县	0.3698	四级
南安市	0.9884	三级	建阳市	0.3552	四级
福清市	0.8863	三级	大田县	0.3523	四级
龙岩市	0.8521	三级	连城县	0.3475	四级
漳州市	0.7831	三级	武平县	0.3370	四级
安溪县	0.7718	三级	武夷山市	0.3280	四级
惠安县	0.7435	三级	浦城县	0.3250	四级
龙海市	0.6904	三级	将乐县	0.3236	四级
仙游县	0.6607	三级	云霄县	0.3169	四级
长乐市	0.6509	三级	诏安县	0.3124	四级
闽侯县	0.6395	三级	华安县	0.2962	四级
三明市	0.6106	三级	永泰县	0.2947	四级
石狮市	0.6047	三级	宁化县	0.2931	四级
南平市	0.5676	三级	古田县	0.2929	四级
福安市	0.5586	三级	霞浦县	0.2919	四级
永安市	0.5465	三级	平和县	0.2899	四级
永春县	0.5376	三级	东山县	0.2845	四级
上杭县	0.5195	三级	泰宁县	0.2814	四级
漳浦县	0.5090	三级	建宁县	0.2485	四级
宁德市	0.5067	三级	顺昌县	0.2413	四级
福鼎市	0.4953	四级	清流县	0.2377	四级
永定县	0.4478	四级	柘荣县	0.2301	四级
长汀县	0.4362	四级	寿宁县	0.2282	四级

续表

地区	综合实力	城市分级	地区	综合实力	城市分级
邵武市	0.4335	四级	周宁县	0.2199	四级
德化县	0.4292	四级	明溪县	0.2147	四级
漳平市	0.4218	四级	屏南县	0.2067	四级
连江县	0.4192	四级	政和县	0.1720	四级
建瓯市	0.4177	四级	松溪县	0.1454	四级
尤溪县	0.4110	四级	光泽县	0.1313	四级
长泰县	0.4044	四级	—	—	—

中心地理论认为中心地存在等级层次结构，即城市是其腹地的中心，根据其提供的服务层次不同，各城市之间形成有规则的等级分布关系。据此，本书采用基于城市分级的腹地划分方法。由于高等级城市也拥有低等级城市职能，并且不可直接使用城市综合实力指数表征其较低级别城市职能的大小，据此，基于表 9 - 1 的城市等级体系与综合实力分界线，定义高等级城市拥有的低等级城市职能大小为该等级城市职能大小的上限值，得到所有城市在各等级城市职能的指数。因此，实际测算四个等级城市腹地数量依次为 2 个、5 个、24 个、67 个。

（二）城市综合实力空间自相关特征

根据局部空间自相关类型和城市自身综合实力，可以将城市综合实力的聚散分为四种类型：大城市集聚（高—高）、小城市集聚（低—低）、周边以小城市为主的大城市（高—低）和周边以大城市为主的小城市（低—高）。福建省城市空间自相关特征以大城市集聚和小城市集聚为主。福建中部沿海地区，包括厦门、安溪、永春、福清等 11 个县市形成了大城市集聚区，城市综合实力高于福建省总体水平，城市间联系紧密，都市区发育程度较高。而福建省北部，包括建宁、泰宁、福鼎以及南平大部分地区都属于小城市集聚区，这些城市自身综合实力水平低于福建省平均水平，难以获得所需的周围城市功能辐射。福安是中国海峡西岸经济区东北翼的水陆交通枢纽和闽浙赣内陆地区的重要疏港通道，致使福安从福建省北部小城市聚集区脱颖而出，成为唯一的周边以小城市为主的大城市。此外，长泰、平潭、永泰、连江属于周边以大城市为主的小城市，这些城市都地处沿海强市的周边，但自身综合实力与周边大城市形成极大反差，成为福建省城市综合实力的断层。

福州市作为福建省会，其周围区域并未形成大城市集聚区，尤其是罗源县与连江县的城市综合实力大小与福州市相距甚远，其综合实力处于全省的中下游水平。即使是综合实力较高的长乐县、闽侯县，相对于大城市集聚区的福清市、莆田市等地区仍然存在一定差距。由此可以看出，福州市作为一级城市，实际上并未发挥一级城市应有的辐射带动作用，反而在其周围形成了诸如连江县、永泰县等周边以大城市为主的小城市，同时，致使大城市集聚区未能在一级、二级城市之间形成连续分布。因此，提升福州市周边地区的城市综合实力，扩大大城市集聚区范围，是福建省内部都市区建设的重要一环。

三、福建省分等级腹地空间格局分析

（一）福建省分等级腹地场强大小

如上所述，场强是城市影响力大小的指标。由于场强是相对值，为了便于制图和表达，将各城市场强同时扩大 1012 倍，结果不影响分析，由此可以得出福建省四级城市场强的分布。

可以发现，随着城市分级的提高，场强呈现出自沿海向内陆、沿交通干线流动的态势。一级城市场强以福州市和厦门市为两极，分别沿交通干线向内陆递减辐射，阶梯分布明显，其中闽北地区场强最弱。二级城市场强呈现带状分布，以福州—莆田—泉州—晋江—厦门沿海连线成主轴线，向内陆沿交通干线递减辐射。三级城市场强表现为沿海轴线进一步扩张，同时内陆地区形成上杭—南平的场强次轴线，形成"一主一次"双轴线局面。四级城市场强在空间上实现了均匀分布，即福建省四级城市的发展较为均匀，而前三级城市场强自沿海向内陆、自南向北递减。目前，福建省城市发展呈现出两个中心、两条轴线的城市等级分布格局，沿海核心区域影响区使沿海大城市圈的形成成为可能。内陆地区以次轴线为主，阶梯式承接沿海城市产业转移，配合核心区域发展。福建省城市场强空间格局的形成除了与沿海港口城市交通、政策相关，还与复杂的地形具有密切关系。福建山地丘陵众多，由西、中两列东北—西南走向的大山带构成地形的骨架。

三级城市的场强分布与等高线形态一致性较高，弱场强处大多被 700 米等高线占据，城市发展形态主要受到自然景观的影响。闽中大山带居于主、次两轴中间，高大山脉如同天然屏障，极大地阻碍了城市影响力的扩散，迫使城市形成跨越式发展，形成马鞍状的场强局面。玳瑁山耸立在永安与龙岩之间，截断了次轴。闽北地区虽然地势相对平坦，但距离中心城市较远，场强数值低，阻碍了城市发展。对比城市空间自相关特征，小城市集聚区受到的三级城市场强普遍较低，表明福建省北部小城市集聚区不仅面临着内部经济活力不足，同时面临着外部辐射力偏弱的不利形势。

对比福建省四个等级城市场强变化与下一次城市所在位置，次一级城市所处位置皆位于上一级城市场强较大且地势平坦处，即次一级城市发展与受到的上一次城市影响力大小密切相关。地形无法改变，提升城市场强则为关键。换言之，要促进福建省城市发展，突破天然屏障的隔断，除了提升城市综合实力外，最重要是以加强交通等基础设施建设等方式，降低场强的距离摩擦损耗，最大限度地发挥高等级城市对低等级城市的辐射带动作用。

（二）城市腹地空间格局

一级城市腹地中，厦门市综合实力略大于福州市，但地理位置上福州市较厦门市更靠近福建沿海中心，省内总体交通可达性优于厦门市。故在一级城市腹地格局中，形成福州市与厦门市东南、西北割据的态势，且在腹地范围上，福州市略大于厦门市。二级城市腹地垂直海岸线呈条带状分布，厦门市与福州市腹地仍然占据福建省南北两端大部分区域，中间地带以莆田市腹地为主。莆田市与泉州市、晋江市在地理空间上相互邻近，势必在腹地范围上发生争夺。由于在综合实力上，莆田市要大于泉州市与晋江市，几乎达到一级与二级城市综合实力的分界值，且莆田市的交通可达性与泉州市、晋江市相差无几，根据王德等（2003）对腹地间关系的划分，在腹地空间格局上形成莆田市与泉州市形成半包含的局面。晋江市与泉州市综合实力相近，但泉州市地理位置更靠近内陆腹地，在腹地格局中晋江市被泉州市所包含。莆田、泉州、晋江三市处于中部沿海的大城市集聚区，对腹地资源争夺激烈，虽然在现有腹地格局中呈现层层包含的关系，实际上三市的腹地场强相差较小，相互转化的可能性较大。

三级城市腹地格局与一级、二级城市腹地格局的差别体现在中部沿海大城市集聚区的城市腹地范围缩小与内陆地区中心城市出现。为更好地显示腹地分布状况，将非连续腹地（包括岛屿）予以深色表示。在三级城市腹地中，存在非连续腹地的城市包括福州市、泉州市、龙岩市、晋江市、莆田市。腹地面积自北向南、自内陆向沿海呈递减态势，沿海三级城市数量大于内陆，城市间对腹地的竞争强度较大。石狮市、惠安县、福清市、长乐市由于被外部的沿海城市带阻断，同时内陆地区腹地又被综合实力更高的城市占据，其腹地范围被严格限制，难以获得足够的发展空间，处境较为尴尬。北部小城市集聚区面积大，但中心城市只有本身综合实力偏弱的南平市、三明市、福安市。其中南平市与三明市处于大城市聚集区到小城市集聚区的综合实力过渡带，承接大城市辐射，并向小城市输出服务。而福安市作为被小城市围绕的大城市，形成孤岛城市，是福建小城市聚集区范围内唯一的三级城市。一级城市与二级城市的三级城市腹地面积普遍偏低，此时高等级城市的低等级职能大小上的优势已经不能弥补时间距离带来的劣势，三级城市腹地空间格局以三级城市为主导。

四级城市腹地在空间上呈现均匀分布，因四级城市综合实力差距较小，数量众多，对腹地竞争大，较少出现拥有大范围腹地的城市。非连续腹地占比少，且几乎没有间隔较远的非连续腹地出现。同三级城市腹地空间格局相似，沿海的一级、二级城市的四级腹地面积要低于平均值，三级城市的四级腹地面积要略大于平均水平。高等级城市周围的低等级城市对于低等级腹地面积的竞争，驱使着高等级城市致力于发展高等级职能，并向更高等级城市转变。

对比大城市集聚区与小城市集聚区的腹地面积，可以发现大城市集聚区四级城市腹地面积明显小于小城市集聚区，两者在综合实力与腹地面积的高低对比上形成强烈反差，即综合实力大的城市腹地面积普遍偏小，综合实力小的城市反而拥有较大的腹地面积。虽然小城市集聚区地势起伏限制了城市的发展，但小城市集聚区城市发展水平整体相对落后，以及缺少区域中心城市的带动，导致其城市综合实力滞后。集中地区资源，打造区域内部"增长极"，进而打破小城市集聚区的"马太效应"是小城市集聚区发展的关键。

（三）城市腹地与行政区叠合分析

由于一级、二级城市数量过少，并且集中分布在沿海地区，同时考虑到高等级城市与低等级城市间综合实力差距显著这一特点，本书认为三级城市与其腹地的关系恰好能够表征地级城市对区划内的县级行政单位的资源整合与辐射带动作用。以往研究大多以地级市政府所在地为整个地级市的中心计算交通距离，然而地级市政府所在地与市内实力较强的县级行政单位往往距离较远，若将该县综合实力纳入地级市政府所在地会导致计算的距离与真实的距离产生巨大偏差，得到的腹地范围往往与实际情况不同。因此，本书以行政区划为依据，合并三级城市的腹地范围，重构地级市层面的福建省腹地范围。该方法能够有效地规避传统的将整个地级市综合实力归为政府所在地之上带来的偏差。具体方法如下：若三级城市 A 与 B 同属于一个地级市，则将 A 与 B 的腹地范围合并，作为该地级市的腹地范围，进而将 24 个三级城市腹地合并为 9 个地级市的腹地。

在地级层面上，各市腹地范围与地级行政区总体吻合度较好，但除厦门外的各市腹地范围与行政区间均存在相互交叉，即同时存在腹地范围包含其他市的行政区与行政区被其他市腹地所占据两种情况。例如，南平市光泽县与邵武市大部分行政区处于三明市的腹地范围之内，而三明市尤溪县大部分行政区处于南平市腹地范围内。南平、宁德、三明、福州、泉州、漳州 6 个市的行政区面积与腹地面积相似，尤其是与地级市内的三级城市距离较远的地区极易被其他地级市腹地所占据，而行政区范围与腹地范围的不吻合需要六市之间在两者交叉地区采取联动的空间发展策略。厦门是我国东南沿海的重要中心城市，其职能定位为国家中心城市，因而在本书地级层面职能上的腹地竞争中，并未考虑厦门的国家中心城市职能,导致其腹地范围偏小。龙岩市、莆田市腹地面积要小于其行政区面积。龙岩市腹地在东南方向受到综合实力较强的漳州市、泉州市的挤占,在北方因山峦阻隔导致其可达性弱于三明市,而被三明市腹地占据了部分行政区,因此交通设施建设是龙岩市腹地发展的重要一环。莆田市在与整体实力更强的泉州市和福州市竞争腹地时处于微小弱势,其行政区受到来自莆田、泉州、福州三个城市的影响,在发展时需充分考虑其他城市对本地区发展的影响。

在县级层面上,由于对高等级中心城市综合实力进行的低等级职能选取处理,且相邻县域之间的交通可达性差异较小,大多数县级城市腹地与自身行政区范围近似。县级城市腹地中,除邵武市包含光泽县外,城市腹地之间的关系以并存关系为主,对腹地范围的空间竞争是县级腹地空间格局的主要表现形式。相对其他区域,闽南城市县级城市腹地与行政区之间的差异更为明显,尤其是漳州市,其腹地范围囊括了近半的南靖县、龙海市、华安县,有必要进行一定的行政区划调整,以撤县设区等方式调和腹地与行政区划之间的矛盾。

第二节　厦漳泉大都市区发展

一、厦漳泉大都市区发展概况

2010 年,福建省政府通过了《海峡西岸都市区发展规划》,首次提出构建福州大都市区和厦漳泉大都市区两个中心都市区。2011 年 1 月,《福建省国民经济和社会发展第十二个五年规划纲要》提出着力构建福州大都市区和厦漳泉大都市区。同年 8 月,福建省人民政府研究同意《加快推进厦漳泉大都市区同城化工作方案》,提出加快厦漳泉城市联盟进程和同城化步伐,实现组团式发展,构建厦漳泉大都市区,提升参与国际竞争和两岸合作的能力,充分发挥厦漳泉大都市区在海峡西岸经济区乃至在我国东南沿海的辐射带动作用,构建大陆对台交往合作的平台和门户。其后,厦漳泉大都市区开展了一系列行动,包括制定相关总体规划和专项规划,成立厦漳泉联席会议和基础设施共享共建等。2016 年 3 月,《福建省国民经济和社会发展第十三个五年规划纲要》再次提出加快福州和厦漳泉两大都市区同城化步伐,进一步加强辐射带动作用。

厦漳泉大都市区范围包括厦门市、泉州市、漳州市三市中心城区以及龙海市、长泰县、漳浦县、云霄县、诏安县、东山县、晋江市、石狮市、南安市、惠安县 10 县(市)。厦漳泉三市位于福建省东南沿海,南临台湾海峡,三市相互毗邻，环抱港湾。三市境内均山峦起伏，地形以平原、山地、丘陵地带为主，是典型的"八山一水一分田"格局；属亚热带海洋季风气候，冬暖夏凉，气候条件优越，适合人民生活和居住；有丰富的矿产资源，土壤类型丰富；深水良港多，如泉州市有泉州湾、湄洲湾、深沪湾、围头湾四个港湾，漳州市有漳州港、古雷港、东山港等，厦门市有厦门港、马銮湾等，港阔水深，是条件优越的天然良港；森林覆盖率高，生物物种多样复杂，自然资源丰厚。相同的自然地理条件和相近的地理位置，为三市的合作提供了基本条件。

被称为闽南"金三角"的厦漳泉，是我国率先实施对外开放的重要区域之一。2018 年底，福建省常住人口 3941 万人，城镇化率为 65.8%，地区生产总值达 35788.57 亿元。其中，厦门市常住人口 411 万人，城镇化率为 89.1%，地区生产总值达 4791.41 亿元；泉州市常住人口 870 万人，城镇化率为 66.6%，地区生产总值达 8467.98 亿元；漳州市常住人口 514 万人，城镇化率为 59%，地区生产总值达 3947.63 亿元。三市以占全省 1/5 的土地，集聚了 46% 的常住人口，创造了 48% 的经济总量。厦漳泉三市要素的密集度、发展的繁荣度、联系的紧密度，堪称全省之最，具备发展大都市区的扎实基础和巨大潜力。

此外，厦漳泉三市的社会经济合作联系紧密，资源互补。由于自然条件、政策环境和发展路径的差异，厦漳泉三市各自占有、积累的某些资源存有明显的异质性，这些差异为三市的合作奠定了基础。如厦门在特区建设中，逐步形成旅游会展、电子商务、软件与信息服务、航运物流等技术密集型的支柱产业，而泉州形成服装业、鞋业、食品等全国知名产业；漳州则形成食品、机械、材料和能源等主导产业。为实现资源、技术和人才的互补，泉州、漳州的部分产业会把总部设在厦门；居民也会来厦门购房，送子女前来厦门就学；而厦门由于土地资源不足，会把一些以土地资源不足和有环保要求限制的产业迁至漳州等。

从北宋开始，厦漳泉都市区便有着千丝万缕的联系。北宋时期，为"泉""淳"两洲所管辖；宋代、清代时期，同安（即现厦门市域、金门县域及泉州南安、漳州龙海的部分地区）隶属泉州府，并同为海上丝绸之路的起点之一。历史上，厦漳泉都市区民众便迁徙频繁，根源交错，并延续至今。文化上，厦漳泉都市区同处闽南语的文化经济区，是国家级的闽南文化生态保护区。

二、厦漳泉大都市区的发展历程

厦漳泉大都市区的发展经历了从起初的"闽南金三角"阶段到城市联盟，再到同城化三个阶段，逐步实现大都市区的成长和演变。

（一）闽南金三角成型——初创阶段（1985～2003 年）

1980 年，国务院设立厦门经济特区。20 世纪 80 年代初，国家科学技术委员会（1998 年更名为科学技术部）在厦门召开科技政策研究会议，在会上讨论了"闽南金三角（厦门、漳州、泉州）"的经济发展问题，这是首次提出"闽南金三角"概念。1985 年 1 月，国务院召开了长江三角洲、珠江三角洲和"闽南金三角"座谈会，国务院在会议纪要中提出将闽南金三角地区列为沿海开放区域，实行沿海经济开放城市的政策。同年，国务院进一步将厦门、漳州、泉州的 10个县区辟为沿海经济开放区，扩大闽南金三角地区的开放范围。1992 年，福建省委提出加快闽东南开放开发的思路，并在党的十四大报告中得到体现——"将闽东南地区和长江三角洲、珠江三角洲、环渤海湾地区一起并列为中国加快开放开发的重点区域"。1995 年，福建省第六次党代会提出要以厦门经济特区为龙头，加快闽东南地区的开放与开发，山海协作联动发展，建设海峡西岸繁荣带。国家和福建省对"闽南金三角"的重视，以及相关政策的支持和推动，为厦漳泉大都市区的形成奠定了基础。

（二）城市联盟建立——推进阶段（2003~2010 年）

2003 年，厦漳泉三市签订《厦漳泉城市联盟宣言》，2004 年，三市启动城市联盟试点工作，厦漳泉城市联盟第一次联席会议在厦门召开，以三市的规划衔接作为开始，要求统一规划、整体布局，正式宣告结成城市联盟，并建立城市联盟市长联席会议制度。同年，厦漳泉联盟机构组织编制了《厦漳泉城市发展走廊研究》。厦漳泉城市联盟的建立初步确定了各个城市的发展方向，加快了厦漳泉三地同城化步伐，之后编制了一系列专项规划，包括《厦漳泉龙城市联盟协调发展规划》《海岸带与港口群发展规划》《重大基础设施项目行动规划》《厦漳泉龙城市联盟城际轨道系统规划》《厦漳泉龙城市联盟旅游发展对策建议》《厦漳泉龙城市联盟供水、污水和垃圾处理项目协调发展研究》等。

除了规划之外，在此期间，城市联盟的一系列合作项目也有了具体落实。基础设施方面，如 2009 年 6 月，厦漳两地跨海大桥全线动工建设；龙厦、厦深铁路的开建使得三市的联系更方便。产业方面，如 2003 年厦门灿坤公司的生产基地、蒙发利电子移至漳州台商投资区；漳州"三龙"集团成功嫁接厦门"金龙"客车；2007 年原欲落地厦门海沧的 PX 项目迁至漳州古雷；2009 年泉州品牌特步、安踏、达利园食品等企业总部入驻厦门观音山等。水利方面，如厦门由于缺水，同漳州共同加大对九龙江流域的保护和整治，而漳州每年向厦门提供一定的自来水。教育方面，如厦门大学新校区及产学研基地建在漳州招商局经济技术开发区，2003 年投入使用；华侨大学新校区建于厦门集美，2006 年投入使用。

相关规划的编制和实施，以及系列产业项目的合作发展，大大推进了厦漳泉同城化，加快了厦漳泉大都市区的发展。

（三）大都市区同城化——深化阶段（2011 年至今）

2011 年在厦门召开的厦漳泉大都市区同城化党政联席会，标志着厦漳泉正式进入同城化阶段，三市正式签署了《厦漳泉大都市区同城化合作框架协议》，联合开展《厦漳泉大都市区同城化发展总体规划》和厦漳泉大都市区综合交通建设、制造业融合发展、现代物流合作发展、旅游合作发展、信息化及通信合作、城市空间与市政建设对接、基本公共服务共享、生态及环境保护合作、人才发展战略研究九项专项规划。

厦漳泉第一次党政联席会后组织实施的同城化项目共有 57 个，很多项目都取得了一定的进展。基础设施方面，三市已完成公共交通服务对接，开通了两条同城化公交线路；建立了厦漳泉公共交通智能管理系统，统一使用厦门 GPS 平台。公共服务设施方面，个人医保卡三市互通互用，统一结算；实现跨市人力资源管理服务合作、跨市人才管理服务合作、医学检验和影像检查结果互认制度等。金融同城化方面，已经开展了地方金融法人机构互设分支机构的行动。产业项目方面，泉州与厦门合作共建的厦门火炬高新区永春产业园已签订合作共建初步框架协议，漳州和厦门合作的厦门火炬园漳州合作项目、龙海市思明工业园等项目也已明确；2013 年三市共同签署了《厦漳泉国资委同城化项目平台合作协议》，明确共建农产品基地、推进旅游企业的战略合作等十大方面项目布局。目前高速公路厦漳泉城市联盟线、城市轨道等项目已列入 2016 年福建省重点项目名单，正在加快推进。

三、实现厦漳泉同城化发展的路径选择

同城化是厦漳泉大都市区未来发展的重要选择。在这一过程中，应当积极关注以下三个方面：创新传承共同的精神纽带——闽南文化；梳理和解读上位规划，构建三市认同的均衡有序的同城化空间格局；共同推动跨界经济增长。

（一）以创新闽南文化引领同城化发展

推动同城化的路径很多，文化引领是重要路径之一。"以闽南文化引领同城化"是一个亟待破解又具有现实意义的命题。"引领"是指通过以厦漳泉三市普遍认同的闽南文化为基础，归纳、总结、提炼出新时期闽南大众普遍认同的闽南文化精神，以此鼓励推动闽南地区的同城化。

闽南文化精神特质铸就了闽南人认祖崇宗、重商亦农、爱拼敢赢、好斗争勇、包容开放和安土归荣的性格。闽南地区的发展变化，印证了闽南人的性格禀赋。闽南文化是闽南人共同创造、代代传承的区域性文化，有着深厚的文化底蕴和历史渊源，是联系厦漳泉三市的精神纽带。在同城化进程中，致力于加强和重建闽南文化的认同感和意识，将对同城化工作起到事半功倍的效果。厦

漳泉要实现同城化，应当共同塑造对闽南文化的认同感，探索如何树立闽南文化引领发展的理念。

（二）构建均衡有序的同城化空间格局

涉及厦漳泉地区的上位规划很多，包括《全国主体功能区规划》《海峡西岸经济区发展规划》《海峡西岸都市区体系规划》《福建省城镇体系规划》《福建省国民经济和社会发展第十二个五年规划》等。此外，厦漳泉三市还各自制定了本地区发展战略。

由此可见，涉及厦漳泉地区的总体空间规划较多，历时不同时期，有些提法，尤其是区域多中心，存在争议。应当对相关规划进行梳理和解读，形成三市认同的空间发展思路，为构建同城化的空间新格局提供借鉴和支撑。厦漳泉大都市区总体空间形态可简化为"一核、三带、两轴"，"一核"指厦漳泉大都市核心区，"三带"指绿色山地生态保育带、沿海产业城镇集聚带、蓝色海洋保护与开发带，"两轴"指厦漳—龙岩—赣州发展轴和厦泉—三明—抚州发展轴。

厦漳泉大都市核心区指厦门、漳州、泉州三个都市区连绵区域，包含三市中心城区及拓展区和三市跨界增长区域。这是最具备同城发展条件的区域，也是同城化的核心和重构闽南"金三角"的重要支点。该核心区要通过优化开发和功能提升，加快发展现代服务业和先进制造业，培育区域金融、贸易、航运服务中心功能，进一步增强创新能力，带动区域整体优势的发挥和国际竞争力的提升。

沿海产业城镇集聚带指依托厦漳泉大都市核心区，沿海湾地区向周边拓展。发挥黄金海岸和对外联系主通道作用，按照新型工业化和城镇化发展要求，合理推进岸线开发利用和港口建设，积极吸引临港产业和战略性新兴产业发展，建成特色鲜明、布局合理、生态良好的产业城镇集聚带。

绿色山地生态保育带即西部内陆山区，这是厦漳泉大都市区重要的生态屏障和重要生态服务功能保护区。严格保护生态环境，联合维护生态系统结构和功能的稳定性，开展九龙江和晋江的跨流域综合整治。在自然条件允许的河谷和缓丘地区适当开发一些宜居小镇，严格控制开发强度，发展休闲旅游业、林竹业和绿色有机农业等生态产业。

蓝色海洋保护与开发带即三市近海海域，这是大都市区蓝色生态屏障、对台合作重要纽带以及海洋经济发展的重点区域。按照陆海统筹、先易后难、保护为主的要求，统筹确定海域使用功能，科学安排海洋资源开发时序，加快实施海域生态修复工程，推进海洋资源的持续利用。加强与台湾海洋资源开发与保护的合作，形成联合发展海洋经济，共同保育蓝色国土的海峡开发新格局。

厦漳—龙岩—赣州发展轴和厦泉—三明—抚州发展轴分别是沿九龙江辐射漳州西北和龙岩地区和沿厦沙、泉三辐射三明的两条发展轴。"两轴"建设有利于厦漳泉带动西部腹地整体联动，进一步推动厦漳泉融入全国开发格局，也有助于促进大都市区形成以"一核三带"为主，若干发展轴为辅，分工明确、功能互补、等级合理的网状空间开发格局。

（三）着力推动跨界经济增长

随着区域一体化进程推进，各城市都寻求与周边城市的合作，在空间上表现为跨界地区的快速发展。厦漳泉三市跨界区域的经济增长可作为三市同城化工作重点。厦漳泉的跨界增长区域主要包括以下两个方面：

一是海沧—角美—龙海—南太武临港产业区。以海沧、角美、龙海、南太武等为支撑，发挥海港资源和山水资源优势，加快港口分工与功能协调，在九龙江口两岸联合打造东南国际航运物流中心核心区、大都市区对台产业合作新高地和生态宜居新港城。

二是翔安—围头湾空港产业区。以翔安新城与泉州南翼新城（围头湾地区的安海、内坑、东石、官桥、水头和石井）为重点，加快推进功能对接与空间整合，促进服务业与制造业融合发展，未来依托闽南空港建设促进产业升级，打造成厦漳泉大都市区先进制造业基地和新的次中心。

第三节　福莆宁大都市区发展

一、福莆宁大都市区发展背景

福莆宁区域位于福建省东北部，是《福建省城镇体系规划》里确定的两个大都市区（福州大都市区、厦漳泉大都市区）之一。

2012 年 3 月，福州、莆田、宁德三市签订《构建福州大都市区、推进福莆宁同城化发展框架协议》，福莆宁正式驶上了"同城化"的快车道。协议指出，三市将全面推动区域协作，推进城市规划统筹协调、基础设施共建共享、产业发展合作共赢、公共事务协作管理，加快提升中心城区功能品位和同城化进程，逐步形成一体化融合发展新格局。

福莆宁同城化是福莆宁三市凭借自然和社会经济条件，加强城市间内部的分工与合作，实现共同发展的目标；以存量资源带动增量发展，促进城市间商品和要素的自由流动，增强福莆宁的整体竞争力；强调优势互补，将原有分散或单独的城市整合成一个共同的利益群体，实现福莆宁的科学发展、跨越发展。

二、福莆宁大都市区发展现状

福莆宁区域总面积约 2.95 万平方千米，2018 年末，三市总人口约 1355 万人，占福建省总面积的近 1/4，占福建省总人口的 1/3。2018 年，三市地区生产总值为 12042.02 亿元，占福建省地区生产总值的 33.6%，三市平均生产总值约为 4014 亿元，处于省内平均水平。但从东部沿海城市来看，2015 年长三角的 16个城市，平均生产总值已达到 7000 亿元。将福莆宁沿海城镇密集带的城镇数量、规模分布与山东半岛、江苏沿江、杭州湾、珠三角等城镇密集区进行对比，可以发现福建省沿海城镇密集带城镇规模等级普遍较低。同时，在福建沿海城镇群中，福莆宁地区的城市规模也不如厦漳泉地区，厦漳泉地区的平均生产总值达到 5736 亿元，福莆宁明显处于下游位置。

（一）福莆宁同城化发展的现实基础

一是交通一体化初步形成。在地理位置上，福州、莆田和宁德属于闽中和东部地区，且属于半小时交通圈之内。2012 年 6 月，《福莆宁综合交通一体化规划》和《福莆宁城际轨道交通建设规划》编制正式启动。同年 9 月，福莆宁中心城市——福州加大实施公共交通等基础设施的建设。同年 11 月，福莆宁城际轨道交通线网方案基本形成，该方案以福州为中心，线网总长 549 千米，将覆盖区域内福州、莆田、宁德、平潭及 7 个县（市），车站总数约 98 个，福莆宁同城化网状线路基本形成。

二是产业结构互补性较强。目前，福州市处于工业化中期向工业化后期过渡的阶段，莆田市大致处于工业化发展中期阶段，宁德市则刚刚进入工业化阶段。福州在第三产业上具有相对优势，莆田在第二产业上具有相对优势，而宁德在第一产业上具有相对优势，三个地区产业发展层次和结构上存在明显的互补性。福莆宁三市已经形成较为完整的产业体系，人员要素流动也较为便利，具有良好的产业一体化的基础。

三是具有明显的市场一体化的倾向。宁德、莆田的市民前往福州消费、投资性买房等现象越来越常见。综合各方面情况，福莆宁三市已经具有一定一体化发展的基础，但一体化程度仍然较低，随着交通的更加便捷，这种一体化发展正不断加速，为三市同城化创造了有利的条件。接下来，福莆宁需加快区域一体化的步伐，推动同城化的开展，从而加速区域经济增长，提升在福建省内乃至整个海西地区的区域影响力。

（二）福莆宁同城化发展的制约因素

一是经济实力差距影响同城化发展。城市经济实力在同城化发展中起着重要的作用，其中包括单个城市的经济实力和整个区域的经济实力。从单个城市的经济实力来看，福州市处于遥遥领先的位置，其地区生产总值为宁德市的 4倍和莆田市的 3.5 倍。三地存在较大的经济实力差距，如果不能很好地处理，极易产生经济的极化效应，结果只会拉大三个地区的经济差距，造成地区利益冲突激化，最终，地方政府依托地区行政划分，构筑行政壁垒，阻碍地区间资源要素的流动。此外，从区域整体经济实力上看，2018 年，福莆宁三市平均生产总值约为 4014 亿元，居于福建省平均水平，同年厦漳泉地区的平均生产总值达到 5736 亿元。而且，随着平潭综合实验区的形成，福建将形成三足鼎立的全新局面。因此，城市间经济实力的差异性将成为制约福莆宁同城化推进的主要障碍（见表 9 - 2）。

表 9 - 2　2018 年福莆宁三市经济指标

城市	年末常住人口（万人）	地区生产总值（亿元）	城镇居民人均可支配收入（元）	农村居民人均纯收入（元）
福州市	774	7856.81	44457	19419
莆田市	290	2242.41	37169	17991
宁德市	291	1942.80	32921	16147

资料来源：根据《福建统计年鉴》（2019）整理。

二是机制体制障碍制约同城化发展。我国的行政区划由来已久，而且运行良好，不存在太大的问题。然而在这种形式下，逐渐形成的以地区生产总值作为考核地方政绩的观念，成为阻碍同城化发展的关键因素。也就是说，作为上级组织，或是地方的领导人，自身利益最大化是其追求的首要目标，而在经济上的"谦让"几乎无法实现。就同城化发展的现阶段情况来看，制定共同的区域规划，实现中心城市的增长极，然后带动周边地区经济发展，这样一个发展轨迹暂时的效果并不明显。而且，在同城化发展过程中，地方之间本身存在经济发展的差异，若没有协调好地方利益之间的分配，造成的唯一结果就是地区贫富差距拉大，没有达到同城化建设的真正意图。可以说，现行行政区划制度的约束是当前福莆宁同城化发展必须首先突破的障碍。

三是文化与观念差异存在不利影响。长期以来形成的地缘优势以及文化相似性能够形成地区的认同感和归属感，但福州、宁德和莆田分属于福州文化、闽东文化与莆仙文化三个不同的体系，在语言、文化、民俗甚至信仰等方面存在较大的差异。历史上，福州人经常赶往浙江、江西、中原一带经商或是进京赶考等。因此，经由宁德一带的陆路、水路都完全被福州人打通了。早期的频繁交流往来，使得福州和宁德两地在很多方面具有共通性。特别是在语言、文化、民俗、信仰等方面，没有太多的差异性。而莆田地处福州市的南部，形成了独具特色的莆仙文化，既包含了古代遗留下来的闽文化、汉唐遗留的中原文化，也有阿拉伯、波斯等西方文化的融合，是一个非常独特的文化区域。因此，莆田在文化、信仰、饮食、语言等方面都跟福州和宁德有着较大差距，甚至相互冲突。文化差异必定直接影响到区域公共教育、文化、体育、卫生等公共服务的一体化建设，最终制约同城化的发展进程。

三、福莆宁大都市区发展策略

（一）加强交通互联共通，实现交通同城化发展

交通同城化是构建城市同城化的第一步，它有利于降低城城、城乡之间的通行成本，提高地区资源和人流沟通的便利性。2009 年 9 月，福州开出第一趟动车组，随后几年，多趟通往宁德和莆田的动车组相继通行。2012 年 1 月，福州三环绕城高速一期正式通车，随后将完成三环高速二期、东北三环、西北三环等部分。作为构建同城化的中心城市，福州市在交通建设环节中的枢纽中心地位进一步凸显。除城际交通网络布局不断完善之外，福州市、宁德市和莆田市也进一步加快市政干道和城市公交联络线的规划的步伐，加快推进"村村通客车"和"公交优先便民"等项目，努力打造福莆宁一体化的公共交通网络。

（二）优化产业结构，加强特色互补

产业优化升级与特色互补是福莆宁同城化的基础。所谓产业优化升级，就是调整和优化产业构成，使得福莆宁三市形成各具优势的产业集聚，建立合理的分工秩序，消除产业之间的恶性竞争。所谓特色互补，即以福州作为产业链的中心，重点加强生产性服务业和创新型现代服务业的发展，为莆宁产业发展提供资金、人才、信息方面的支持，形成地区环状型互补结构。

（三）构建统一市场，推进资源要素共享

在同城化发展中，消除市场障碍是前提。从市场共享角度看，福莆宁同城化应做到以下三个方面：一是商品市场同城化。强化福州市的中心辐射作用，支持优势企业向莆宁地区转移，建设统一的产品供应基地，形成一体化的产品供应链。降低产品市场准入，鼓励产品进入各大商场和超市。提高市场的流动性，积极发展配送物流。二是金融市场同城化。鼓励福州金融机构到莆田、宁德开设窗口，提高资金周转效率。打破地域性界限，积极发展异地贷款，加快实现银行卡跨行交易。三是人力、技术资源同城化。加快建立统一的人才技术交流和共享服务平台，实现资源的无障碍交流。

（四）打造环境联合防治机制，加强生态保护

福莆宁三市的生态建设和环境保护至关重要，其中不仅包括生态环境的质量问题，还涉及沿海地区的海洋生产和旅游经济的发展。福莆宁三市必须重视环境问题，积极加快生态环境保护一体化建设，特别是海洋保护。首先，要依托海洋独具个性的特点，坚持做到合理规划、充分保护，特别是作为旅游资源的海滩，要加强管理，尽量减少人为活动造成的污染。其次，对土地资源应整

体规划、集约布局，提高土地资源的使用效率，实现土地的可持续性利用。最后，要重点关注大气问题，在同城化过程中，各个地区必须实现综合整治，并建立联合防治机制。而以工业经济为主的城市，主要包括莆田和宁德，必须加强对工厂企业污染气体排放的监督，严惩一切排放工业废气污染和城乡固体废弃物污染的企业，推行清洁生产、清洁消费。

（五）区域协调发展，消除制度障碍

在福莆宁同城化战略实施的初期阶段，产业政策的制定离不开政府部门的协商。由于地域差异，很多社会经济网络结构存在明显不同。因此，要及时了解不同层面存在的问题，通过不同层面（宏观、中观及微观）的调节机制化解矛盾、解决问题。同时，应成立一个区域发展协调机构，赋予其相应的行政调控、规划调控等权力，负责统筹福莆宁整个经济活动的重大事宜以及布局建设。从福莆宁的整体利益出发，协调福莆宁在产业发展、空间组织、重大基础设施建设及生态环境保护等方面的关系和利益，推动同城化向纵深发展。

第四节　都市区空间结构特征

一、城市首位指标

城市首位指标指一国或区域内最大规模城市与第二规模城市人口的比值，用以衡量城市规模分布状况，包括二城市指数、四城市指数、十一城市指数。计算方法如下：

二城市指数：$S_2 = P_1/P_2$　　　　　　　　　　　　　　　　（9-4）

四城市指数：$S_4 = P_1/(P_2 + P_3 + P_4)$　　　　　　　　　（9-5）

十一城市指数：$S_{11} = 2P_1/(P_2 + P_3 + P_4 + \cdots + P_{11})$　　（9-6）

表9-3为福莆宁大都市区和厦漳泉大都市区的人口规模，表9-4为福莆宁大都市区和厦漳泉大都市区首位指数，可以得出厦漳泉大都市区的二城市指数大于福莆宁大都市区，而十一城市指数则相对较小。按照位序—规模的原理，正常的二城市指数应该是2，正常的四城市指数和十一城市指数应该是1。所以综合而言，这两大都市区的城市首位指数相对较小。

表9-3　2018年福莆宁大都市区和厦漳泉大都市区人口规模　单位：个

人口规模	福莆宁大都市区		厦漳泉大都市区	
	数量	城市	数量	城市
300万以上	1	福州市辖区	1	厦门市辖区

续表

人口规模	福莆宁大都市区		厦漳泉大都市区	
	数量	城市	数量	城市
200万~300万	1	莆田市辖区	1	晋江市
100万~200万	1	福清市	4	泉州市辖区、南安市、安溪县、惠安县
50万~100万	5	仙游县、闽侯县、连江县、福安市、福鼎市	6	龙海市、漳浦县、漳州市辖区、石狮市、诏安县、平和县
20万~50万	7	霞浦县、宁德市辖区、平潭县、古田县、永泰县、闽清县、罗源县	6	永春县、云霄县、南靖县、德化县、长泰县、东山县
20万以下	4	寿宁县、屏南县、周宁县、柘荣县	1	华安县

资料来源:《福建统计年鉴》(2019)。

表9-4　2018年福莆宁大都市区和厦漳泉大都市区首位指数

都市区	二城市指数	四城市指数	十一城市指数
福莆宁大都市区	1.93	0.97	0.82
厦漳泉大都市区	1.95	0.79	0.59

二、位序—规模分布

城市位序—规模法是从城市人口和规模位序的关联来分析一个城市体系的规模分布特征。位序—规模分布的一般公式如下:

$$\ln(P_i) = \ln(P_1) - q\ln R_i \tag{9-7}$$

其中,P_i 是第 i 位城市的人口数,P 是最大城市人口数,R 是第 i 位城市的位序。$|q|$ 是常数,当 $|q| > 1$ 时,城市体系呈现首位型分布,$|q|$ 越大,城市首位特征越明显。当 $|q| < 1$ 时,城市体系呈现序列式分布,中间序列的城市比较发达。

福建省两大都市区的规模—位序分布散点属于上凸曲线,均属于过渡型规模分布。在固定斜率回归后,福莆宁大都市区的 $|q| = 1.158$(见图9-1),厦漳泉大都市区的 $|q| = 0.982$(见图9-2),说明福莆宁大都市区首位城市龙头效应明显,厦漳泉大都市区中间序列的城市较为发达,并没有形成较为明显的龙头城市。

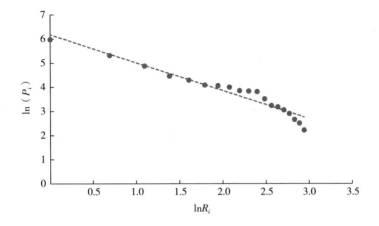

图 9 - 1　2018 年福莆宁大都市区规模—位序分布

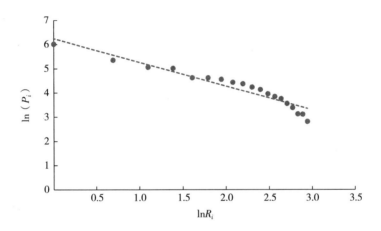

图 9 - 2　2017 年厦漳泉大都市区规模—位序分布

三、产业协调指数

产业结构协调指数是衡量产业结构优化效果的指标之一，指相互联系的经济体之间产出对比的相对数，具有相对性和动态性。产业结构协调指数大于 1 表明产业结构趋于优化，小于 1 则表明需要进一步调整。

用产业协调指数分析福建省都市区的产业结构发展演变，首先要引入经济增长模型并构建产业协调指数模型，即：

$$\ln Y_t = \beta_0 + \beta_1 \ln X_{1t} + \beta_2 \ln X_{2t} + \beta_3 \ln X_{3t} + u \quad (9-8)$$

式（9-8）中，Y_t 为 t 年份的 GDP，X_1、X_2、X_3 分别为第一、第二、第三

产业的产值，β_1、β_2、β_3 分别为三次产业的产出弹性，u 为随机扰动项，β_0 为截距。模型中假定短期内某个生产领域技术进步为常数，因此生产函数不会随技术进步而发生变化，简化了模型的分析，并排除技术变化对产业结构的影响，促使研究更具有针对性。

然后，进行协调指数的计算。构建协调指数时，通常将本经济体称为 A，将参照经济体，即比较对象称为 B。首先，对经济体 B 进行分析，得到能够代表经济体 B 目前的产业结构的实际的经济增长模型。其次，将经济体 A 的三次产业产值代入该经济增长模型中，可计算得出结构优化后的总产值 Y^*，其与本经济体 A 的实际总产值 Y 不同。最后，将产值与本经济体 A 的实际总产值 Y 进行对比，得到协调指数 E。

$$E = Y^*/Y \qquad\qquad\qquad\qquad (9-9)$$

对于本经济体 A 而言，若协调指数 $E > 1$，表示产业协调程度有所提高，产业结构趋于优化；若协调指数 $E < 1$，则表示产业协调程度降低，应调整优化产业结构；若协调指数 $E = 1$，则表示产业结构未发生改变。

本书选取福莆宁大都市区和厦漳泉大都市区 2008~2018 年的 GDP 和三次产业产值测算产业协调指数。假设福莆宁大都市区和厦漳泉大都市区为 B，设福州、莆田、宁德、厦门、漳州、泉州为 A。

首先对福莆宁大都市区进行测算，根据经济增长模型对福莆宁大都市区进行回归，得到福莆宁大都市区三次产业的各个系数。其中，β_1、β_2、β_3 分别为 0.082、0.462、0.451，β_0 为 0.961，所有系数均通过了 1% 显著性的 t 检验。福莆宁大都市区产业协调指数模型如下：

$$\ln Y_t = 0.961 + 0.082\ln X_{1t} + 0.462\ln X_{2t} + 0.451\ln X_{3t} + u \qquad (9-10)$$

根据构建的产业结构协调指数计算方法，进一步计算福莆宁大都市区的产业协调指数（见表 9-5），发展趋势如图 9-3 所示。

表 9-5　2008~2018 年福莆宁大都市区三市产业协调指数

年份	2008	2009	2010	2011	2012	2013	2014	2015	2016	2017	2018
福州	0.9999	0.9997	0.9995	0.9995	0.9996	0.9997	0.9998	1.0000	1.0004	1.0011	1.0013
莆田	0.9976	0.9981	0.9973	0.9961	0.9971	0.9974	0.9976	0.9978	0.9985	0.9993	0.9992
宁德	0.9938	0.9953	0.9954	0.9949	0.9939	0.9932	0.9936	0.9941	0.9948	0.9963	0.9964

再对厦漳泉大都市区进行测算，根据经济增长模型对厦漳泉大都市区进行回归，得到厦漳泉大都市区三次产业的各个系数。其中，β_1、β_2、β_3 分别为 0.048、0.527、0.425，β_0 为 0.855，所有系数均通过了 1% 显著性的 t 检验。厦漳泉大都市区产业协调指数模型如下：

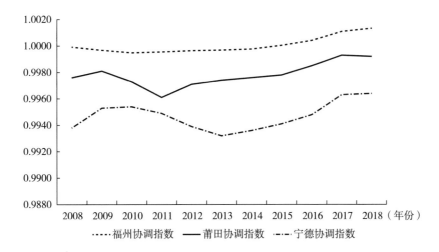

图 9 - 3　2008～2018 年福莆宁大都市区三市产业协调指数

$$\ln Y_t = 0.855 + 0.048\ln X_{1t} + 0.527\ln X_{2t} + 0.425\ln X_{3t} + u \qquad (9-11)$$

根据构建的产业结构协调指数计算方法，进一步计算厦漳泉大都市区的产业协调指数（见表 9 - 6），发展趋势如图 9 - 4 所示。

表 9 - 6　2008～2018 年厦漳泉大都市区三市产业协调指数

年份	2008	2009	2010	2011	2012	2013	2014	2015	2016	2017	2018
厦门	0.9963	0.9956	0.9961	0.9958	0.9949	0.9935	0.9926	0.9918	0.9899	0.9892	0.9889
漳州	0.9853	0.9893	0.9905	0.9922	0.993	0.9945	0.9951	0.9958	0.996	0.9978	0.9979
泉州	1.0003	1.0002	0.9995	0.9989	0.9989	0.9986	0.9985	0.9992	0.9996	0.9996	0.9995

对于福莆宁大都市区而言，其第二产业和第三产业的产出弹性最大，同时第一产业的产出弹性也并不小。福莆宁三市的产业协调指数均小于 1，表示都市区协同发展对产业结构的调整作用不显著。其中，福州市的协调指数常年在 0.99 以上，说明其产业结构变化较为稳定，基本没有显示出优化或者劣化态势。但近年来，福州市的产业协调指数有所上升，且 2016～2018 年产业协调指数大于 1，说明产业协调程度有所提高，产业结构趋于优化。对于莆田市和宁德市而言，虽然其产业协调指数均小于 1，但近些年该指数上升明显，说明都市区协同化发展对这两市的产业结构变化有正向促进作用。

对于厦漳泉大都市区而言，其第二产业的产出弹性系数最大，说明该都市区目前依然是以工业发展的增长驱动模式，第一产业的产出弹性系数最小。厦漳泉三市的产业协调指数均小于 1，代表都市区协同发展对产业结构的调整作用不显著。其中，泉州市的产业协调指数稳定在 0.99 左右，没有显示出较大的变化。漳州市的产业协调指数上升幅度明显，从 2008 年的 0.9853 上升到 2018 年

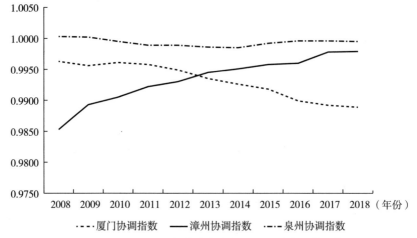

图 9 – 4　2008 ~ 2018 年厦漳泉大都市区三市产业协调指数

的 0.9979，说明都市区协同发展对漳州的产业结构变化有着较为明显的促进作用。厦门市的产业协调指数持续下降，从 2008 年的 0.9963 下降到 2018 年的 0.9889，说明都市区协同发展对厦门的产业结构升级的作用为负。

参考文献

[1] 陈联，蔡小峰．城市腹地理论及腹地划分方法研究 [J]．经济地理，2005（5）：629 – 631，654.

[2] 刘涛，曹广忠．城市规模的空间聚散与中心城市影响力——于中国 637 个城市空间自相关的实证 [J]．地理研究，2012，31（7）：1317 – 1327.

[3] 聂春祺，谷人旭，王春萌，许树辉．城市空间自相关特征及腹地空间格局研究——以福建省为例 [J]．经济地理，2017，37（10）：74 – 81.

[4] 张菊伟，李碧珍．福莆宁同城化的经济效应评价——基于改进的产业协调指数 [J]．福建师范大学学报（哲学社会科学版），2012（6）：31 – 37.

[5] 曾月娥．同城化与主体功能区背景下的厦漳泉城市群空间重构 [D]．福州：福建师范大学博士学位论文，2015.

[6] 龚唯平，赵今朝．协调指数：产业结构优化效果的测度 [J]．暨南学报（哲学社会科学版），2010，32（2）：50 – 57，162.

[7] 陈顺龙．厦漳泉同城化发展若干思考 [J]．发展研究，2012（9）：67 – 71.

[8] 朱斯斯．福莆宁同城化空间发展策略研究 [D]．北京：北京林业大学硕士学位论文，2014.

[9] 张菊伟．福莆宁同城化的经济效应研究 [D]．福州：福建师范大学硕士学位论文，2014.

[10] 王德，郭洁．沪宁杭地区城市影响腹地的划分及其动态变化研究 [J]．城市规划汇刊，2003（6）：6 – 11，95.

第十章　生态文明建设

第一节　主体功能区规划与成效评析

建设主体功能区是我国经济发展和生态环境保护的大战略，旨在逐步形成人口、经济、资源环境相协调的空间开发格局。2010 年，《全国主体功能区规划》提出，海峡西岸经济区属于国家层面的重点开发区域，是重点进行工业化城镇化开发的城镇化地区。

福建省在海峡西岸经济区中居于主体地位，是我国资源特点明显、地理环境特殊、发展活力强、潜力大的重要地区之一。国家的一系列支持政策和规划方案，特别是海峡西岸经济区建设、自由贸易试验区、21 世纪海上丝绸之路核心区、生态文明先行示范区等，凸显了福建在促进祖国统一、全国区域协调发展和生态文明建设中的特殊地位。

2012 年 12 月，福建以扎实推进新型工业化、信息化、城镇化和农业现代化为抓手，以自然资源的持续利用为基础，编制了《福建省主体功能区规划》，将国土空间开发划分为了优化开发、重点开发、限制开发和禁止开发四大功能区域。近年来，福建省依靠主体功能区建设，构建起了高效、协调、可持续的省域国土空间开发格局，人口资源环境逐渐均衡，经济社会生态效益逐渐统一。主体功能区规划的实施，为福建省加快转变经济发展方式，提高科技创新能力，提升全方位开放水平，坚持保障和改善民生提供了空间支持和国土保障。

一、福建省主体功能区规划

（一）总体状况

福建省主体功能区规划将福建省划分为四大功能区，包括优化开发区域、重点开发区域、限制开发区域和禁止开发区域（见表 10 - 1）。优化开发区域面积 1365.2 平方千米，为省级优化开发区域，占全省总陆域面积的 1.1%。福建省重点开发区分为国家层面和省级层面，面积36143.0平方千米，占全省总陆域面积的29.1%。福建省限制开发区分为农产品主产区和重点生态功能区，其中农产品主产区面积49911.8平方千米，占全省陆域面积的40.3%，重点生态功能区面积36531.1平方千米，占全省陆域面积的29.5%。福建省禁止开发区为240处各类保护区，点状分布在上述区域中，省级以上禁止开发区陆域面积8601.09平方千米，占全省陆域面积的6.94%。其中国家级禁止开发区域陆域总面积5455.30平方千米，占全省陆域面积的4.40%。

表10-1 福建省主体功能区概况

主体功能 区类型	面积 （平方千米）	占全省陆域 面积比例（%）	总人口 （万人）	占全省总人口 比例（%）
优化开发区域	1365.2	1.1	310.9	8.6
重点开发区域	36143.0	29.1	1924.6	53.5
农产品主产区	49911.8	40.3	676.5	18.8
重点生态功能区	36531.1	29.5	688.6	19.1

资料来源：根据《福建省主体功能区规划》整理。

（二）优化开发区

福建省优化开发区域面积1365.2平方千米，占全省总陆域面积的1.1%，人口310.9万人，占全省总人口的8.6%，主要包括福州中心城区（鼓楼区、台江区、仓山区、晋安区、马尾区）、厦门中心城区（思明区与湖里区）、泉州中心市区（丰泽区、鲤城区）。

优化开发区是内在经济联系紧密，区域一体化基础较好，科技创新实力较强，引领全省自主创新和产业结构升级的城镇化地区。这些地区综合实力较强，能体现省域综合竞争力，带动全省经济发展。

福建省优化开发区的功能定位是加快转变经济发展方式、调整优化经济结构、着力提高自主创新能力、提升参与全球、全国分工与竞争的层次，建设成为带动全省经济社会发展的龙头、全省重要的创新区域、全省人口与经济密集的区域（见表10-2）。

表10-2 福建省优化开发区域功能定位

优化开发区	功能定位
福州中心城区	发挥龙头引领作用的省会中心城市；海峡西岸经济区金融服务中心、商贸物流中心、科教文化中心；高新技术产业研发制造基地；国家历史文化名城；滨江滨海、生态优美的现代化宜居城市

续表

优化开发区	功能定位
厦门中心城区	发挥龙头带动作用的特区核心支撑区；厦漳泉大都市区经济发展的重要引擎；深化两岸交流合作综合配套改革试验区域；海峡西岸现代服务业示范区、科技创新中心；国际航运物流中心；两岸区域性金融服务中心；现代化国际性港口风景旅游区，成为海峡西岸经济区建设的排头兵
泉州中心城区	海峡西岸经济区现代化工贸港口城市和文化旅游强市；重要的科教、金融中心

资料来源：根据《福建省主体功能区规划》整理。

（三）重点开发区

福建重点开发区域面积 36143.0 平方千米，占全省总陆域面积的 29.1%，人口 1924.6 万人，占全省总人口的 53.3%，主要包括海西沿海城市群（国家级）和闽西北重点开发区域（省级）。

重点开发区具备较好的经济基础，资源环境承载能力较强，具有一定的科技创新能力和发展潜力；城镇体系初步形成，具备经济一体化的条件，中心城市有一定的辐射带动能力，有可能发展成为新的大城市群或区域性城市群；能够带动周边地区发展，且对促进全国、全省区域协调发展意义重大。

福建省重点开发区域的功能定位是：在优化结构、提高效益、降低消耗、保护环境的基础上推动经济可持续发展，成为支撑未来全省经济持续增长的重要增长极；提高创新能力和集聚产业能力，承接国际及优化开发区产业转移，形成分工协作现代产业体系；加快推进城镇化，壮大城市综合实力，改善人居环境，提高集聚人口的能力，成为全省重要的人口和经济密集区；发挥区位优势，加强国际通道和口岸建设，形成对外开放新的窗口和战略空间（见表 10-3）。

表 10-3 重点开发区域功能定位

重点开发区层次	功能定位	重点开发区
国家层面（海西沿海城市群）	两岸人民交流合作先行先试区域，服务周边地区发展新的对外开放综合通道，东部沿海地区先进制造业的重要基地，我国重要的自然和文化旅游中心；海峡两岸农业合作试验区、全国重要的先进制造业基地、现代服务业基地、特色鲜明的自主创新基地；新兴海洋产业开发基地；全国东南沿海发展的重要增长极	福州大都市区
		厦漳泉大都市区
		环三都澳地区
		平潭综合实验区
		湄洲湾地区
		古雷—南太武新区
福建省层面（闽西北重点开发区域）	发挥绿色生态和后发优势，加快崛起步伐，建设海峡西岸连接沿海、辐射内陆、联动周边的区域性交通枢纽；承接沿海产业转移的先进制造业基地；支撑全省经济发展的重要增长极；海西重要的生态旅游文化胜地。按照构建安全、可靠、经济、环保的能源保障体系要求，建设农村水电基地	南平市
		三明市
		龙岩市

福建经济地理

（四）限制开发区域

福建省限制开发区域分为以下两类：一类是农产品主产区，是指具备较好的农业生产条件，以提供农产品为主体功能，以提供生态产品、服务产品和工业品为辅助功能，需要在国土空间开发中限制进行大规模高强度工业化城镇化开发，以保持并提高农产品生产能力和生态产业发展水平的区域。根据福建省现代农业发展布局，福建省重点建设 4 个农产品主产区，面积 49911.8 平方千米，占全省总陆域面积的 40.3%，人口 676.5 万人，占全省总人口的 18.8%。

福建省农产品主产区的功能定位是：保障农产品供给安全的重要区域，农民安居乐业的美好家园，社会主义新农村建设的示范区，海峡两岸（福建）农业合作试验区（见表 10 – 4）。

表 10 – 4　福建省农产品主产区范围与发展重点

农产品主产区	范围
闽东南高优农产品主产区	主要包括福州、泉州、莆田、漳州等大部分地势相对平坦、土地集中连片，光热资源丰富、四季宜种的地区，是国家重点建设农产品主产区"七区二十三带"华南主产区的重要组成部分
闽东北山地农产品主产区	主要包括宁德及邻近部分县（市），是国家"七区二十三带"华南主产区的组成部分
闽西南绿色农产品主产区	主要包括龙岩等地的大部分县（市、区）
闽西北山地农（林）产品主产区	主要包括南平、三明等地生态环境优越、气候多样、土壤肥沃、适宜多样化生产的农产品主产区

资料来源：根据《福建省主体功能区规划》整理。

另一类是重点生态功能区，是指生态系统十分重要，关系全国或较大范围区域的生态安全，目前生态系统有所退化，需要在国土空间开发中限制进行大规模高强度工业化城镇化开发，以保持并提高生态产品供给能力的区域。福建省重点生态功能区分为水源涵养型、生物多样性维护型、水土保持型三种类型，其中部分重点生态功能区为两种主导生态功能组合型。

福建省重点生态功能区共有闽东鹫峰山脉山地森林生态功能区，闽中戴云山脉山地森林生态功能区，龙江、木兰溪、晋江中游丘陵茶果园生态功能区，闽中博平岭、玳瑁山山地森林生态功能区，九龙江下游和浦—云—诏西部丘陵山地茶果园和森林生态功能区，闽西武夷山脉北段山地森林生态功能区，闽西武夷山脉南段山地森林生态功能区七个，面积 36531.1 平方千米，占全省总陆域面积的 29.5%，人口 688.6 万人，占全省总人口的 19.1%。

福建省重点生态功能区的功能定位是：以提供生态服务为主、保障全省生态安全的重要区域，人与自然和谐相处的示范区。

（五）禁止开发区域

福建省禁止开发区域是指有代表性的自然生态系统、珍稀濒危野生动植物种的天然集中分布地、有特殊价值的自然遗迹所在地和文化遗址等，需要在国土空间开发中禁止进行工业化城镇化开发零散分布的重点生态功能区。

福建省禁止开发区域包括县级及以上各级各类自然文化资源保护区域及省政府根据需要确定的禁止开发区域，主要包括省级以上自然保护区、风景名胜区、森林公园、湿地、世界自然与文化遗产地和地质公园、重要饮用水水源地一级保护区。

福建省禁止开发区域的功能定位是：保护自然文化资源的重要区域，珍稀动植物基因资源保护地，包括自然保护区、文化自然遗产、风景名胜区、森林公园、地质公园等。

二、主体功能区建设成效评价

福建省实施主体功能区战略，促进了全面构筑协调可持续发展的国土开发新格局。目前，福建省已经在主体功能区建设方面取得了较大进展。

（一）总体评析

一是主体功能区布局基本形成。福建以优化和重点开发区域为主体的经济布局和城镇化布局已经基本形成，以限制开发区为主体的生态屏障已经基本形成，农产品供给安全得到保障，禁止开发区域和基本农田得到切实保护。2009～2015年，福建耕地保有量从13418平方千米下降至13340平方千米，基本农田面积维持在11400平方千米，森林覆盖率从63.1%上升到65.95%，居全国第一位。

二是空间利用效率明显提高。城市空间每平方千米总产值大幅度提高，城市人口集聚能力增强，2018年福建省城镇化率提升至65.8%，比2013年的60.8%年均提高1.0%。与2010年相比，2014年福建省单位GDP建设用地下降了33.11%，单位面积耕地粮食产量明显提高。

三是城乡协调发展水平提高。2013～2018年，福建省城镇居民可支配收入从28174元增长至42121元，农村居民可支配收入从11405元增长至17821元，居民可支配收入农村增幅高于城镇。农村基础设施和公共服务快速发展，社会主义新农村加快建设，"美丽乡村""特色小镇""乡村振兴"战略加速实施，农村教育、文化、卫生、社会保障等社会事业蓬勃发展，农民生产生活条件发生显著变化，呈现出农村社会结构加速转型、城乡发展加快融合的态势。

四是生态文明建设成效显著。生态系统稳定性明显增强，生态系统功能更加健全，水土流失面积减少，水、空气、土壤等生态环境质量明显改善。2017年，福建省森林覆盖率达66%，主要河流水质保持全优，四项主要污染物排放强度不到全国的一半，所有设区市空气质量达标天数比例超过96%。

（二）优化开发区域评价

1. 福州中心城区

一是省会功能明显提升。加快构建福州大都市区，增强了核心城市的辐射带动能力。城市建设发展水平提升，福州大都市区发展规划、马尾新城总体规划编制完成。

二是产业转型持续推进。第三产业、先进制造业、新兴产业比重上升，金融、现代物流、电子商务、服务外包、旅游、文化创意、会展、总部经济等服务业快速发展。设立海西商品交易所、海西现代金融中心区，金融业加快发展。海西高新技术产业园整合、建设步伐加快。福州高新区海西园一期等园区建成，国家半导体照明国际创新园落户。闽台（福州）文化产业园被评为国家级文化产业试验园区，福州经济技术开发区获评国家级物联网园区。2015年，福州市鼓楼区跻身全国楼宇经济十大潜力城区，鼓岭生态旅游区、永泰云顶旅游区获评国家生态旅游示范区。

三是开放战略深入实施。福州新区获批成为全国第14个国家级新区，福建自贸区福州片区获国家批准设立。主动融入国家"一带一路"倡议，加快建设21世纪海上丝绸之路核心区，成功举办海丝博览会，21世纪海上丝绸之路市长（高峰）论坛等一批重大活动。

四是发展空间得到拓展。2017年，《福州中心城区空间发展规划》获审通过，福州中心城区扩容，除了市辖五区外，还有长乐区全域，闽侯县甘蔗街道、荆溪镇、上街镇、南屿镇、南通镇、尚干镇、祥谦镇、青口镇、竹岐乡9个乡镇街道，连江县琯头镇。中心城区规划面积约2881平方千米。规划期至2049年，总体人口容量控制约700万人。规划在发展战略、发展方向、空间结构、人文生态等方面对福州中心城区进行了新的部署。

2. 厦门中心城区

一是城市功能优化。国际化水平显著提高，承办了2017年金砖国家领导人厦门会晤，"九八"投洽会影响持续扩散，认真落实国家"一带一路"倡议，生成一批互联互通、经贸合作项目。教育、医疗、养老等公共服务质量明显提升，旧城改造项目持续推进，城区环境品质不断提升，公共交通服务明显增强，2017年厦门地铁开始运营。航运物流、旅游、金融等现代服务业地位被强化。海峡西岸经济区主要商务营运中心、消费构筑中心、旅游集散中心建设加快，对海峡西岸经济区闽西南一翼的辐射带动能力显著增强。

二是产业结构优化。坚持将岛内部分城市功能外移，加快发展岛内第三产业。着力提升自主研发和创新能力，重点发展高技术服务业和现代服务业，建设东南国际航运中心。软件园二期成为国家新型工业化产业示范基地；湖里区自贸区建设取得成效，成为全国第三大飞机融资租赁聚集区；投洽会、医博会等成果丰硕，石材展、佛事用品展规模全球最大，成为中国会展名城；文化创意产业、现代服务业发展提速、比重提高、水平提升。

三是空间布局优化。引领厦漳泉同城化扎实推进，大力推进跨岛发展战略，合理布局城市人口和生产要素，不断拓展城市空间向中心城区以外发展，降低岛内开发强度。岛内坚持"退二优三"，湖里老工业区逐步转型，持续推进了筼筜湖等片区整治和旧城改造建设，着力完善了基础设施，优化了人居环境。

四是生态环境优化。全面推进河长制，着力提升人居环境。垃圾分类全面推行，2017 年底全国首次城市生活垃圾分类现场会在厦门市思明区举办，厦门做法和经验成为全国范例。城乡环境持续改善，2018 年，厦门市空气质量综合指数在全国 169 个重点城市中排名第 6 位。在全国率先确立海绵城市建设管理标准体系，地下综合管廊绩效评价居全国第一位。获批国家蓝色海湾整治行动试点城市，成为国家生态市。

3. 泉州中心城区

一是力促产业转型。泉州市丰泽区加快现代服务业发展步伐，引进了一批国内外大型商贸企业入驻，凸显区域性消费中心地位，加快文化创意产业发展，成为了泉州市第一个第三产业占比 60% 以上的区。泉州市鲤城区实施重点产业转型升级路线图，全力推动产业延伸补缺、做大做强。推动光伏电子信息产业向价值链高端攀升，引导纺织鞋服、机械汽配向智能制造和服务型制造发展，每平方千米创造 GDP 近 5 亿元，土地经济密度居全市首位，2012～2018 年工业产值年均增长达到 9.94%。

二是突出城市品位。以推进"三旧"改造和美丽社区建设为抓手，大力推进城市保护更新，为泉州首次荣膺全国文明城市，通过全国卫生城市复评作出贡献。丰泽区和鲤城区均获评国家级生态区。"海丝"国际艺术节主会场、亚艺节"魅力文都"板块、央视猴年春晚东部分会场等活动在鲤城区圆满举办。

三是助力"海丝"建设。积极承办永久落户泉州的"海丝"国际艺术节，支持泉州成为国务院确定的"海上丝绸之路·中国史迹"申报世界文化遗产牵头城市。全力支持泉州港口复兴计划，发挥"海丝"核心区的文化、侨务和"海丝"遗存等优势，加快融入泉州市 21 世纪海上丝绸之路先行区建设。

（三）重点开发区域评价

1. 国家层面重点开发区域

海西沿海城市群区域不断发挥交通区位、资源禀赋和生态环境的优越条件，人口产业集聚程度不断提高，已经成为实现我国东部沿海经济社会协调发展、连片繁荣的重要区域。

福州大都市区是西北内陆地区重要的出海通道，已经形成以福州市区为中心的闽江口城市群和以莆田市区为中心的莆仙城市群。

厦漳泉大都市区成为海峡西岸经济实力最强的地区，厦门逐渐提升城市辐射能力，漳州逐渐发展成为制造业、服务业协调发展的战略新兴产业基地，泉州发展成为重要的先进制造业基地，重要的创业、文化、旅游城市。

环三都澳地区不断利用港口优势，持续引导制造、能源、冶金、油气储备、物流等临港产业集聚发展。

平潭综合实验区积极推动自贸区建设，积极推动国际旅游岛建设，优先发展旅游文化康体、金融、航运物流、建筑、风能 5 个产业，重点培育会展、电子信息 2 个产业，集中资源、集中精力，聚焦禀赋，打造特色。

湄洲湾地区逐渐形成现代化、规模化、集约化的海西港口。

古雷—南太武新区推进城镇化进程，发挥临港、面海区位优势，打造石化、装备制造、港口物流、能源等产业集群。

2. 省级层面重点开发区域

（1）南平市。2018 年，南平市人均 GDP 为 6.68 万元。2014～2018 年，南平市 GDP 年均增长 7.9%，坚定不移地实施绿色发展战略，努力走出一条经济发展与生态环境保护相协调的道路；创建国家级生态县 4 个、省级生态县 5 个，森林覆盖率从 71.1% 提升至 77.3%，森林蓄积量从 1.34 亿立方米增加至 1.65 亿立方米，先后被确定为节能减排等六个国家级示范试点城市，生态环境质量保持全国、全省前列。积极承接产业转移，大力建设武夷新区，南林核心区和武夷高新技术园区一批城建项目和产业项目相继建成或落地建设，武夷新区中心城市的框架初步形成。发挥"万里茶道"双起点和武夷山陆地港优势，主动融入福建自贸区和"海丝"核心区建设，对外开放能力逐步提升。

（2）三明市。2018 年，三明市人均 GDP 为 9.14 万元。2014～2018 年，三明市 GDP 年均增长 8.3%，大力建设海西先进制造业重要基地，海西三明生态工贸区取得重要进展。高端机械装备产业园、环保产业园和新材料、新能源等一批重大产业项目建成投产。三明沙县机场实现通航，三明"陆地港"投入运营，综合交通体系初步形成。城乡魅力大幅提升，跻身全国文明城市，入选全国生态保护与建设示范区、国家森林城市，12 个县（市、区）全部列入中央苏区范围。

（3）龙岩市。2018 年，龙岩市人均 GDP 为 9.07 万元。2014～2018 年，龙岩市 GDP 年均增长 8.5%，有色金属、机械等传统产业优化升级，光电新材料等新兴产业及现代服务业快速提升，新模式、新业态孕育成长。成功创建国家园林城市、国家森林城市、全国绿化模范城市，顺利通过省级生态市考核验收。治理水土流失面积 268 万亩，水土流失下降率居全省首位，"长汀经验"在全国推广。重点流域水环境持续改善，城市环境空气质量居全省前列。

（四）限制开发区域评价

农产品主产区是指具备较好的农业生产条件，以提供农产品为主体功能，限制高强度工业化城镇化的地区。2013～2018 年，福建省农林牧渔业总产值由3057.36 亿元增长到 4229.52 亿元，年均增长 4.5%。农民人均纯收入从 11184元增长到 17821 元，年均增长 9.9%。粮食生产保持稳定，总产量 498.58 万吨。园艺、畜禽、林竹、水产四大主导产业保持较快发展，蔬菜、水果、茶叶、食用菌、中药材、畜禽、水产、林竹、花卉苗木、烟叶等重点特色产品呈现良好发展势头，初步形成了一批特色农业产业链，食用菌、笋干、茶叶年均增长超过 8%，竹材产量年均增长超过 11.5%。粮食作物播种面积从 1202.05 万亩下降到 833.51 万亩，粮食产量由 534.68 万吨下降到 498.58 万吨。闽台农业合作持续深化，利用台资 6.5 亿美元。农产品出口保持平衡较快增长趋势。2018 年，福建省农产品进出口总额为 170.4 亿美元，其中出口金额为 95.5 亿美元。

重点生态功能区是指生态系统十分重要，需要在国土空间开发中限制进行大规模高强度工业化城镇化开发，以保持并提高生态产品供给能力的区域。2015 年，福建省 12 条主要水系水域功能达标率和 I 到Ⅲ类水质比例分别为 98.1%、94.0%；近岸海域海水水质达到或优于二类标准的面积占 66.1%。2011～2015 年，年植树造林 111 万公顷，全省森林覆盖率提高到 65.95%，持续居全国第一位，高于全国森林覆盖率 21% 的水平。森林蓄积量达 6.08 亿立方米，划定的省级以上生态公益林占林地面积约 30%，河口湿地、沿海红树林、生物多样性得到重点保护。新增国家级自然保护区 4 处、省级自然保护区 3 处、国家湿地公园 3 处，新增保护面积3.6 万公顷。"十二五"期间，化学需氧量等主要控制污染物排放五年连降，全面完成国家的减排硬目标，万元 GDP 排放强度仅为全国的一半。全省 12 条主要河流水质为优，I 到Ⅲ类水质比例为 96.5%，同比提高 3.2 个百分点。2016 年，全国 338 个地级市中 73 个城市空气质量达标，福建省 9 个设区市空气质量全部达标，空气达标天数比例为 98.4%。深化体制机制改革，全面推行河长制，深化林权制度改革，推进生态产品市场化改革。

（五）禁止开发区域评价

2014 年，福建省根据主体功能区规划实行生态功能红线划定，2017 年福建省政府印发《福建省生态保护红线划定成果调整工作方案》，要求建成全省生态保护红线监测、监管和评价体系。生态保护红线凸显对"山水林田湖"的整体保护，以山形水系为主框架，形成以闽西武夷山脉—玳瑁山脉和闽中鹫峰山—戴云山—博平岭两大山脉为核心骨架，以闽江、九龙江等主要流域和海岸带为生态廊道的基本生态保护空间格局。

2011~2015年，福建省新增国家级自然保护区4处、省级自然保护区3处、国家湿地公园3处，新增保护面积3.6万公顷。2015年，武夷山国家公园成为全国十个国家公园体制试点之一。2017年，《武夷山国家公园条例（试行）》通过；同年，"鼓浪屿：历史国际社区"列入世界遗产名录，成为了继武夷山、福建土楼、丹霞地貌后福建的第四个，全国第52个世界文化自然遗产。

第二节 生态文明建设成效评价

一、生态文明建设成效与改革成果

2004年11月，福建省委、省政府印发实施《福建生态省建设总体规划纲要》。2010年6月，福建省人大常委会公布了《关于促进生态文明建设的决定》，建设"生态省"成为福建省人民的共同意志。2014年3月10日，国务院印发《关于支持福建省深入实施生态省战略加快生态文明先行示范区建设的若干意见》福建成为全国第一个生态文明先行示范区。2016年8月，中共中央、国务院办公厅印发《关于设立统一规范的国家生态文明试验区的意见》，选择福建、江西、贵州作为第一批试验区，并出台《国家生态文明试验区（福建）实施方案》。此方案的出台标志着福建生态文明先行示范区要承担起"试验田"的作用，在加速自身生态文明建设的同时，不断探索出可复制、可推广的经验。

通过建设生态文明试验区，福建省实现了生态环境"高颜值"和经济发展"高素质"。2018年，福建省森林覆盖率达66.8%，连续40年保持全国第一位，全省12条主要河流Ⅰ到Ⅲ类水质比例达95.8%、9市1区空气优良天数比例达97.6%，分别比全国平均水平高24.8个和16个百分点；PM2.5浓度比全国平均水平低1/3，生态美成为福建发展的永续优势。与此同时，经济再上新台阶，新旧动能加快转换，万元GDP能耗、万元GDP用水量持续下降，清洁能源装机比重提高到55.5%。2018年，福建省GDP达3.58万亿元，同比增长8.3%，新一代信息技术、节能环保、石墨烯、稀土等新兴产业发展势头良好，高技术产业增加值增长13.9%，服务业对经济增长贡献率超过第二产业，发展质量和效益不断提升。2016年，生态环境保护"党政同责、一岗双责"等经验做法向全国推广；2018年，开展木兰溪水系生态治理，治理经验推向全国，生态司法保护、全流域生态补偿等 18 项改革经验向全国推广。到 2019 年，中央部署的 38 项重点改革任务均已制定了专项改革方案并组织实施，领导干部自然资源资产离任审计等 22 项改革任务形成制度成果，实现了"三年三步走、年年出成果"。

在国家生态文明试验区建设中，福建不断推出可复制、可推广的生态文明体制改革试验成果，主要有以下六个方面：

一是围绕解决国土空间治理能力效率问题，探索构建国土空间开发保护制度。开展空间规划试点等改革，出台自然资源确权登记办法，优化国土空间格局，完善空间管控制度，统筹划定永久基本农田、生态保护红线和城市开发边界。

二是围绕解决污染防控能力较弱、监管合力不足问题，探索构建环境治理综合监管体系。深入开展流域治理机制、农村环境治理机制、环境资源司法保护机制等改革；建立生态环境资源保护行政执法与刑事司法"两法"衔接工作机制，创新性推出修复性生态司法。

三是围绕解决环境治理和生态保护市场主体活力不足问题，探索构建市场化激励约束体系。开展环境治理和生态保护市场主体培育、绿色金融体系以及环境权益交易制度等改革，全面推行排污权交易，二级市场活跃度居全国首位；建立了碳排放权、用能权交易市场；实施生态环保投资工程包，"福林贷"等林业金融创新经验推向全国。

四是围绕解决生态产品价值实现路径不够完善的问题，探索构建多元化、市场化生态补偿制度。开展流域生态保护补偿、汀江韩江跨省流域生态补偿、综合性生态保护补偿和森林生态保护补偿机制等改革。2017～2019 年，累计安排森林生态效益补偿资金 28.5 亿元、流域生态补偿资金 35 亿元、重点生态功能区财力支持资金 51.8 亿元。

五是围绕解决群众关心的热点、难点环境污染问题，探索构建污染防治共治体系。全面推行"河湖长制"。深入开展闽江流域山水林田湖草生态保护修复试点建设，基本消除全省劣 V 类水体。全面建设生活垃圾转运系统，全省 90% 的乡镇建成污水处理设施，基本实现所有行政村建立生活垃圾治理常态化机制。

六是围绕解决发展绩效评价不全面、责任落实不到位问题，构建绿色发展绩效评价体系。开展自然资源资产负债表编制等改革，探索建立经常性领导干部自然资源资产离任审计制度，在武夷山、厦门试点生态系统价值核算，强化资源环境约束性指标考核，建立了目标评价考核办法、绿色发展指标体系、生态文明建设目标考核体系。

二、绿色发展水平评价

下文将构建绿色发展指标体系，运用熵权法对福建省从 2007 年到 2015 年的整体绿色发展水平和 2015 年福建省 9 个设区市绿色发展水平进行分析比较。

　　绿色发展评价指标体系包括经济增长绿化度、资源环境承载潜力、政府政策支持力度（见表 10 - 5）。

表 10 - 5　绿色发展水平评价指标

指标	详细指标
经济增长绿化度	人均 GDP、单位 GDP 能耗、非化石能源消费量占能源消费量的比重、单位 GDP 二氧化硫排放量、单位 GDP 化学需氧量排放量、单位 GDP 氨氮排放量、单位 GDP 工业固体废弃物排放量、单位工业增加值水耗、规模以上工业增加值能耗、高载能工业产品占工业总产值比重、第三产业增加值比重
资源环境承载潜力	单位土地面积二氧化硫排放量、单位土地面积化学需氧量排放量、单位土地氨氮排放量、单位土地面积工业固体废弃物排放量、单位耕地面积化肥施用量、森林覆盖率、建成区绿化覆盖率、人均当地水资源量
政府政策支持力度	城市用水普及率、人均公园绿地面积、科学技术支出占财政支出比重、环境保护支出占财政支出比重、城市污水处理率、工业固体废弃物综合利用率、万人专利申请量、万人 R&D 研究人员数、R&D 经费支出与 GDP 比值

　　评价方法为熵权法，熵是一种描述系统状态的函数，已经被广泛引入经济领域。根据信息熵的定义，对于某项指标，可以用熵值来判断某个指标的离散程度，其信息熵值越小，指标的离散程度越大，该指标对综合评价的影响（即权重）就越大，如果某项指标的值全部相等，则该指标在综合评价中不起作用。因此，可利用信息熵这个工具，计算出各个指标的权重，为多指标综合评价提供依据。

　　2007 ~ 2015 年福建省绿色发展水平如表 10 - 6 所示，变化趋势如图 10 - 1 所示。

表 10 - 6　2007 ~ 2015 年福建省绿色发展水平指数

年份	经济增长绿化度	资源环境承载潜力	政府政策支持度	综合发展水平
2007	0.2510	0.1664	0.0217	0.1464
2008	0.1742	0.1616	0.0474	0.1278
2009	0.2763	0.1865	0.1099	0.1909
2010	0.1291	0.2168	0.1106	0.1523
2011	0.3433	0.0998	0.1039	0.1822

续表

年份	经济增长绿化度	资源环境承载潜力	政府政策支持度	综合发展水平
2012	0.1733	0.1096	0.1763	0.1530
2013	0.1918	0.0973	0.1680	0.1522
2014	0.2236	0.1100	0.2051	0.1794
2015	0.3974	0.1117	0.2156	0.2413

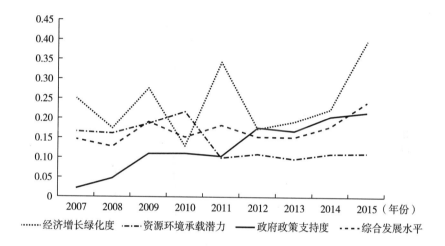

图 10-1 2007～2015 年福建省绿色发展水平指数变化趋势

综合结果显示，2007～2015 年，福建省经济增长绿化度曲折发展，资源环境承载潜力发展趋势不明显，绿色发展水平结果趋势同样不明显；政府政策支持度的综合得分趋势逐渐增加。而经济增长绿化度、资源环境承载潜力、绿色发展综合水平在 2012 年后才有相对稳定的增长趋势。

如表 10-7 所示，绿色发展分指标数值显示 2015 年福建省 9 个设区市的绿色发展水平评价有明显差异，在经济增长绿化度上，排名依次是厦门市、福州市、龙岩市、莆田市、泉州市、宁德市、三明市、漳州市、南平市；在资源环境承载潜力上，排名依次是厦门市、南平市、福州市、莆田市、三明市、漳州市、龙岩市、宁德市、泉州市；在政府政策支持度上，排名依次是宁德市、厦门市、福州市、泉州市、漳州市、莆田市、三明市、龙岩市、南平市；在综合发展水平上，排名依次是厦门市、宁德市、福州市、泉州市、莆田市、龙岩市、三明市、漳州市、南平市。

表 10 – 7　2015 年福建省各地市绿色发展分指标数值

地区	经济增长绿化度	资源环境承载潜力	政府政策支持发展度	综合发展水平
福州市	0.0461	0.0261	0.0762	0.0496
厦门市	0.0583	0.0664	0.0891	0.0713
莆田市	0.0302	0.0233	0.0266	0.0267
三明市	0.0257	0.0222	0.0255	0.0245
泉州市	0.0291	0.0141	0.0665	0.0367
漳州市	0.0213	0.0218	0.0302	0.0244
南平市	0.0176	0.0264	0.0187	0.0209
龙岩市	0.0320	0.0186	0.0239	0.0249
宁德市	0.0266	0.0185	0.1176	0.0545

　　表 10 – 8 为人均 GDP 排名和绿色发展水平的顺序比较分析。从中可以看出，绿色发展水平差异的原因主要是绿色发展水平的综合发展水平与经济发展总量有极大相关性，其绿色经济增长是绿色发展的主要影响因素。排名第一位的厦门市各项经济指标表现出高经济增长、低能源消耗、低污染排放的特点，具体指标为单位 GDP 能耗、单位 GDP 二氧化硫排放量、单位 GDP 化学需氧量排放量、单位 GDP 氨氮排放量、单位 GDP 工业固体废弃物排放量、单位工业增加值水耗、第三产业增加值比重、单位耕地面积化肥施用量等都呈现出较低的水平，而科学技术支出占财政支出比重、万人专利申请量、R&D 经费支出与 GDP 比值等指标呈现出较高水平。宁德市则主要在单位土地面积二氧化硫排放量、单位土地面积化学需氧量排放量、单位土地面积氨氮排放量、单位土地面积工业固体废弃物排放量、单位耕地面积化肥施用量等绿色经济增长指标上具有较低水平，而在人均公园绿地面积、环境保护支出占财政支出比重等指标上具有较高水平。福州市则由于近年来逐步将工业转向南北两翼，推进城区经济转型升级，在第三产业增加值比重上占有优势，第三产业的发展正成为厦门、福州绿色发展的强劲推动力。三明市由于是老工业基地，先建工业后建的城市，工业以重污染行业为主，所以三明市的经济增长绿化度不高。南平市则由于综合经济实力不强、产业结构不尽合理导致其经济增长绿化度不高。漳州市则由于处于工业化、城镇化加快发展阶段，人均地区生产总值、人均可用财力、城乡居民收入水平偏低、城镇化、工业化、行政区划分调整、创新创业、营商环境建设和基础设施等相对落后，导致其经济增长绿化度不高。

表 10-8 福建省人均 GDP 排名与绿色发展水平

排名	人均 GDP	经济增长绿化度	资源环境承载潜力	政府政策支持度	综合发展水平
1	厦门市	厦门市	厦门市	宁德市	厦门市
2	福州市	福州市	南平市	厦门市	宁德市
3	泉州市	龙岩市	福州市	福州市	福州市
4	三明市	莆田市	莆田市	泉州市	泉州市
5	龙岩市	泉州市	三明市	漳州市	莆田市
6	莆田市	宁德市	漳州市	莆田市	龙岩市
7	漳州市	三明市	龙岩市	三明市	三明市
8	宁德市	漳州市	宁德市	龙岩市	漳州市
9	南平市	南平市	泉州市	南平市	南平市

第三节 生态文明建设实例分析

一、厦门市五缘湾片区生态修复与综合开发案例

（一）案例背景

厦门市五缘湾片区位于厦门岛东北部，基于过度养殖、倾倒堆存生活垃圾、填筑海堤阻断了海水自然交换等原因，内湾水环境污染日益严重，水体质量急剧下降，外湾海岸线长期被侵蚀，形成了大面积潮滩，造成五缘湾区自然生态系统破坏严重。2002 年，厦门市委、市政府启动了五缘湾片区生态修复与综合开发工作。通过十余年的修复与开发，五缘湾片区的生态产品供给能力不断增强，生态价值、社会价值、经济价值得到全面提升，被誉为"厦门城市客厅"，走出了一条依托良好生态产品实现高质量发展的新路。

（二）主要做法

一是开展陆海环境综合整治。由厦门市土地发展中心代表厦门市政府作为业主单位，负责片区规划设计、土地收储和资金筹措等工作。针对村庄，实行整村收储、整体改造，建设城市绿地和街心公园。针对海域，全面清退内湾鱼塘和盐田，还海面积约 1 平方千米；在外湾清礁疏浚 73.88 万立方米，拓展海域约 1 平方千米。针对陆域，疏浚通屿附近 17 公顷的狭长淡水渠；在片区内实现片区雨污分流；沿主干道埋设截污管网，确保生产生活污水和 30% 初期雨水不入湾。

二是实施生态修复保护工程。以提高海湾水体交换动力为目标,拆除内湾海堤,开展退塘还海、内湾清淤和外湾清礁疏浚,构筑 8 千米环湾护岸对受损海岸线进行生态修复,设置 430 米纳潮口增加湾内纳潮量和水流动力;对湾区水体水质进行咸淡分离和清浊分离,并开展水环境治理,逐步恢复海洋水生态环境;充分利用原有抛荒地和沼泽地建设五缘湾湿地公园,通过保留野生植被、设置无人生态小岛等途径,增加野生动植物赖以生存的栖息地面积,营造"城市绿肺"。

三是推进片区公共设施建设和综合开发。以储备土地为基础,全面推进五缘湾片区综合开发,为提升人居环境和实现生态产品价值奠定基础。完善交通基础设施,建成墩上等 4 个公交场站、环湖里大道等 7 条城市主干道、五缘大桥等 5 座跨湾大桥,使湾区两岸实现互联互通。建成 10 所公办学校、3 家三级公立医院、10 处文化体育场馆、2 个大型保障性住房项目,加强科教文卫体等配套设施建设。修建 8 千米环湾休闲步道,打造"处处皆景"的生态休闲空间。

四是依托良好生态产品实现高质量发展。近年来,五缘湾片区良好的生态环境成为经济增长的着力点和支撑点,湾区内陆续建成厦门国际游艇汇、五缘湾帆船港等高端文旅设施和湾悦城等多家商业综合体,吸引凯悦、喜来登、希尔顿等高端酒店和戴尔、恒安、乔丹等 300 多家知名企业落户。五缘湾片区由原来以农业生产为主,发展成为以生态居住、休闲旅游、医疗健康、商业酒店、商务办公等现代服务产业为主导的城市新区,带动了区域土地资源升值溢价。

二、长汀县水土保持生态建设的经验

(一) 案例背景

长汀县水土流失历史之长、面积之广、危害之大,一度居福建之首,被认为是中国南方水土流失最为严重的县之一。长汀县把水土流失治理和生态文明建设作为政治责任和立县之本,经过努力,全县空气环境质量持续保持优良水平,水环境质量稳定,生态环境保护成效明显。长汀县将生态文明建设融入经济、政治、文化、社会建设各方面和全过程。2017 年,全县空气环境质量常年维持在国家环境空气质量 Ⅱ 级标准以上。水环境质量稳定,3 个国家、省控断面水质均达到水环境功能区要求,达标率为 100%,饮用水源地水质达地表水 Ⅱ 类标准、达标率为 100%。生态环境保护成效明显,全县森林覆盖率达 79.8%,森林蓄积量为 1557 万立方米,湿地面积达 3499 公顷,自然保护区面积占全县面积的 8.84%。共建设生态清洁型小流域 23 条,成功创建国家级生态乡镇 15 个、省级生态乡镇 17 个、省级生态村 63 个、市级生态村 195 个。

(二) 主要做法

一是探索出生态效益与经济效益互相结合的道路。充分利用山林资源,结合水土流失地段的综合治理，把治理水土流失与发展县域经济相结合，治理荒山与发展特色产业相结合，把经济林列为了发展的支柱产业。长汀县通过科学试种，经过 20 多年的不断探索，建立了杨梅、油茶、银杏等经济林生产示范基地。实施"产业兴县"战略，加快纺织服装、稀土精深加工等主导产业的"绿色转型"。瞄准医疗器械这一新兴产业，加快推进医疗器械产业园区建设，探索生态新型工业化道路。加快推进名城、红色、生态等旅游资源开发，不断提高旅游产业绿色收入。

二是将生态文明建设与民生保障相结合。原来的策武镇南坑村是水土流失重灾村，后来种植起来的银杏是长汀重要的标志性经济林品种之一，现在南坑村已经成为了"闽西银杏第一村"，居民收入大幅度提高。通过深入实施"绿色就业"工程，帮助水土流失区富余劳动力转移就业，三洲万亩杨梅基地在采摘的繁忙季节，都会有大批的农民被雇用，这不仅解决了农民增收问题，还解决了当地 6000 多人的就业问题。引导农业大户、专业合作社做大林下经济，做强花卉苗木产业，做优农家乐，走绿色致富道路。

三是加强科技支撑。加强与高等院校及科研单位的科技协作，建立水土保持院士专家工作站、研究生培养站、博士后工作站、南方红壤水土保持研究院、福建省（长汀）水土保持研究中心，为生态建设提供技术支撑。2017 年，长汀县与中国科学院南京土壤研究所合作建立了长汀县水土保持院士专家工作站，旨在解决长汀县在水土流失治理与生态恢复过程中所出现的一些技术难题，借助院士团队的技术力量，建立有效的"产、学、研"合作体系，为长汀县的水土保持与生态环境建设工作提供技术支撑，把长汀县水土保持生态文明县建设提升到新的高度。

四是推进长汀地方治理体制的改革，实现地方服务型政府生态职能的构建。2017 年，长汀县强化生态考核，探索将生态文明建设 7 个方面 31 项指标列入干部考核评价体系，开展领导干部自然资源资产离任审计试点，促进领导干部增强履行自然资源资产管理和环境保护责任意识；强化生态文明建设绩效评价考核和考评结果运用。

三、南平市"森林生态银行"案例

（一）案例背景

福建省南平市森林覆盖率达到 78.29%，林木蓄积量占福建省的 1/3，被誉为地球同纬度生态环境较好的地区之一。但长期以来，南平市经济社会发展相对滞后，"生态高地"与"经济洼地"并存。特别是 2003 年以来，随着集体林权制度改革的推进和"均山到户"政策的实施，在激发了林农积极性的同时，也导致了林权的分散。南平市76%以上的山林林权处于"碎片化"状态,农民人均林地近15亩,但森林资源难以聚合、资源资产难以变现、社会化资本难以引进等问题凸显。

为了有效破解生态资源的价值实现难题,南平市从2018年开始,选择林业资源丰富但分散化程度高的顺昌县开展"森林生态银行"试点,借鉴商业银行"分散化输入、整体化输出"的模式,构建"生态银行"这一自然资源管理、开发和运营的平台,对碎片化的资源进行集中收储和整合优化,转换成连片优质的"资产包",委托专业且有实力的产业运营商具体管理,引入社会资本投资,打通了资源变资产、资产变资本的通道,探索出了一条把生态资源优势转化为经济发展优势的生态产品价值实现路径。

(二)主要做法

一是政府主导,设计和建立"森林生态银行"运行机制。成立福建省绿昌林业资源运营有限公司,作为顺昌县"森林生态银行"的市场化运营主体。公司下设数据信息管理、资产评估收储"两中心"和林木经营、托管、金融服务"三公司",前者提供数据和技术支撑,后者负责对资源进行收储、托管、经营和提升。同时,整合县林业局资源站、国有林场伐区调查设计队和基层林场护林队伍等力量,有序开展资源管护、资源评估、改造提升、项目设计、经营开发、林权变更等工作。

二是全面摸清森林资源底数。对全县林地分布、森林质量、保护等级、林地权属等进行调查摸底,并进行确权登记,形成全县林地"一张网、一张图、一个库"数据库管理。对森林资源进行全生命周期的动态监管,实现林业资源数据的集中管理与服务。

三是推进森林资源流转,实现资源资产化。鼓励林农在平等自愿和不改变林地所有权的前提下,将碎片化的森林资源经营权和使用权集中流转至"森林生态银行",由后者通过科学抚育、集约经营、发展林下经济等措施,实施集中储备和规模整治,转换成权属清晰、集中连片的优质"资产包"。为保障林农利益和个性化需求,"森林生态银行"共推出了入股、托管、租赁、赎买四种流转方式:有共同经营意愿的,以一个轮伐期的林地承包经营权和林木资产作价入股,林农变股东,共享发展收益;无力管理也不愿共同经营的,可将林地、林木委托经营,按月支付管理费用,林木采伐后获得相应收益;有闲置林地(主要是采伐迹地)的,可以租赁一个轮伐期的林地承包经营权以获得租金回报;希望将资产变现的,可以按照顺昌县商品林赎买实施方案的要求,将林木所有权和林地承包经营权流转给生态银行,林农获得资产转让收益。

四是开展规模化、专业化和产业化开发运营,实现生态资本增值收益。实施国家储备林质量精准提升工程，采取改主伐为择伐、改单层林为复层异龄林、改单一针叶林为针阔混交林、改一般用材林为特种乡土珍稀用材林的"四改"措施，优化林分结构，增加林木蓄积，促进森林资源资产质量和价值的提升。引进实施 FSC 国际森林认证，规范传统林区经营管理，为森林加工产品出口欧美市场提供支持。积极发展木材经营、竹木加工、林下经济、森林康养等"林业＋"产业，建设杉木林、油茶、毛竹、林下中药、花卉苗木、森林康养六大基地，推动林业产业多元化发展。采取"管理与运营相分离"的模式，将交通条件、生态环境良好的林场、基地作为旅游休闲区，运营权整体出租给专业化运营公司，提升森林资源资产的复合效益。开发林业碳汇产品，探索"社会化生态补偿"模式，通过市场化销售单株林木、竹林碳汇等方式实现生态产品价值。

参考文献

［1］杜强，吴志先．加快建设国家生态文明试验区（福建）的思考［J］．福建论坛（人文社会科学版），2017（6）：188－192.

［2］林筱文，赵彬，廖荣天，徐丽．福建省国土空间主体功能区划分与政策研究［J］．发展研究，2010（8）：23－27.

［3］福建省人民政府发展研究中心课题组，黄端，林坚强，陈俊艺，陈素颖，吴金平．以 21 世纪海丝核心区建设为主线加快福建各市开放型经济错位发展、协调发展［J］．发展研究，2017（4）：21－29.

［4］俞建雄，何福平．福建改革开放 40 年经济社会发展成就及对策研究［J］．龙岩学院学报，2018（6）：65－73.

［5］林丽娟．福建打造 21 世纪海上丝绸之路核心区的战略思考［J］．福州党校学报，2018（2）：43－47.

［6］任程扬．福建省绿色发展水平的综合评价研究［D］．福州：福建师范大学硕士学位论文，2018.

第四篇

发展战略与保障

第十一章　发展战略与保障措施

第一节　发展阶段及特征

一、发展阶段

（一）城镇化阶段

福建的城镇化阶段先后经历了缓慢增长时期（1949～1978年）、过渡时期（1978～1981年）、乡村城镇化时期（1982～1991年）、大中城市快速发展时期（1992～2008年）、城市联盟与城市群时代（2009年至今）。"十三五"时期，福建省城镇化处于城市联盟与城市群时代，城镇化率从2016年的63.6%提升到2019年的66.5%，按照城镇化水平划分标准，目前，福建省城镇化处于快速发展阶段，且增长速度逐渐减缓。①

（二）工业化阶段

工业化阶段也是衡量一个地区经济发展水平的重要指标，国内学者从经济发展水平、产业结构、工业结构、就业结构和空间结构等方面评价工业化水平（见表11-1）。根据这一标准，可以从各项指标对福建的工业化水平做出判断。

表11-1　工业化不同阶段的标志值

基本指标	前工业化阶段	工业化阶段			后工业化阶段
		工业化初期	工业化中期	工业化后期	
人均GDP（经济发展水平，2010年美元）	827～1654美元	1654～3308美元	3308～6615美元	6615～12398美元	12398美元以上

---

① 城镇化水平可以分为三个阶段：城镇化水平在30%以下为城镇化初级阶段，在30%～70%为快速发展阶段，在70%以上为成熟阶段。

续表

基本指标	前工业化阶段	工业化阶段			后工业化阶段
		工业化初期	工业化中期	工业化后期	
三次产业增加值比重（产业结构）	农业 > 工业	农业 > 20%，农业 < 工业	农业 < 20%，工业 > 服务业	农业 < 10%，工业 < 服务业	农业 < 10%，工业 < 服务业
制造业增加值占总商品部门增加值比重（工业结构）	20% 以下	20% ~ 40%	40% ~ 50%	50% ~ 60%	60% 以上
人口城镇化率（空间结构）	30% 以下	30% ~ 50%	50% ~ 60%	60% ~ 75%	75% 以上
第一产业就业人员比重（就业结构）	60% 以上	45% ~ 60%	30% ~ 45%	10% ~ 30%	10% 以下
工业内部结构变化	—	以原材料加工为重心	以加工装配工业为重心	以技术密集型产业为重心	—

资料来源：黄群慧，李芳芳，等. 工业化蓝皮书：中国工产业化进程报告（1995—2015）［M］. 北京：社会科学文献出版社，2017：28.

从经济发展水平来看，2019 年福建人均 GDP 按当年平均汇率计算为 15534 美元（折合 2010 年汇率为 15824 美元），处于后工业化阶段；从产业结构来看，2019 年三次产业比重为 6.1∶48.6∶45.3，农业占比小于 20%，且工业比重大于服务业，处于工业化中期阶段；从空间结构来看，2019 年福建省城镇化率为 66.5%，处于工业化后期阶段；从就业结构来看，2019 年全省第一产业从业人员为 548.85 万人，占从业人员总数的 19.7%，处于工业化后期阶段。综合以上几个方面来看，福建省目前处于工业化后期阶段。

工业内部结构变化通常可以分为三个阶段：重工业化时期、高加工度化阶段和技术集约化阶段。以原材料工业为重心的重工业化时期，处于工业化初期阶段；以加工装配工业为重心的高加工度化阶段，处于工业化中期阶段；以技术密集型产业为重心的技术集约化阶段，处于工业化后期阶段。从 2019 年福建省工业增加值结构来看，居前三位的行业依次为计算机、通信和其他电子设备制造业，非金属矿物制品业，皮革、毛皮、羽毛及其制品和制鞋业，这三个行业分别属于技术密集型产业和高加工度化工业。因此，从工业内部结构来看，福建省正处于高加工化阶段迈向技术集约化阶段的过程中。

二、"十三五"发展特征

（一）产业结构迈向中高端，服务业支撑作用明显

"十三五"期间，福建省产业结构加快向中高端化调整转换，三次产业结构从 2015 年的 8.2∶50.3∶41.5 调整为 2019 年的 6.1∶48.6∶45.3。制造业加快高质量发

展，主营业务收入超百亿元的工业企业达 45 家，产值超千亿元的产业集群达 18 个；电子信息产业"填芯补屏"，晋华、联芯、京东方、三安光电等重大项目落地见效；机械装备产业加快智能化、高端化发展，宁德时代全球动力电池出货量排名第一位，新能源汽车成为福建"一张新名片"，带动"电动福建"弯道超车；石油化工产业链体系形成，中化泉州乙烯及炼油改扩建、古雷炼化一体化、申远二期聚酰胺一体化等项目加快推进，"两基地一专区"集聚发展水平提升。

新兴产业加快发展，现代服务业发展提速，数字经济成为发展新动能。福州、厦门、莆田的新型功能材料和厦门市生物医药四个集群纳入国家战略性新兴产业集群发展工程，战略性新兴产业增加值占规模以上工业增加值比重从 2015 年的 18.8% 提高到 2019 年的 23.8%。数字经济方面，福建省连续举办两届数字中国建设峰会，数字经济总规模突破 1.7 万亿元，入选国家数字经济创新发展试验区，信息化、两化融合发展指数分别居全国第 6、第 7 位。现代服务业发展提速、比重提高、水平提升，国家和省级服务业综合改革试点有力推进，文旅深度融合，武夷山、永泰和武平获评首批国家全域旅游示范区，"全福游、有全福"品牌效应显现。

（二）实施乡村振兴战略，稳步推进新型城镇化

"十三五"时期，大力推进省市县三级乡村振兴战略实施规划，百镇千村乡村振兴进行试点示范，实施乡村特色产业"968"工程，实现特色现代农业提质增效，十大乡村特色产业全产业链总产值达 1.78 万亿元，千亿元产业增至 8 个，无公害、绿色、有机和地理标志农产品达 4450 个。深入开展"一革命四行动"，建设美丽乡村，农村承包地确权登记颁证全面到户，农村集体产权制度改革有效推进。

农业转移人口市民化质量逐步提高，全面实施居住证制度，推动基本公共服务向常住人口覆盖，福建省常住人口城镇化率达 66.5%，户籍人口城镇化率达 50.3%。加快福州都市圈、厦漳泉都市圈同城化建设，推进行政区划调整，福州至长乐机场城际铁路（F1 线）、厦门轨道交通 6 号线漳州（角美）延伸段工程等项目开工建设。

（三）深化两岸融合发展，创新创造活力明显提升

制定惠台 66 条实施意见、探索海峡两岸融合发展新路 42 项措施并细化 85 项工作任务，推进两岸融合发展，打造台胞台企登陆第一家园。闽台经贸合作不断深化，在闽台企突破 1 万家，台湾百大企业有 52 家在闽落户，利用台资规模居各省市前列，闽台贸易额突破 1 万亿元。直接往来更加便捷，实现与台湾所有港口海上直接通航全覆盖，推进"新四通"，与金门、马祖通水、通电、通气、通桥，金门、马祖率先顺利实现通水。台胞入闽人数占台胞来大陆人数的 65%，来闽实习就业创业台湾青年累计3.6万人，福建成为台湾青年来大陆的首选地。

深入实施创新驱动发展战略，以发展新产业、新技术、新平台、新业态、新模式为重要抓手，打通创新链、产业链、价值链，推进科技创新、制度创新。强化创新平台建设，加快建设省创新研究院，光电信息、能源材料、化学工程、能源器件等重点领域首批省创新实验室，拥有国家重点实验室10家、国家级工程研究中心（工程实验室）5家、国家地方联合工程研究中心（工程实验室）31家、国家级企业技术中心51家。大力培育创新型企业，国家高新技术企业总数4811家，国家专精特新小巨人企业10家。入选国家级双创示范基地3个，110人、12个团队和3个基地入选科技部创新人才推进计划。

（四）生态治理成效明显，两山转换进程加快

蓝天、碧水、净土三大保卫战有力推进，实施"1+7+N"污染防治攻坚战计划，生态环境质量保持全优。福建省九市一区全部晋级国家森林城市，森林覆盖率达66.8%。系统推进生态保护和治理，落实河湖长制，推进农村人居环境整治，促进生活垃圾减量化、资源化和无害化，12条主要河流优良水质比例达96.5%，县级以上饮用水水源地水质达标率达100%、饮用水综合合格率达99.8%，九市一区空气质量达标天数比例达98.3%，PM2.5年均浓度下降至24微克/立方米。

践行"绿水青山就是金山银山"理念，发挥比较优势，推进生态产业化、产业生态化。创新绿色金融机制，率先对政策性银行、国有大中型银行开展绿色信贷业绩评价，林业金融创新走在全国前列，完善推广福林贷、惠林卡等"闽林通"系列林业金融产品，累计发放贷款63.37亿元，受益农户5.7万户。开展生态产品市场化改革，在山区和沿海分别开展试点，探索不同资源禀赋生态产品价值实现路径，南平、三明、龙岩等地绿色发展创新实践取得新实效。

（五）交通等基础设施成型，"海丝"大通道推动构建新格局

率先实现"市市通高铁、县县通高速、镇镇通干线、村村通客车"，"两纵三横"综合交通运输大通道基本形成。福建迈入"地铁新时代"，福州地铁1号线一期、2号线和厦门地铁1号线、2号线建成投入运营，运营里程约125千米。推进厦门新机场、福州机场二期扩建和武夷山机场迁建，民航旅客全省吞吐量达5173.75万人次。东南沿海重要能源基地建设，核电、风电、水电等清洁能源装机比重超过56%、高于全国平均水平16个点。信息基础设施建设加快，建成并开通5G基站超4000个，东南健康医疗大数据中心、互联网骨干直联点等5个国家级项目落地数字福建产业园，建成省北斗位置服务公共平台。

21世纪海上丝绸之路核心区建设、海陆空信"四位一体"海上丝绸之路大通道形成推动构建开放发展新格局。"海丝"核心区建设深入实施，积极推进丝路海运、丝路飞翔、数字丝路等八大工程,台闽欧班列实现"海丝"与"陆丝"的无缝对接,海上、陆上、空上、信息"四位一体"的"海丝"大通道初步形成,丝路海运联盟成员达 158 家、命名航线达 62 条、累计完成超过 2900 航次,丝路飞翔空中航线近 400 条。自贸试验区建设成果显著,落实 186 项重点试验任务,累计推出 15 批 410 项创新举措,全国首创占 38.3%,形成 36 项获全国复制推广学习的创新成果、典型案例。"十三五"时期以来,福建省备案(核准)对外投资项目 1389 个,实际对外投资额 173.3 亿美元;对外承包工程完成营业额 45.6 亿美元,外派各类劳务人员 22.1 万人次。

第二节 发展环境

改革开放以来,福建立足于山、海、台、侨、特、亚等优势,先后在 20 世纪 80 年代中期、90 年代初期、90 年代后期和 21 世纪初提出"山海经"战略、"外向型经济发展"战略、"三条战略通道"战略、"海峡西岸经济区"战略,这些发展战略也构成了福建经济发展的不同阶段。具体而言,1979 ~ 1991 年是福建经济起步发展阶段,主要以大念山海经为主轴,加快外向型经济发展;1992 ~ 2002 年是深化改革阶段,以闽南开放开发为主轴,建设海峡西岸繁荣带;2001 年以来是完善提高阶段,以建设海峡西岸经济区为主轴,推动福建科学发展跨越发展。总的来看,这些战略符合福建实际,前后连贯且因时提升,对不同时期福建的发展进行了科学的定位并发挥了重要的作用。

"十三五"时期是福建迎来"两个一百年"目标中第一个一百年的重要时期,也是迎来重大历史机遇并取得重大发展成就的五年。全省上下以习近平中国特色社会主义思想为主导,积极落实党中央、国务院的决策部署,坚持做大总量、提质增效,把稳增长和调结构有机结合起来。坚持深化改革、扩大开放,重点领域和关键环节改革取得突破,扎实推进福建自由贸易试验区、平潭综合实验区、福州新区建设,数字经济总规模突破 1.7 万亿元,入选国家数字经济创新发展试验区。坚持百姓富、生态美的有机统一,着力建设生态文明先行示范区,在中国工程院发布的全国生态文明指数数据中,福建排名第一位。

"十三五"时期,福建综合实力持续增强,2019 年 GDP 达 42395 亿元、"十三五"时期年均增长 8.1%,人均 GDP 突破 1.5 万美元,地方一般公共预算收入从 2258 亿元增加到 3052 亿元,固定资产投资比 2015 年增加近 1 万亿元,常住人口城镇化率达 66.5%;基础设施明显改善,实现市市通动车、县县通高速、镇镇通干线、村村通客车,"两纵三横"综合交通运输大通道基本形成,福州、厦门地铁部分线路已建成投入运营，福建将迈入"地铁新时代"；产业升级力度加大，千亿元产业集群达18个，规模以上工业增加值突破2万亿元、服务业增加值突破1万亿元；创新能力不断提升，国家高新技术企业总数4811家，国家专精特新小巨人企业10家。入选国家级双创示范基地3个；市场活力继续上升，社会资本准入领域不断拓展，民间投资对全省投资增长贡献率达94.9%。从经济发展、创新驱动、民生福祉、生态文明四类41个指标来看，一般公共预算总收入、地方一般公共预算收入、财政教育支出占财政一般预算支出比重、研究与试验发展（R&D）经费投入强度、劳动年龄人口平均受教育年限5个指标较难完成（见表11–2）。

表11–2 "十三五"期间福建省主要指标完成情况

分类	序号	指标	2019年	规划目标（2020年）
经济发展	1	地区生产总值（万亿元）	4.24	3.9
	2	人均地区生产总值（万元）	10.71	9.8
	3	一般公共预算总收入（亿元）	5147	>5800
	4	地方一般公共预算收入（万元）	3053	>3300
	5	全社会固定资产投资（亿元）	—	43600
	6	社会消费品零售总额（亿元）	18897	17700
	7	外贸出口总额（亿美元）	8281	7700
	8	常住人口城镇化率（%）	66.5	67
创新驱动	9	研究与试验发展（R&D）经费投入强度（%）	1.66	≥2
	10	每万人口发明专利拥有量（件）	11.11	7.5
	11	固定宽带家庭普及率（%）	137	77
		移动宽带普及率（%）	100.5	85
民生福祉	12	城镇居民人均可支配收入（万元）	4.56	3.75
	13	人均预期寿命（岁）	80	78.29
生态文明	14	设区城市优良空气天数比例（%）	98.3	≥90
		设区城市细颗粒物（PM2.5）年均浓度（毫克/立方米）	0.024	≤0.035
	15	森林覆盖率（%）	66.8	66
	16	化学需氧量排放量（万吨）	40.07	完成国家下达指标
		氨氮（万吨）	5.41	
		二氧化硫排放量（万吨）	12.19	
		氮氧化物排放量（万吨）	28.41	

资料来源：《福建统计年鉴》（2020）。

"十三五"期间，福建省经济社会发展取得较好成效，但还存在不少困难和挑战，主要是：创新驱动能力不强，R&D 经费投入占 GDP 比重低于全国平均水平；产业结构中服务业比重偏低，低于全国平均水平；缺乏高能级的中心城市，都市圈一体化发展水平还有待提升；与台湾相比，在创新能力、产业结构层次、居民收入等方面还存在比较大的差距。

第三节　发展定位

从福建省经济社会环境出发，考虑区位、资源、自身发展条件以及发展环境、政策环境等因素，未来福建省发展的总体定位是：21 世纪海上丝绸之路核心区、东南沿海先进制造业基地、国家数字经济创新发展试验区、国家生态文明示范区。

一、21 世纪海上丝绸之路核心区

共建 21 世纪海上丝绸之路是国家主席习近平 2013 年出访东南亚国家期间基于经济、政治、外交等各方面的因素提出的重大战略构想，为解决产能过剩、减少外汇储备提出的"一带一路"重大倡议。福建省是海上丝绸之路圈定的五个省市之一，是海上丝绸之路的重要起点城市，与海上丝绸之路国家保持着密切的贸易往来。2015 年 3 月 28 日，国家发展改革委、外交部、商务部联合发布了《推动共建丝绸之路经济带和 21 世纪海上丝绸之路的愿景与行动》，重点在政策沟通、能源交通通信等基础设施互联互通、贸易畅通、资金融通、民心相通等方面加强各国、省市间的合作。

2019 年 1~5 月，福建省与"一带一路"沿线国家和地区进出口贸易额增长 10.6%，对全省进出口贡献率达 57.5%。2019 年 1~12 月，福建自贸试验区新设内、外资企业 15808 家，注册资本 3283.9 亿元，同比增长 83.4%、8.9%。新增外资企业 405 家，合同外资 43.8 亿美元，实际利用外资 5.97 亿美元，成为拉动福建省外贸发展的强劲动力。

"丝路海运"建设方面，福建加快厦门东南国际航运中心和福州国际深水大港建设，大力培育集装箱国际航线，拓展国际中转业务。目前，前 2 批 34 条"丝路海运"航线已完成近 700 个航次，集装箱吞吐量突破 50 万标箱，第 3 批冠名航线发布后，"丝路海运"航线总数达到 50 条。2018 年，福建省万吨级以上集装箱泊位达到 181 个，运营集装箱国际航线 127 条，通达 50 多个国家和地区的近 140 个港口，港口货物吞吐量 5.58 亿吨，同比增长 7.3%。厦门港集装

箱吞吐量居全国第 7 位、全球第 14 位。"丝路空线和陆线"方面，福建省开通国际和港澳台空中航线 79 条，国内航线 312 条，2018 年旅客吞吐量 4945 万人次、增长 14.6%。福建省开行的中欧（中亚）国际货运班列已形成 6 条常态化线路，通达亚欧 9 个国家 13 个城市，至 2019 年 5 月底累计开行 466 列。

未来，福建省仍然要在经贸合作的前沿平台，以"一带一路"建设为重点，实行更加积极主动的开放战略，发挥自贸试验区和民营经济优势，努力打造市场化、法治化、便利化的营商环境，推动在产业、投资、经贸等领域合作取得更多成果。将福建省建设成 21 世纪海上丝绸之路核心区、开放合作新高地，为建设"机制活、产业优、百姓富、生态美"的新福建和推进"一带一路"倡议实施提供强大支撑。

二、东部沿海先进制造业基地

2009 年 5 月 6 日，国务院印发《关于支持福建省加快建设海峡西岸经济区的若干意见》，明确提出海峡西岸经济区的战略定位之一是"东部沿海地区的先进制造业的重要基地"。打造东南沿海先进制造业基地，是福建省紧紧抓住世界制造业战略重组、国家大力发展制造业、中央大力支持海峡西岸建设、海峡两岸关系出现积极变化带来的战略机遇，提升制造业整体素质，促进经济发展方式转变、增强跨省区之间经济合作、加强海峡两岸经济合作的客观要求，也是福建省实现区域经济可持续发展的重要发展战略，具有非常重要的战略意义。

2019 年，福建省 GDP 首次超过 4 万亿元，为 42395 亿元，比上年增长 7.6%，其中工业增加值达到 20581.74 亿元，比上年增长 8.3%，居全国各省区市第二位，东部 10 省市第一位。制造业依旧是福建高质量发展的"强劲"动力，2019 年，福建新旧动能转换，制造业增加值比上年增长 9.2%，制造投资比上年增长 16.2%，制造业技改投资比上年增长 22.2%，收入超百亿元的工业企业达 45 家，产值超千亿元的产业集群达 18 个，为全省实现经济发展目标作了支撑和贡献。

基于我国国情及发展阶段，工业化仍然是中国经济目前乃至今后几十年的主题。制造业是国家竞争力的基础，在国民经济中居于特别重要的地位。2020年 6 月 30 日，中央深改委第十四次会议审议通过《关于深化新一代信息技术与制造业融合发展的指导意见》，强调加快推进新一代信息技术和制造业融合发展，以智能制造为主攻方向，加快制造业生产方式和企业形态根本性变革，提升制造业数字化、网络化、智能化发展水平。2019 年 12 月，福建省发布《福建省加快推动制造业优势龙头企业和小巨人企业高质量发展的行动计划（2020—2022 年）》，旨在通过全省百家制造业优势龙头企业和小巨人企业为重点，主要从电子信息制造业、机械装备工业、石化工业、冶金建材工业、消费品工业五个领域提出重点任务，带动产业基础高级化、产业链现代化。未来福建省制造业也将从电子工业、高技术产业、智能手机、平板电脑、新能源汽车、锂离子电池等几个方面推动产品质量高速增长，带动福建社会经济发展。

三、国家数字经济创新发展试验区

2016 年，中国数字经济占 GDP 的比重首次超过 30%，说明数字经济度过了起步期，开始进入快速发展阶段。福建省战略性新兴产业增加值占规模以上工业增加值比重从 2015 年的 18.8% 提高到 2019 年的 23.8%。2019 年，福建省数字经济总规模突破 1.7 万亿元，入选国家数字经济创新发展试验区，信息化、"两化"融合发展指数分别居全国第 6、第 7 位。

数字经济已成为经济发展最活跃且最重要的新动能，已连续举办两届数字中国建设峰会，成为"两会"热词，多个省份在政府报告中也对数字经济发展做出了部署。引导数字经济和实体经济深度融合，将给中国各行各业带来前所未有的机遇，引发未来全球和地区经济格局的变化，也将是推动经济高质量发展的重要动力，对于经济发展和改善民生具有重要意义。

当前，福建正积极推动数字"新基建"，打造国家数字经济创新发展试验区。官方统计数据显示，截至 2020 年 4 月，福建省数字"新基建"重点项目321 个，总投资达 2197 亿元，其中，在建项目 298 个，总投资 1587 亿元。2020年以来，一大批数字"新基建"密集落地福建。2020 年 4 月 26 日，中国信科集团旗下大唐网络有限公司在莆田市城厢区投资建设大唐网络 5G 产业东南基地，打造以 5G 技术为核心的 5G 科技应用集群。

未来，5G 网络将是福建数字"新基建"的重中之重。2019 年，福建出台《福建省加快 5G 产业发展实施意见》，加快构建成熟完备、跨界融合、开放共享、协同创新、多方合作的 5G 产业生态，打造具有全国影响力和竞争力的 5G产业创新发展高地。2020 年 3 月，福建再度出台 18 条措施进一步支持 5G 网络建设和产业发展，扎实推进 5G 网络建设和商用步伐。福建正通过实施一批数字产业化示范项目，推进 5G 应用、区块链技术和产业创新融合发展；实施工业互联网"十百千万"工程，支持工业智能化升级改造，促进中小企业"上云上平台"；实施"互联网 + 现代农业"行动，推进农业生产、加工、仓储、流通、销售等环节的信息化改造，以数字产业化、产业数字化推动数字经济创新发展，超前统筹布局新型基础设施体系，打造数字经济发展高地。

四、国家生态文明示范区

党的十八大以来，为加快推进生态文明建设，党中央、国务院先后印发了

《关于加快推进生态文明建设的意见》（中发〔2015〕12 号）和《生态文明体制改革总体方案》（中发〔2015〕25 号），习近平总书记为当前和今后一个时期我国生态文明建设指出了工作方向。2016 年 8 月，由中共中央办公厅、国务院办公厅印发《关于设立统一规范的国家生态文明试验区的意见》，福建省被列为首批国家生态文明试验区之一，旨在当好生态文明建设的"试验田"，探索如何在经济发展的同时留住山清水秀的绿色发展路径，通过开展具有地方特色的制度实验，如推广水土流失治理"长汀经验"，陆海环境整治与生态开发的"厦门经验"，建立"森林生态银行"推进森林资源资产化运行机制。

2016～2018 年，福建省已经实施 38 项重点制度改革，其中 22 项经验向全国推广，改革试验田作用凸显。2019 年，福建全省 12 条主要河流水质优良比例达 96.5%，水、大气、生态环境质量常年保持全优，县级以上饮用水水源地水质达标率 100%，空气质量优良天数比例为 98.3%，PM2.5 年平均浓度下降至 24 微克/立方米，森林覆盖率达 66.8%，连续 40 年保持全国首位。在中国工程院发布的全国生态文明指数数据中，福建排名第一位，成为生态环境"高颜值"、经济发展"高素质"的有"福"之地。

生态文明建设只有进行曲，没有休止符。福建省在未来的发展中仍要牢固树立和践行绿水青山就是金山银山、自然价值和自然资本、空间均衡、山水林田湖是一个生命共同体等理念，以改善生态环境、推动绿色发展为目标，以优化国土空间布局、促进资源节约循环高效使用、加强环境保护和生态修复、健全生态文明制度体系为抓手，探索生态文明建设新模式，培育绿色发展新动能，开辟实现绿色惠民新路径。

通过进一步落实生态环境"党政同责""一岗双责"制度；对新上项目、能源项目、污染项目严格把关落实节能减排目标责任制；推进集体林权制度改革提高林地保护和管理能力、加强森林资源抚育更新强化森林资源生态功能；对重要流域水环境进行监控、监测、监管等手段进行水资源管理，实行最严格的生态环境保护制度；推进江河水源地、严重水土流失区和生态脆弱区的综合治理与生态重建等手段及制度的实施让天更蓝、地更绿、水更净，让群众有更多的环境获得感。

第四节　发展重点

一、构建高质量产业体系

一是着力产业转型升级。重点围绕传统产业、主导产业、新型产业梳理产业链，强化产业分工协作，构建产业循环体系，提高产业集群核心竞争力。加快培育和发展新的主导产业，推动电子信息产业方面加快"强芯补屏"、促进装备制造业产业往高端化、集聚集约化发展；大力发展新兴产业，加大科研经费投入、对于能填补市场空白的新兴产业项目、国内外龙头企业项目按"一事一议"方式给予资金支持，推动产业科技成果转化；加快传统产业智能改造，推出竞争力强、质量高、效益好的制造精品，发展具有核心竞争力的福建制造业品牌及产业体系，推动传统产业向中高端产品链、价值链拓展。

二是推进产业基础提升。以数字产业化、产业数字化推动数字经济创新发展，超前统筹布局新型基础设施体系，打造数字经济发展高地，建设富有竞争力的现代产业体系。在"硬件"上强化基础设施建设，加快5G、工业互联网、物联网等新型基础设施建设，打造"5G＋"应用项目；在"软件"上加强政策支持，完善创新激励政策，深化"放管服"改革，推广数字政务，精简政府办事流程，提升服务效率。

三是健全产业培育机制。推进专业化孵化器、众创空间的硬件设施建设，将孵化器、加速器、众创空间的建设用地纳入各地市用地指标，每年按照一定比例提升用地供给，确保它们与福建省战略性新兴产业规模同步增长；加强政策扶持、产学研合作等软性支持力度，根据企业成长阶段的不同，制定针对性的、鼓励性的专项政策，积极争取相关专项基金，推动福州、厦门、泉州、晋江四个知识产权保护中心尽快落地。

二、建成台胞台企登陆第一家园

一是贯彻"两岸要应通尽通"指示，推动闽台融合发展。将中央31条、福建66条、厦门60条惠台举措落到"实"处，积极探索海峡两岸融合发展新路，更大范围惠及台企台胞，建成台胞台企"登陆"的第一家园。在"通"字上下功夫，按照习总书记"两岸要应通尽通"的指示，通过基础设施联通、经贸合作畅通、能源资源互通、行业标准共通四个方面深化两岸之间互联互通内涵，推进闽台融合发展。

二是基础设施联通方面，推进金门、马祖与福建沿海地区通水、通电、通气、通桥工作，推进长乐至淡水、厦门至金门两条海底光缆商业运营，推动厦门刘五店港区、福州琅岐客运码头、厦门五通客运码头（三期建设）对台开放，推动海空航线连接；经贸合作畅通方面，打造两岸共同市场，推进对台经贸合作信息汇聚与资源共享，深化闽台优势产业融合发展。能源资源互通方面，发挥福建省港口航运和沿海能源布局优势，探索台湾能源供应新路径，开展厦金海域和环马祖澳海域海漂物联合处置，维护台湾海峡清洁和生态环境。行业标准共通方面，扩大对台企资质及行业标准采认，继续推进采认台湾地区职业技能资格，支持台企在闽设立第三方检验检测、认证机构，参与制定国家、行业和地方标准。

三是打造两岸融合发展产业园区，助力闽台经济合作。为贯彻落实习近平总书记关于对台工作的重要论述，福建省出台了《关于探索海峡两岸融合发展新路的实施意见》，其中对于深化闽台优势产业融合发展、增强现代服务业合作新动能、加快建设对台农业合作等几个板块提出了深入优化建议。深化闽台优势产业融合发展方面，支持优势集成电路项目、古雷石化园区加快建设，打造两岸石化产业合作基地，建设南靖精密机械制造产业园，鼓励台湾工具机企业入驻；增强现代服务业合作方面，推动莆田妈祖在健康城建设两岸生技和医疗健康产业合作区，推进厦门、泉州、平潭"两岸冷链物流产业合作城市"建设；对台农业合作方面，加快建设台湾农渔产品交易中心，打造两岸农业融合发展产业园区，学习借鉴台湾先进的农业管理理念和运作模式，依托福建沿海、山区和平原自身城市特色，打造海峡两岸最具影响力的农业融合发展产业园区。

四是拓展两岸民间交流交往活动，加强闽台文化联系。持续拓展两岸民间交流交往活动，办好海峡论坛、世界妈祖文化论坛、世界佛教论坛活动，形成"一市一品牌、一县一特色、一部门一精品"格局；扩大寻根谒祖、族谱对接、朝圣祭祀等活动，厚植台湾同胞民族认同的精神纽带；推动建立闽台姓氏源流VR展示交流平台，办好闽台历史文化研究院，建设平潭南岛语族考古教学研究基地，推进福州、厦门"台湾会馆"和涉台宗祠、祖居修缮，打造大陆最大对台研学旅游基地，强化对台交流平台支撑作用；推动闽台历史文化、历史人物、历史事件的影视化拍摄，支持南音、高甲戏、歌仔戏等地方戏曲赴台巡展巡演，办好两岸图书交易会、金门书展，打造"福建文创市集"，加强文化产业合作。在延伸闽台文化产业链的进程中，加强闽台文化联系。

三、拓展区域发展新空间

（一）深化自由贸易试验区建设

一是推进制度创新。完善以负面清单管理为核心的投资管理制度、以贸易便利化为重点的贸易监管制度、以金融服务业开放为目标的金融创新制度、以政府职能转变为核心的事中事后监管制度，建立与国际投资贸易规则相适应的体制机制，营造法治化、国际化、便利化营商环境。创新两岸合作机制，率先推动与台湾地区投资贸易自由，推进与台湾自由经济示范区的合作对接，促进货物、服务、资金、人员等要素自由流动。以推进两岸金融合作为重点，在扩大人民币跨境使用、资本项目可兑换、跨境投融资等方面开展金融开放创新试点。发挥自贸试验区溢出效应，加快创新成果复制推广，形成区内、区外联动发展局面。

二是扩大对外开放。先行选择金融服务、航运服务、现代物流、旅游服务、商贸服务、专业服务、文化服务、社会服务及先进制造业等领域扩大对外开放，积极有效利用外资。吸引有实力企业设立区域总部和研发、运营中心，打造自贸试验区高端制造板块。推进贸易发展方式转变，积极培育贸易新型业态和功能。探索具有国际竞争力的航运、物流、金融发展制度和运作模式。

三是完善保障机制。实行有效监管，完善以商务诚信为核心的全流程市场监管体系和全方位监管手段。完善风险防控体系，健全风险防控措施，着力防范区域性、系统性风险。健全法制保障，规范调整与自贸试验区试点内容相冲突的地方性法律、法规文件。完善知识产权管理和执法体制以及纠纷调解、援助、仲裁等服务机制。

（二）加快 21 世纪海上丝绸之路核心区建设

一是建设互联互通的重要枢纽。加强海上通道建设，推进与"海丝"沿线国家和地区的港口港航合作，争取开通福建—台湾—香港—东盟邮轮航线。强化航空枢纽和空中通道建设，积极拓展境外航线。完善陆海联运通道，推动以港口集疏运体系为重点的陆路通道建设。健全口岸通关体系，加快口岸基础设施建设。推动信息通道建设，打造与东盟国家互联互通的信息走廊。积极打造服务全国、面向世界的 21 世纪海上丝绸之路核心区战略通道和综合枢纽。

二是构筑经贸合作的重要平台。重点拓展与东盟的经贸合作，积极开拓南亚、西亚、非洲东海岸等印度洋沿岸地区新兴市场；推进重点商品出口基地、商品市场和商贸园区建设，探索与东南亚国家互设产业园区；办好"海丝"博览会和"福建品牌海丝行"等相关展博会，拓展沿线国家市场；鼓励企业抱团赴境外投资；联合沿线国家和地区打造"海丝"旅游经济走廊和环南海旅游经济圈。

三是形成人文交流的重要纽带。与"海丝"沿线国家和地区间相互增设一批友好城市，推动建立"海丝"城市联盟、国际文化交流基地、多边商务理事会，构建多层次常态化交流合作机制。办好丝绸之路国际电影节、"海丝"（福州）国际旅游节以及"海丝"相关论坛、艺术节等重大活动。积极开展海上丝绸之路文化遗产保护和申遗工作，建设"海上丝绸之路数字文化长廊"。广泛开展教育、科技、旅游、卫生、体育等领域交流合作，共同打造"海丝"高端智库和学术交流平台。

四是创新开放合作新机制。传承商贸人文历史，发挥海上海外优势，努力成为推进"一带一路"建设的主力军。加强与广东、浙江等周边省区市合作共建国内 21 世纪海上丝绸之路建设协作网络,推动闽台携手拓展对外合作。积极为"走出去"企业在"海丝"沿线国家和地区开展资本、产能合作提供信息、金融等服务。

专栏 11 -1

21 世纪海上丝绸之路核心区重大工程

互联互通:厦门东南国际航运中心、泉州 21 世纪海上丝绸之路枢纽港、平潭邮轮停靠点、福州江阴集装箱和汽车整车进口综合性港区,晋江、武夷山、三明、龙岩"陆地港"等项目。

产业合作:围绕电子信息、机械装备、石油化工、现代农业、远洋渔业、能源矿产、冶金、纺织鞋服等领域,与"海丝"沿线国家开展产能与金融合作。

海洋合作:中国—东盟海洋合作中心、中国—东盟海产品交易所、中国—东盟海洋学院、中新(泉州)海洋城、中非渔业总部基地(琅岐)等项目。

人文交流:中国海上丝绸之路博物馆、海上丝绸之路艺术公园、南洋华裔族群寻根谒祖综合服务平台等项目。

资料来源:福建省国民经济和社会发展第十三个五年规划〔EB/OL〕.〔2016 - 03 -04〕. http://fgw.fujian.gov.cn/xxgk/ghjh/ghdt/201603/t20160304_ 833143.htm.

(三) 推进建设福州新区开放开发

一是高起点规划建设福州新区。围绕"三区一门户一基地"的战略定位,落实国家级新区发展战略,集成放大"四区叠加、一区毗邻"的独特优势,致力改革开放创新,深化海峡两岸交流合作,在更高起点上加快建设闽江口金三角经济圈,打造带动全省加快发展的新引擎。坚持"整体规划、一体发展、分片实施",加快重点组团建设,提升完善交通、市政和公共服务设施,加大对外招商推介力度,布局和实施一批重大项目,尽快形成集聚效应。推进东南沿海重要现代产业基地建设,加快形成梯次分明、科学合理、快速高效的发展格局。积极推进新区组团式发展,放大重点产业区域、城镇区域和功能板块的示范效应、溢出效应,推动福州科学发展跨越发展,成为全省重要的新增长极,更好地发挥省会城市引领带动作用。

二是大力推进产城融合发展。科学规划产业布局，推进福州新区产业转型升级，引导重大项目、重点工程向新区聚集。大力发展总部经济、金融、会展、服务外包、电子商务、特色旅游等现代服务业，集聚壮大高端电子信息制造、新能源装备、新材料等战略性新兴产业，大力发展海洋经济，做强文化产业，实现产业有序分工、功能互补和品牌效应。支持建设福州空港综合保税区、福州临港产业区、国家级海洋生态文明示范区、国家级海洋公园和国家现代物流创新发展城市试点。引导优质教育、医疗、文化等公共服务资源向新区布局，完善各类配套设施，建设海绵城市，推进产城融合发展、民生同步改善、人口人才集聚。

三是积极探索体制机制创新。探索建立职能综合、扁平高效的行政管理体制，加快形成上下联动、协同推进的工作格局。探索与国有企业、民营企业、金融机构等开展多形式合作，搭建新区开发建设和投融资平台，形成多渠道投入、多层次开发、多方面收益的开发建设机制。落实国务院关于设立福州新区批复精神，制定完善配套承接举措，进一步放大政策效应，推进城乡管理体制、对台合作机制、投融资机制探索创新，创造一批可复制可推广的试验成果。推动创新创业资源向新区流动，开展科技成果使用、处置和收益管理改革试点，汇集一批创新创业领军人才，布局一批国家级、省级重大创新平台和关键领域产业项目，打造一批国家级研发平台。

四是全方位扩大对外开放。率先复制推广福建自贸试验区各种创新举措，推进投资、金融、贸易便利化等改革，推动开展市场准入负面清单制度改革试点，完善与国际化城市相适应的标准体系。推动平潭综合实验区的政策优惠、政策创新功能辐射到新区，推进与平潭综合实验区一体化联动发展，共同加强与台湾产业深度对接融合，加强对台航运中心、航空联系枢纽等建设，促进对台交流向纵深拓展。深化与珠三角、长三角地区的合作，加强与海上丝绸之路沿线国家和地区特别是东南亚国家的经贸合作，探索建设一批经贸合作示范园区，促进周边区域协调发展。

专栏 11 -2

福州新区重大工程

　　交通：重点推进马尾至长乐机场城际轨道、长乐至莆田城际轨道、东南快速通道、福州滨海大通道、长乐前塘至福清庄前高速公路、福州绕城高速公路东南段、长乐至平潭高速公路、江涵大桥等项目。

能源：重点推进福清海上风电、220千伏输变电项目等。

水利：重点推进江阴工业集中区东西部填海，长乐外文武砂、福清元洪区填海等项目。

城建环保：重点推进三江口组团梁厝片区整体城镇化、松下港区防波堤二三期工程、飞凤山水厂、连坂污水厂、环南台岛滨江景观路、琅岐环岛路、道庆洲大桥、马尾大桥等项目。

先进制造业：重点围绕新一代信息技术、高端装备制造、新能源、海洋生物医药、化工新材料及精细化工、海洋工程装备等领域，加快推进一批技术含量高、低耗少排的重大项目。

现代服务业：重点推进海峡青年交流营地、闽台电子商务与现代物流园、船政文化城、闽台文化产业园、福清公路港等项目。

社会事业：重点推进福建省人民医院马尾分院、陶行知国际教育交流中心、海峡文化艺术中心及一批中小学建设等项目。

资料来源：福建省国民经济和社会发展第十三个五年规划［EB/OL］．［2016－03－04］．http：//fgw. fujian. gov. cn/xxgk/ghjh/ghdt/201603/t20160304_ 833143. htm.

第五节　保障措施

一、健全创新体制机制

一是深化"放管服"改革机制，推进创新驱动发展战略实施，优化营商环境。放权方面，赋予高校、研究院、企业更大自主权，建立主要由市场决定技术创新项目的经费分配、成果评价和传导扩散的机制，构建"研究＋技术＋成果＋金融"全过程激励机制，促进创新成果资本化、产业化，提高创新成果转化效率，推行全国统一的市场准入负面清单制度，废除妨碍市场公平竞争的各种规定和做法，扩大外资市场准入，提升贸易便利化水平；监管方面，完善考核评价和利益导向机制，对新兴产业量身定制监管模式和规范，坚守安全和质量底线，全面推行依清单收费，完善收费监管制度；服务方面，建立健全财政、金融等政策支持体系，改进科技型企业的融资服务，加强就业和技能服务，推动健全知识产权保护体系和营商环境评价机制，完善对新就业形态的支持措施。

二是构建"一基础两推进三保障"的创新发展机制（刘立菁，2020）。"一基础"指的是加快新型信息化应用基础设施建设，探索互联网应用升级与网络架构体系、"5G+"应用服务新模式。"两推进"指的是推进数字经济和实体经济相结合，探索产业发展跨区域、跨行业、跨领域的横向平台，助力突破中小企业数字化转型升级瓶颈；推进产业园区数字化转型，鼓励闲置空厂房、仓储用房等一些低效的工业用地转化为数字经济园区，盘活存量土地资源，保障科研用地需求，建立产业园区大脑，提升数据中心运营能力，探索园区数字化资源共享模式机制，打造云平台，构建智慧园区服务管理体系。"三保障"是人才保障、市场保障、安全保障。人才保障上，制定相关的人才引进优惠政策，吸引与省市产业发展相契合的优秀人才，提升相配套的城市生活硬件环境与软件环境，落实人才保障。市场保障上，建立健全科技创新相关行业如数字经济行业的法规制度建设，对于数据所有权、安全、知识产权等内容，制定相应的地方性法规或者部门规章，形成可持续的市场保障体系。安全保障上，制定数据信息安全风险评估、等级保护和安全保护等基础工作标准与实施细则，建立大数据产业园信息安全产业基地，推动可靠性高的服务器、存储器、网络设备、安全终端、芯片等的推广应用保障信息安全。

二、强化人才要素保障

人才是地区发展的重要战略资源，也是推动经济高质量发展的关键要素，尤其是在未来的新兴产业领域，将迎来"人才+"时代，人才将处于资源配置的核心位置。近些年，各个省份都进入了人才资源争夺战，通过购房、落户、住房补贴等方面出台了一系列的人才引进相关的优惠政策吸引人才。提高福建高科技产业的核心竞争力，必须重点培养电子信息、光机电一体化、生物医药、新能源等领域的科技创新人才；要提高对外开放水平，就需要国际贸易、涉外法律、涉外商务、WTO咨询等领域的国际化人才；要提升服务业发展水平，就需要培养现代物流、金融服务、教育领域的服务业人才；要保持民营经济发展活力也需要有创新精神和创业能力的复合型企业家人才。

因此，加快建立吸引科技创新型人才、国际化人才、服务业人才来福建工作的政策和渠道，完善相配套的教育文化医疗商业等平台工作势在必行。可以考虑从开拓猎聘人才渠道、吸引海外人才回流、提升城市环境三个方面落实吸引人才到留住人才。

开拓猎聘人才渠道方面，借鉴深圳人才集团经验，在中国海峡人才市场的基础上，加快组建福建省人才集团，鼓励福州、厦门、泉州在招商工作中将国际猎头公司作为重点之一，加快培育壮大人力资源服务业。积极吸引发达地区的商业化科技智库设立福建智库，鼓励企业通过福建智库搜寻符合自身产业发展的匹配人才（刘立菁，2020）。吸引海外人才回流方面，借鉴广州市发布的

"广聚英才计划"中的"人才举荐制"等创新举措，支持福建留学生发起学术交流研讨会、科技论坛等为有意愿来闽发展的海外人才牵线。提升城市环境不仅要提升相应配套的文教体娱卫的硬件设施配套，也要能够提供"马上办、就近办、一次办"的便捷化政务环境以及市场化、法制化、国际化的营商环境。

三、加快政府职能转变

正确处理好政府和市场、政府与社会之间的关系。科学合理界定政府职能，加快政府职能从管理型政府向服务型、引导型政府转变。打造务实型政府，推动传统绩效考核形式制度改革，突破唯 GDP 的思想观念，对地方绩效的评估模式优化，打破行政壁垒，实现省市之间的交流与深化合作。打造效率型政府，通过对政府管理机制调整和创新，调整政府组织机构，通过简政放权等形式优化监管机制，管控重点领域和关键环节，将部分权力下放，提高政府的服务效率。打造服务型政府，从根本出发，加强对政府人员的思想教育，提升其服务意识，帮助政府认识到自身在经济发展中产生的服务型、引导型的作用和价值。

参考文献

［1］王云生．改革开放以来福建发展战略演进与展望［J］．海峡通讯，2014（7）：36 – 37.

［2］王建文．区域协同发展的福建方案［J］．审计观察，2020（8）：58 – 63.

［3］林园春．推动我国经济高质量发展的保障措施研究［J］．创新科技，2019，19（1）：36 – 41.

［4］刘立菁，谢毅梅．关于完善福建数字经济发展环境的政策建议［J］．发展研究，2020（6）：69 – 79.

［5］赵永存．试论基于区域经济协调发展背景下政府职能的转变［J］．现代营销（下旬刊），2020（8）：58 – 59.

［6］陈新．福建省"十四五"时期发展环境及总体思路研究［J］．厦门特区党校学报，2020（4）：55 – 62.

［7］林清智．培优做强重点产业推进"十四五"产业基础高级化和产业链现代化［N］．福建日报，2020 – 08 – 19（004）.

［8］国务院办公厅关于成立国务院推进政府职能转变和"放管服"改革协调小组的通知［EB/OL］．［2018 – 07 – 25］．http：//www. gov. cn/zhengce/content/2018 – 07/25/content_5309035. htm.

［9］国务院关于印发《进一步深化中国（福建）自由贸易试验区改革开放方案的通知》［EB/OL］．［2018 – 05 – 24］．http：//www. gov. cn/zhengce/content/2018 – 05/24/content_5293013. htm.

［10］福建省人民政府．福建省人民政府办公厅关于印发 2020 年数字福建工作要点的通知［EB/OL］．［2020 – 06 – 24］．http：//www. fujian. gov. cn/bmfw/zcwj/202006/t20200604_

5292920. htm.

［11］福建统计局. 福建统计年鉴［M］. 北京：中国统计出版社，2016—2020.

［12］福建省政府工作报告 2020［EB/OL］.［2020 – 01 – 21］. http：//district. ce. cn/ newarea/roll/202001/21/t20200121_ 34171533. shtml.

［13］福建"海丝"核心区建设走深走实朝高质量发展方向稳步迈进［EB/OL］.［2019 – 07 – 18］. http：//www. ce. cn/macro/more/201907/18/t20190718_ 32651468. shtml.

［14］福建力推数字"新基建"打造国家数字经济创新发展试验区［EB/OL］.［2020 – 05 – 03］. http：//www. chinanews. com/cj/2020/05 – 03/9174618. shtml.

［15］以新一代信息技术提升"中国制造"［EB/OL］.［2020 – 07 – 08］. http：// www. xinhuanet. com/tech/2020 – 07/08/c_ 1126208947. htm.

［16］各地争相布局数字经济［EB/OL］.［2020 – 01 – 23］. http：//www. xinhua- net. com/fortune/2020 – 01/23/c_ 1125495615. htm？ baike.

［17］中国（福建）自由贸易试验区. 全力打造台胞台企登陆的第一家园［EB/OL］. ［2019 – 06 – 10］. http：//www. china – fjftz. gov. cn/article/index/aid/12235. html.

［18］重要发改委就《关于设立统一规范的国家生态文明试验区的意见》等答问［EB/ OL］.［2016 – 08 – 23］. http：//www. gov. cn/xinwen/2016 – 08/23/content_ 5101548. htm.

［19］中国（福建）自由贸易试验区产业发展规划（2015—2019 年）［EB/OL］.［2015 – 08 – 27］. http：//www. china – fjftz. gov. cn/article/index/aid/1634. html.

后　记

"十年磨一剑，五年终成书"。经过近五年的准备、调研、撰写和修改，《福建经济地理》终于大功告成了。本书是"十三五"国家重点图书出版规划项目《中国经济地理》丛书的成果之一，也得到了国家社会科学基金一般项目（项目编号：20BJL108）的资助。

这是一本承前启后的书。改革开放以来，福建国民经济、城乡建设和社会事业得到突飞猛进的发展。不过，稍显遗憾的是，对于梳理总结福建资源环境变化、生产力布局特征和城乡建设面貌的经济地理类的书籍屈指可数。除了在20世纪八九十年代，由陈及霖研究员编著的《福建经济地理》、陈佳源教授主编的《福建省经济地理》之外，30余年来并无全面梳理福建经济地理发展演变的专业书籍问世。本书的编撰出版，既是对改革开放之后福建社会经济巨大变迁的系统梳理和总结，同时也在一定程度上填补了30年来福建经济地理相关专业书籍的空白，从而为读者了解福建及各个地市经济地理发展演变情况开启了一个窗口，为学者未来进一步研究福建资源环境开发、社会经济发展和城乡规划建设提供了一个参考。

这也是一本凝聚集体智慧的书。《福建经济地理》是在全国经济地理研究会的统一组织下，主要由活跃在福建区域经济研究领域的四位青年学者共同完成。其中，厦门大学洪世键教授负责总体框架设计、第三篇即第七至第十章以及全书统稿，泉州师范学院徐炜炜博士负责第一篇即第一至第三章，集美大学施晓丽副教授负责第二篇即第四至第六章，福建省委办公厅的焦张义博士负责第四篇即第十一章。在本书的编撰过程中，厦门大学城市规划系研究生李岚清、刘宇琴、周松柏、吴框框，集美大学财经学院研究生李艳婷等参与本书前期资料收集与整理以及后期文字和图表校对工作。

在本书即将出版之际，特别感谢全国经济地理研究会，特别是孙久文会长等强力有效的组织与指导，由衷感谢中国科学院地理科学与资源研究所金凤君研究员等专家给予的悉心指导和建设性意见，同时还要感谢经济管理出版社在本书撰写和出版过程中投入的辛勤工作。在本书撰写过程中，参阅和引述了大量的报刊、书籍和研究报告的精彩内容，除注释和参考文献之外，无法一一标注和署名，在向相关作者表达歉意的同时，也一并表示深深的感谢。当然，由于编著者学识和水平的限制，书中难免存在不足与缺憾，恳请读者见谅，并欢迎提出宝贵的批判和修改意见。

作者
2020 年 3 月